Quentin Hughes

MALTA

Quentin Hughes

MALTA

Prestel-Verlag München

Deutsch von Peter de Mendelssohn

Die englische Originalausgabe
erschien unter dem Titel ›Fortress‹
bei Lund Humphries in London

Zweite, durchgesehene Auflage

Passavia Druckerei GmbH Passau
ISBN 3-7913-0024-5

INHALT

Einleitung

Hier ist alles ganz anders. Überraschung und Staunen sind der erste Eindruck, den der Besucher empfängt; denn was er hier gewahrt, ähnelt nicht der Mittelmeerküste und ist auch nicht einfach nur eine Gruppe felsiger Inseln. Generationen von Maltesern haben große Massen von Stein gebrochen, geschnitten, ausgekehlt und aufeinander getürmt, so daß das Ganze wie eine Anhäufung von Würfeln wirkt. Die Form beherrscht alles. Das Material ist ein weicher Kalkstein, der sich leicht behauen und zu rechteckigen Formen glätten läßt. Stein um Stein erhebt sich vom Felsgrund, und die vom Menschen geschaffenen Bauwerke sind vom jungfräulichen, gewachsenen Boden kaum zu unterscheiden. Alle Häuser sind würfelförmig mit flachen Dächern und scheinen geradezu eine Verlängerung der Schichtungen der Steilfelsen zu sein. Meile um Meile befestigter Kurtinen und Bastionen erheben sich, als könne es nicht anders sein, von dem festen Boden und scheinen gewachsener Bestandteil des Gesamtbildes.

Die Inselgruppe ist klein. Malta, knappe achtundzwanzig Kilometer lang und vierzehn Kilometer breit, hat die Form eines Rhombus, und nordwestlich von ihm liegt die nicht ganz ein Drittel so große Insel Gozo. Im Kanal zwischen Malta und Gozo liegen die Inseln

Comino und Cominotto, und eine dritte namens Filfla befindet sich vor der Südküste Maltas. Die Inselgruppe liegt am Schnittpunkt zweier Schiffahrtswege des Mittelmeeres, auf halber Strecke zwischen Afrika und Sizilien, Gibraltar und Suez. Diese Schiffahrtswege wurden seit frühesten Zeiten unablässig von Kaufleuten und Eroberern befahren, und folglich haben Malta und seine kleineren Schwestern auf dem Weg zahlreicher Völkerschaften gelegen und sind im Lauf der Geschichte unausweichlich immer wieder Spielball und Pfand ihrer Machtgelüste gewesen. Für die Malteser war Selbsterhaltung stets das erste Erfordernis, und die Nötigung, sich Hals über Kopf davon zu machen und sich in Höhlen und Löchern im weichen Stein zu verstecken, wurde beinahe zu einer Reflexhandlung. Ein mächtiger Eroberer oder eine kraftvolle Besatzungsmacht konnte ihnen vorübergehend einige Sicherheit und einen gewissen Frieden bringen, aber den besten Schutz boten ihnen lang ausgezogene Verteidigungslinien und ein kompliziertes Befestigungswerk. Ausgucktürme gaben rechtzeitige Warnungen, Festungen schützten die Buchten und kleinen Häfen, Burgen und Kastelle lieferten den Reichen, die auf dem Land wohnten, einen gewissen Schutz, und um die größeren Bevölkerungszentren wurden kilometerlange Außenwerke, Bastionen, erhöhte Bollwerke, genannt Katzen oder Kavaliere, sowie Füllmauern und Zwischenwälle angelegt. Das Ergebnis ist eine der kompliziertesten und verschachteltsten Festungsanlagen in der Geschichte der Kriegsbaukunst.

Die Befestigungen sind Zweckbauten. Sie entstanden aus dem dringlichen Erfordernis nach Schutz und lassen folglich ein Bewußtsein inniger Zusammengehörigkeit und Verschmelzung mit der Landschaft erkennen, wie es für die besten Schöpfungen des Menschen charakteristisch ist. Die Befestigungen von Malta veranschaulichen einen Teil der Geschichte der großen Auseinandersetzungen zwischen der christlichen und der islamischen Welt, in welcher der Zusammenprall von Ideologien eine Sperre aufwarf, die undurchdringlicher war als irgend ein neuzeitlicher Eiserner Vorhang. Doch trotz dieser jahrhundertelangen Bedrohung wurde das Leben innerhalb des Verteidigungsgürtels vergleichsweise sicher. Die einheimische Bevölkerung wuchs an Zahl und Wohlstand, und aus den Ländern des Westens kamen Besucher, die ihr Gedankengut, ihre Sprachen, ihren Geschmack und ihre Neigungen mitbrachten. So ergab sich auf einer sehr kleinen Landfläche eine erstaunliche Verschmelzung nationaler Eigentümlichkeiten. Maltas Architektur, seine Kirchen, Paläste, Villen, Häuser und Befestigungen machen diese charakteristischen Besonderheiten bildhaft anschaulich.

Das allgemeine äußere Bild der Insel, wie es sich in den dicht zusammengedrängten Häusern der Dörfer und den weit verstreut liegenden Bauernhöfen darbietet, ist, obwohl von europäischer Kultur angereichert, eigentümlich maltesisch und besitzt eine heimisch-eingeborene Besonderheit, die auffallend und erstaunlich ist, wenn man bedenkt, wie klein die Landfläche von Malta und Gozo ist, wenig mehr als dreihundert Quadratkilometer. Wenn die Form der Dinge auf Malta alles beherrscht, so liegt es daran, daß dies die einzige Eigenschaft ist, die sofort erkennbar wird. Die strahlend helle Sonne prallt von dem gebleichten Stein ab und wirft seine Ränder und Ecken in tiefe Schatten. Überall herrscht ein Kontrast von Licht und Schatten. Grelle Mauerterrassen erstrecken sich endlos durch die Landschaft. Dörfer erheben sich wie Haufen gelber Zuckerstücke, scharfkantig, mit flachen Dächern, würfelförmig.

Auf den ersten Blick scheint es, als sei die Liebe der Malteser zur Farbe durch das grelle Sonnenlicht behindert. Aber dem ist nicht so. Das Bedürfnis nach Farbe ist nur auf sorgfältig ausgewählte Flächen und auf Gegenstände konzentriert, auf denen sich die größtmögliche Wirkung erzielen läßt. Die anmutigen maltesischen Fischerboote, Dghajsas und Luzzus genannt, werden seit Generationen in satten Kontrasttönen von Rot, Blau und Gelb bemalt. Daraus hat sich eine Volkskunst entwickelt, die mit beträchtlicher Selbstsicherheit und Schwung am Werke ist. Die starken Farbkontraste sind auch an Bussen und Lastwagen zu sehen, die mit silbernen und goldenen zarten Strichmustern verziert sind. Bis zu der in jüngster Zeit hereingebrochenen katastrophalen Verwendung von Farben an den Außenseiten der Gebäude hatten die maltesischen Häuser sich der Tradition gemäß mit Fassaden aus Naturstein oder cremefarbener Tünche zufrieden gegeben. Die Farbe war in die Innenräume verwiesen, wo sich ihre Wirkung voll entfaltet. Das Innere der Kathedralen, Kirchen, Paläste und Villen bietet oft das Bild überreicher goldverzierter Farbigkeit – einen

Reichtum und eine Pracht des Ausdrucks, wie sie kaum irgendwo ihresgleichen hat. Es ist fast, als hungerten die Menschen draußen nach Farbe, wo die Sonne erbarmungslos auf das steinerne Mauerwerk einschlägt und aus Mauern und Wänden eine einzige, das Auge blendende Helle macht, und als suchten sie Entschädigung dafür im kühlen Schatten der Innenräume. Dem flüchtigen, oberflächlichen Blick entgeht folglich viel vom Reichtum der maltesischen Szenerie, und es braucht Zeit und Geduld, um zum grünen Blattwerk des Innenhofs und des mauerumschlossenen Gartens und zum vielfältigen Farbenspiel von Kirche und Wohnhaus vorzudringen, die hinter den einfachen, schmucklosen Steinmauern der Straßenfassaden liegen. Eine wuchernde Vielfalt von Pflanzen, dem Vorübergehenden verborgen, liefert dem Besitzer des Hauses einen üppigen Zufluchtsort vor der Hitze der Sommersonne.

Malta ist ein Ort der beherrschten, im Zaum gehaltenen Kontraste. Wo die westliche Welt im Überschwang individualistischer Ausdrucksformen und der ungezügelten Verwendung von Reklame über das Ziel hinausgeschossen ist und damit die Kontrastwirkung zerstört hat, haben die Malteser bis vor kurzem dieses empfindliche Gleichgewicht zu bewahren gewußt. Der Eindruck einer maltesischen Barockkirche wird erhöht und verstärkt dadurch, daß sie inmitten eines Häufleins kleiner, einfacher, dicht zusammengedrängter Häuser steht. Die anmutig modellierten Kuppeln und Türme der Pfarrkirchen ragen aus den niedrigeren Gruppen flachdächriger Gebäude heraus. Die machtvollen Formen der massiven Küstenforts beherrschen die zerklüftete Küstenlinie. Die hohen, glatten Außenflächen der Befestigungen von Valletta scheinen gleichsam einen Sockel zu bilden für das komplizierte Spitzen-Filigranwerk seiner Barockpaläste und Kirchen. Die stillen Wasser der Häfen und kleinen Buchten sind eine blaugrüne Tafel, auf der die gelbe, verwickelte und verwinkelte Architekturmasse von Maltas Küstenstädten ruht.

Während seiner ganzen Geschichte hat Malta stets eine besondere Vorliebe für die Verwendung von Kontrastwirkungen an den Tag gelegt. Nach langen verdrießlichen Tagen des Wartens plötzlich das Blitzen und Klirren von Waffen. Aus dem ungemütlich beklommenen Frieden unversehens eine grelle Barrage von Leuchtspurgeschossen, die über dem Großen Hafen explodieren. In der Stille heißer Sommernächte ein schwarzer Himmel, der im grellen Farbentumult der Feuerwerke der Volksfeste auseinanderbirst.

Hier ist in der Tat alles ganz anders – es ist ein Ort, den man kennen muß, um ihn zu verstehen, und den es verstehen heißt, wenn man ihn genießen will.

Die Insel im Altertum

Die maltesischen Inseln sind seit undenklichen Zeiten immer wieder der Schauplatz der Entstehung monumentaler Bauwerke gewesen. Bereits tief im Dunkel der Zeiten, lange vor der verbürgten Geschichte, entstanden hier große Tempelanlagen, höhlten hier Menschen weichen Kalksteinboden aus oder fügten riesige behauene Steine zu mächtigen Mauern und Toren zusammen. Auf Malta und Gozo sieht man die Überreste zahlreicher megalithischer Tempel aus dem zweiten und dritten Jahrtausend vor Christus: Ggantija, Hagar Qim, Mnajdra, Hal Saflieni und Hal Tarxien. Wir wissen nicht, woher das Volk kam, das sie baute, wohin es ging und warum es etwa um fünfzehnhundert vor Christus so plötzlich und vollkommen verschwand. In der großen Begräbnisstätte von Hal Saflieni finden sich noch die vorbereiteten Gräber, die leergeblieben sind. Was wurde aus den Menschen, die sie aufnehmen sollten? Wurden sie verschleppt? Oder nur unterworfen? Warum finden sich dann aber später nicht mehr die geringsten Anzeichen der hochentwickelten maltesischen Keramik mit ihrer so typischen Eigenart? Die Zeugnisse der Eroberer sprechen eine andere Sprache; anstelle der runden Linien und Formen treten Zackenmuster und harte Kanten, Beile und Dolche

sind nicht mehr aus Stein, sondern aus Bronze. Die Eroberer verbrannten ihre Toten, begruben ihre Asche in Urnen oder unter Dolmen; Tempel bauten sie nicht mehr.

Aber vielleicht stammen von ihnen die seltsamen Wagenspuren, die über beträchtliche Entfernungen auf den harten Felssimsen der Hochplateaus entlang laufen und zuweilen senkrecht ins Meer abstürzen? Zweifellos sind die Überreste irgendeines Verkehrssystems; die tiefen Spuren wurden möglicherweise von schlittenähnlichen Wagen oder Karren in langer Zeit in den Stein eingekerbt. Aber was war ihr Ziel? Welchem Zweck dienten sie? Sprechen diese Spuren für die Theorie, daß Malta früher einmal mit dem afrikanischen Festland zusammenhing? Denn an der Küste Afrikas tauchen sie wieder auf. Dann allerdings müssen sie sehr alt sein.

Die frühen Tempelbauer machten sich die Qualität des maltesischen Steins zunutze, eines Kalksteins, der leicht zu brechen und zu bearbeiten und für Bauzwecke ideal geeignet ist. Die Räume der Kultanlagen wurden entweder wie in Hal Saflieni aus dem gewachsenen Stein herausgeschnitten oder aus Zyklopenmauerwerk errichtet. Die Wände waren nach innen geneigt, doch waren die Räume zu groß, um in Kragsteingewölben zu enden wie in Mykene. Wahrscheinlich waren sie mit Holz- oder Steinbalken gedeckt, wie dies ein kleines Modell im Museum von Valletta aus

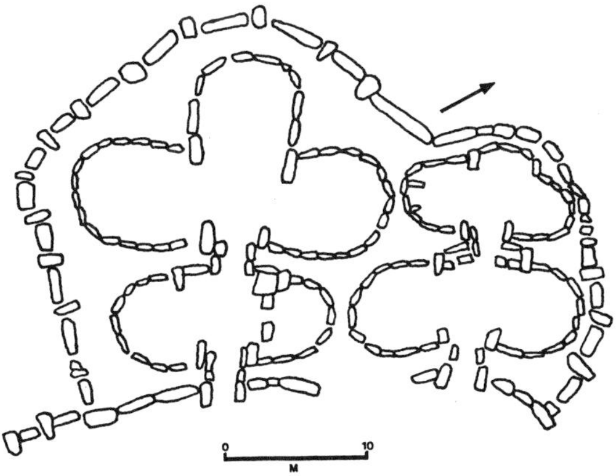

Grundriß der Tempelanlage von Ggantija, ca. 2600 v. Chr.

dem dritten Jahrtausend zeigt. Eine Umschließung mit breiten Erdwällen, die man bei der Freilegung zum größten Teil beseitigte, muß den Eindruck erweckt haben, als sei die Anlage der Erde zugehörig. Das sollte man sich klarmachen, wenn man heute die offen liegenden kleeblattförmigen Räume durchwandert. Über den Kult selbst wissen wir nur, daß er wohl der Erdgöttin, der »Großen Mutter«, diente. Es ist möglich, daß die Kulthandlung in einem Weiterschreiten von Raum zu Raum vor sich ging, wie heute noch bei kultischen Prozessionen, wo die Priester von Altar zu Altar schreiten.

Die Tempelanlagen sind verschieden groß und mehr oder weniger kompliziert. Hal Tarxien, die jüngste der Anlagen, bedeckt eine Grundfläche von etwa fünf Quadratkilometern; in Hagar Qim gibt es sieben Meter lange Steine, die viele Tonnen schwer sind. Ggantija auf Gozo, dessen größter Raum zwölf Meter mal zehn Meter mißt und früher mit einem satten Hellrot ausgemalt war, ist das älteste und eindrucksvollste der erhaltenen Baudenkmäler.

Bemerkenswert an diesen prähistorischen maltesischen Bauten ist, daß ihre Erbauer fast ausschließlich runde Formen verwendeten, gerade Linien und scharfe Ecken und Winkel sind selten. Überall finden sich weiche, schwingende Rundungen – in der Gesamtanordnung der Raumformen, in den Mauern, Wändern und Dächern und in den Spiralmustern, die mit großer Feinheit und Zartheit diese Wände verzieren und die an die minoische Kultur auf Kreta erinnern. Manchmal sind auch die schweren großen Steine mit einer Viel-

1

2 Die Tempelruinen von Hagar Qim, ca. 2500 v. Chr.

1 Tonfigur aus dem mittleren Tempel von Tarxien, ca. 2200–2000 v. Chr.
←Nationalmuseum von Malta in Valletta

3 Terrakottafigur aus Hal Saflieni, ca. 2400–2200 v. Chr.
Nationalmuseum von Malta

4 *Der Eingang der Tempelanlagen von Ggantija auf Gozo, ca. 2600 v. Chr.*

5 *Modell eines Hauses oder Tempels aus den Tempelanlagen von Mgarr, ca. 3000–2800 v. Chr.*

6

7

6 *Modell der Tempelanlagen von Ggantija im Nationalmuseum von Malta*

7 *Trilith-Tor in den Tempelanlagen von Mnajdra, ca. 2200–2000 v. Chr.*

8 *Durchblick auf den Zugang zum Allerheiligsten des Westtempels von Tarxien, ca. 2200–2000 v. Chr.*

9 *Modell der Tempelanlagen von Tarxien im Nationalmuseum von Malta*

10 *Altar in einem Tempel von Tarxien*

11 *Durchblick auf den letzten Raum des dritten Tempels von Tarxien, ca. 2200–2000 v. Chr.*

12 *Fragment des Kultbildes einer Göttin im dritten Tempel von Tarxien, ca. 2200–2000 v. Chr.*

13 *Halle im Hypogäum, dem unterirdischen Heiligtum von Hal Saflieni in Pawla, ca. 2400–2200 v. Chr.*

zahl von runden Meißellöchern bedeckt wie beim Trilithenportal an der Tempelanlage von Mnaidra. Die Arbeiten dieses Volkes besitzen eine erstaunliche Einheitlichkeit, den Steinmetzen der Gebäude und den Bildhauern der Skulpturen sind dieselben ästhetischen Vorstellungen gemeinsam: die dicken weiblichen Figuren mit ihren erstaunlich kleinen Füßen und Händen, Symbole der Fruchtbarkeit, sind entweder aus dem Stein gehauen oder in Ton modelliert, und ihre seltsam faszinierenden weichen, welligen Rundungen sind aus demselben Geist hervorgegangen wie das Eingangsportal von Hagar Qim. Jeder Stein dieses Portals ist sorgfältig ausgewählt und behauen, die Ecken sind abgerundet, die Senkrechten leicht nach innen angewinkelt wie bei den ägyptischen Pylonen. Die Stileinheit dieser Kultur von Malta ist einzigartig und setzt ein Volk von starker Eigenart und Geschlossenheit voraus.

Es besteht wenig Veranlassung, dieses frühe Volk mit den heutigen Bewohnern von Malta und Gozo in Verbindung zu bringen. Seine erstaunliche Zivilisation wurde völlig vernichtet und hinweggefegt, ob durch Seuchen oder den Angriff eines mächtigen Feindes, wissen wir nicht. Wie in der minoischen Kultur Kretas ist kein Nachweis einer Verteidigung zu finden, keine Burg, keine Festung, die vermuten ließe, dies sei ein kriegerisches Volk gewesen.

Und doch ist es verzeihlich, wenn einen beim Anblick der verschwenderischen Schöpfungen des maltesischen Barock, der exquisiten Rundung des gemeißelten Steins und der Modellierung der Innenräume, die in den Händen der maltesischen Kunsthandwerker des sechzehnten Jahrhunderts erblühte, der Gedanke beschleicht, ob diese Erfahrung und dieses Können nicht aus einem uralten, längst vergessenen Erbgut stammen?

Gab es eine direkte Verbindung? Nicht auf den ersten Blick, wiewohl einige der megalithischen Tempel von der Mitte des siebzehnten Jahrhunderts an den Chronisten und Schriftstellern bekannt waren und von ihnen erwähnt werden. Ernsthafte archäologische Ausgrabungen begannen erst im neunzehnten Jahrhundert, und es bleibt noch viel freizulegen. In einem Glaskasten im Museum in Valletta befindet sich ein sehr kleines Steinmodell eines megalithischen Bau-

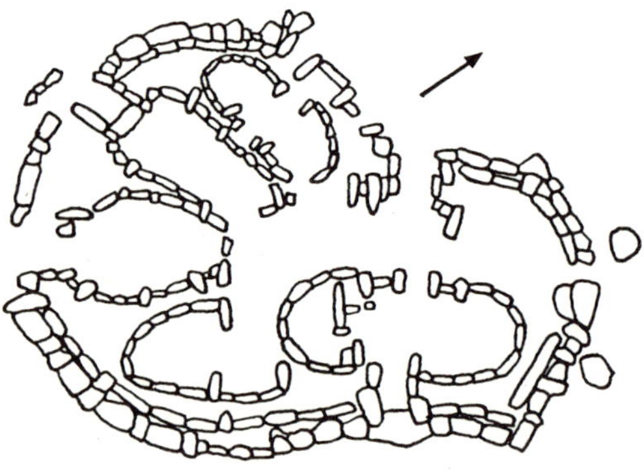

Grundriß der Tempelanlage von Hagar Qim, ca. 2500 v. Chr.

werks, das angeblich aus der Mgair-Zeit, also etwa 2800 vor Christus, stammt. Das Modell zeigt einen einzelligen Steinbau, der aus sorgfältig bearbeiteten rechteckigen Steinen mit abgerundeten Rändern errichtet ist. Der Bau ist annähernd kreisrund, die Mauern sind leicht nach innen geneigt und mit Steinbalken überdeckt.

Da diese Dachbalken quer über den ganzen Spann des Raumes liegen, bildet das Modell wahrscheinlich ein Gebäude von bescheidenen Ausmaßen ab, möglicherweise nicht mehr als etwa drei Meter von Mauer zu Mauer. Könnte es nicht sein, daß es sich hier um ein Modell eines Hauses jener Zeit handelt? Die Auffassung, daß ein Haus ein kleiner Tempel oder ein Tem-

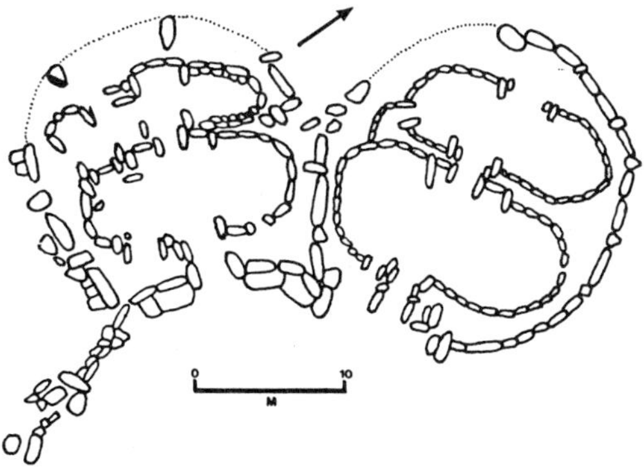

Grundriß der Tempelanlage von Mnajdra, ca. 2200–2000 v. Chr.

pel ein großes Haus ist, reicht durch die ganze Geschichte bis zu den Ursprüngen der Baukunst zurück. Wenn dies ein Haus ist, dann ist es vorstellbar, daß die Überreste der tatsächlichen Häuser verschwunden sind. Kleine Bauten wie dieser, die auf ebener Erde standen, wurden natürlich abgerissen, um Platz für neue Bauten zu machen, und ihre Steine wurden wiederverwendet. Es wäre in der Tat erstaunlich, wenn solche Häuser sich erhalten hätten.

Auf Malta hat sich jedoch ein Bautyp hartnäckig erhalten, der eine erstaunliche Ähnlichkeit mit dem megalithischen einräumigen Haus aufweist, und bis vor kurzem wurden solche Häuser hier noch gebaut. Die kleinen Bienenkorb-Unterschlupfe, die man zuweilen auf den Wiesen und Feldern des mittleren und nördlichen Malta antrifft, werden von den Bauern als Schutzhäuschen für Schafe und Ziegen verwendet, und sie sind kleine kegelförmige Bauten, die nicht aus behauenem Kalkstein, sondern aus den unregelmäßig geformten Feldsteinen errichtet sind, wie man sie an Ort und Stelle findet. Diese Hütten sind für gewöhnlich etwa eineinhalb Meter im Durchmesser, und ihre Mauern sind nach innen angewinkelt, so daß das Kuppeldach sich aus übereinandergreifenden Steinen zusammenfügen läßt. Wäre es vermessen zu vermuten, daß dies die Nachkommen der maltesischen megalithischen Häuser sind? In Apulien gibt es noch immer zahlreiche kegelförmige Häuser. In der Stadt Alberobello und in der Gegend von Noci und Putignano sind Gruppen solcher Häuser noch heute bewohnt. Primitive Bauten aus geschichteten Steinen mit Kragsteingewölbe gibt es aber auch in Sardinien, Südfrankreich, Irland und Schottland.

Aus klassischer Zeit haben andere Zivilisationen ihre Spuren auf Malta hinterlassen. Die Phönizier nannten die Insel Melita, die »Honigduftende«; seit etwa 500 vor Christus gehörte Malta zu Karthago. Die Römer griffen die Insel 257 vor Christus mit Erfolg an und hielten sie ab 216 vor Christus vollständig besetzt. Sie haben ihr ihren unverkennbaren Stempel aufgedrückt – Ordnung, Organisation und System – was an den Überresten ihrer Architektur auf Malta, in den Villen in Rabat und Ghajn Tuffieha deutlich erkennbar ist. Die erhaltenen Überbleibsel römischen Kunsthandwerks weisen eine große Verfeinerung auf, besonders in den Augentäuschungen, die diese Künstler auf den gut erhaltenen Mosaik-Fußböden der Villen geschaffen haben. Sie geben den verblüffenden Eindruck von abwechselndem Vorspringen und Zurückweichen und damit geradezu die Illusion einer dritten Dimension. Man kann, wie Gombrich in seiner Beschreibung eines ähnlichen Mosaiks im römischen Antiochia sagt, »jede der Einheiten entweder als einen von oben beleuchteten massiven Würfel oder als einen von unten beleuchteten hohlen Würfel sehen«. Es ist derselbe Illusionstrick, dessen extreme Entwicklung die Fraser-Spirale ist, bei der völlig kreisrunde Ringe spiralenförmig sich in einen Strudelsog zu bewegen scheinen.

Im Jahr 395 gelangte Malta unter die Herrschaft des Oströmischen Reiches und gehörte mit Unterbrechungen in der Völkerwanderungszeit, als Vandalen und Ostgoten die Insel besetzten, zu Byzanz, bis es

869 von den Arabern erobert wurde. Die Araber saßen mehr als zweihundert Jahre lang auf Malta, und wenn auch nur wenige Bautenreste noch an ihre Herrschaft erinnern, so sind sie doch bis heute in der Volkssprache der Insel gegenwärtig geblieben.

Der überstürzte Abzug der Araber im Jahr 1090 hatte seinen Grund im Eintreffen des normannischen Grafen Roger von Sizilien, des jüngsten Bruders Robert Guiskards, der mit einem Heer von Sizilien übersetzte und die Inseln in Besitz nahm. Hinfort waren und blieben Malta und Gozo befestigte christliche Stützpunkte, die zwar häufig von islamischen Überfällen bedroht, aber nie völlig erobert wurden. Etwa um diese Zeit wurde von Kaufleuten aus Amalfi in Jerusalem ein Hospiz gestiftet, um Pilgern nach der Heiligen Stadt Beistand zu leisten. Der erste Rektor dieses Hospitals, ein gewisser Gerhard, gründete einen Orden von Ritter-Brüdern, die den klösterlichen Gelübden der Armut, der Keuschheit und des Gehorsams verpflichtet waren und dem Patriarchen von Jerusalem unterstanden. Papst Paschalis anerkannte diese Gemeinschaft später, im Jahr 1113, als religiösen Orden, und Gerhards Nachfolger, der Ordensmeister Raimund von Le Puy dehnte die Tätigkeit des Ordens auch auf den Schutz der Pilger aus, die auf dem Seeweg ins Heilige Land reisten. Dies waren die Anfänge des religiösen Ritterordens der Hospitaliter, die sich nach ihrem Schutzheiligen Johannes auch Orden des Heiligen Johannes von Jerusalem oder Johanniter nannten. Dieser Orden sollte späterhin im Geschick Maltas eine große Rolle spielen.

Die Normannen und Staufer, die Anjou und Aragonesen besetzten nacheinander die Insel, und alle diese Herrscher hinterließen ihre Paläste in der alten Stadt, genannt Mdina, die in der Inselmitte auf einer Bodenhöhe hockt. Inzwischen wurden immer weiter, aus dem gewachsenen Felsen herausgehauen, troglodytische Kirchen gebaut, deren Ursprünge und Anfänge ins Dunkel des Altertums zurückreichen: überall auf der Insel gibt es unterirdische Kirchen und Katakomben, und viele von ihnen liegen unter späteren Bauwerken begraben. Einige abgelegene, einsame Kirchen, die aufgelassen und von späteren Kirchen ersetzt wurden, enthalten noch Spuren von Fresken. Andere Kirchen, die besondere Verehrung genossen, wie St. Paul in Rabat, wurden den neuen, auf ihnen erbauten Kirchen einverleibt.

Der maltesische Kalkstein ist leicht mit Axt, Säge und Meißel zu bearbeiten und ist zu allen Zeiten das Hauptbaumaterial der Insel gewesen. Die oberste Schicht, Globigerine genannt, ist ein ideales Material für kunstvolle Steinmetzarbeiten. Sie verhärtet sich, wenn sie der Witterung ausgesetzt ist, und bildet eine haltbare Oberfläche, ist aber empfindlich gegen salzhaltige Winde und Gischt, so daß an exponierten Stellen die tiefere Schicht des Korallensteins verwendet werden muß. Häufig werden auch als Alternative die unteren Stockwerke von Gebäuden farbig getüncht, um die Verwitterung zu verhindern. Der Stein läßt sich leicht in Würfel schneiden und gebrauchsfertig stapeln. Daher die kubische Formgebung der einheimischen Baukunst. Diese rechteckigen Bauten mit ihren flachen Dächern, die in dichten Gruppen und Haufen zusammenstehen, verleihen den Inseln einen außerordentlich homogenen Charakter, sind wie geschaffen für Bildhauerei und bilden den gegebenen Hintergrund für die kunstvoll komplizierte Ausbildung der fließenden Formen der Barockkirche.

Die große Belagerung

Die religiöse Bruderschaft des Johanniter-Ordens, die in Jerusalem ein Spital für kranke Pilger errichtet hatte, stellte schon frühzeitig bewaffnete Trupps auf, um die Pilger auch auf den Straßen zu den heiligen Stätten zu schützen und zu verteidigen; aber erst zu Beginn des dreizehnten Jahrhunderts entwickelte sie sich zu einer regelrechten paramilitärischen Organisation, die sich der Aufgabe weihte, das Heilige Land gegen die muselmanischen Eindringlinge zu verteidigen. Die begrenzte Anzahl christlicher Truppen machte es nötig, sich mehr und mehr auf wirksame Verteidigungsstellungen zu verlassen, und mit der Zeit erwarben die Ritter Burgen von einheimischen Grundherren und bauten sie zu den großen konzentrischen Zitadellen des Heiligen Landes aus. Sie übernahmen Beit Dschibrin im Jahr 1137, Krak des Chevaliers im Jahr 1142, das sie bis 1271 hielten, und besetzten 1186 Margrat, das sie erweiterten und zum Hauptquartier des Ordens machten, bis auch diese Festung 1285 verlorenging. Da Mannschaftskräfte knapp waren, mußten uneinnehmbare Plätze ausgewählt und ausgebaut werden. Starke Bergfriede oder Haupttürme nach dem Vorbild der französischen Burgen wurden ein besonderes Merkmal dieser Festungen, und um sie herum wurden konzentrische Verteidigungsringe errichtet, die einer im anderen lagen und immer höher strebten, so daß die Verteidiger der äußeren Wälle durch den Beschuß aus Stellungen hinter und über ihnen gedeckt waren. Die Gefahr dieses militärischen Denkens lag darin, daß man sich allzusehr auf die passive Verteidigung verließ. Die Burg besaß im allgemeinen nur einen einzigen kleinen Eingang, und dies machte es für die Verteidigungstruppe sehr schwierig, Ausfälle und wirksame Gegenangriffe zu unternehmen. T. E. Lawrence, der kurz vor dem Ersten Weltkrieg an den Ausgrabungen im Heiligen Land teilnahm und eine Studie über die Kreuzfahrerburgen veröffentlichte, bemerkte scharfsinnig, es sei zwar richtig, daß der Burgeingang von einem einzigen Mann verteidigt werden könne, aber er könne auch von zwei Mann belagert werden: sie brauchten sich nur beiderseits der Pforte aufzustellen, und keiner könne heraus.

Die christliche Verteidigung des Heiligen Landes brach allmählich zusammen, und nach dem Fall von Akkon, dem letzten befestigten Stützpunkt, im Jahr 1291, zogen die Ritter des Johanniter-Ordens sich zurück, zuerst nach Zypern und dann auf die Insel Rhodos. Diese liebliche grüne Insel im Ägäischen Meer lag direkt vor der Nase der großen türkischen Militärmacht und auf dem Handelsweg zwischen Konstantinopel, dem letzten Stützpunkt des Römischen Reiches im Osten, und den Staaten der westlichen Christenheit, einer Seehandelsstraße, auf der sich seit mehr als zweihundert Jahren ein reger Verkehr bewegte. Die Sicherheit der Johanniter war häufig gefährdet, und als Konstantinopel 1453 fiel, wurde ihre Lage als vorgeschobene Stellung der Christenheit allmählich unhaltbar. Im Jahr 1523 unternahmen die Türken einen Großangriff gegen die Insel, und nach langer Belagerung waren die Ritter gezwungen, sich unter ehrenhaften Bedingungen zu ergeben; die Türken gestatteten ihnen freien Abzug aus Rhodos, sie durften sich auf ihre Schiffe begeben und all ihr Hab und Gut und viele der griechischen Bewohner mitnehmen. Nach Jahren langwieriger und beschwerlicher Verhandlungen konnte der Großmeister des Ordens, Philippe Villiers de l'Isle Adam, schließlich Karl v. dazu bewegen, den Rittern die Inseln Malta und Gozo als ewiges Lehen zu schenken, die hinfort ihr Hauptquartier und fester Sitz waren, bis sie ihnen 1798 von Napoleon weggenommen wurden.

An das Geschenk des Kaisers waren jedoch allerlei Bedingungen geknüpft. So verlangte Karl v. von den Rittern unter anderem, daß sie auch die Festung Tripoli übernähmen, die sehr unsicher buchstäblich auf Sand gebaut und eine vorgeschobene Wüstenstellung war, die des Kaisers nordafrikanische Besitzungen verteidigte. Auch war die Insel Malta kahl und wenig fruchtbar und schien im Vergleich zu der üppigen Vegetation auf Rhodos nicht sonderlich einladend. Doch nahmen die Ritter das Angebot an, und ihre Besetzung von Malta und Gozo sollte auf Wachstum und Entwicklung der Inseln tiefreichenden Einfluß haben. Kein anderer Umstand in der langen Entwicklungsgeschichte Maltas war so bedeutsam und so weitreichend.

Als die Johanniter-Ritter am 26. Oktober 1530 in

Malta anlangten, waren sie nicht nur erfahrene und vorzügliche Festungsbaumeister, sondern unterhielten auch eine der angriffslustigsten Flotten im östlichen Mittelmeer. Die Schlagkraft ihrer Kriegsflotte stützte sich auf den Besitz und die Entwicklung einer Anzahl schneller Galeeren, die im sechzehnten Jahrhundert etwa den heutigen Zerstörern entsprachen. Die Galeeren wurden von Rudersklaven angetrieben, die mit Handschellen und Ketten an ihre Ruderbänke gefesselt waren und mit Peitschenhieben zu äußerster Kraftanstrengung gezwungen wurden, wenn es darum ging, aus diesen schnellen Schiffen die äußerste Geschwindigkeit herauszuholen. Die Schiffskörper waren lang und niedrig, und bei frischem Seegang spülten die Wellen über ihre Decks hinweg; sie waren im Grunde Schiffe fürs Sommerwetter, die sich während der Wintermonate nicht ins Mittelmeer hinauswagten. In ihrer Formgestaltung standen sie am Ende einer langen Entwicklung, die bis in griechische und römische Zeiten zurückreichte und die, ähnlich wie bei der Züchtung von Windhunden, vielerlei Verfeinerungen erfahren hatte. Diese Galeeren waren über kurze Strecken außerordentlich schnell, und gelangten sie in Schlagweite von schweren Frachtschiffen, so fielen diese ihnen ohne viel Mühe zum Opfer. Für normale Kreuzfahrt verwendeten sie mittschiffs ein großes Lateinersegel ähnlich dem, das noch heute auf den modernen Gozo-Booten verwendet wird. Galeeren wurden auf beiden Seiten verwendet, und die des Ordens waren reich verziert und bewimpelt und wohl die gewandtesten und geschmeidigsten Schiffe, die je gebaut wurden. Sie waren lang und schlank und hatten häufig eine Länge von bis zu fünfunddreißig Metern. Am Bug besaßen sie einen mächtigen, spitz zulaufenden Rammspieß, der ein gegnerisches Schiff glatt zu durchstoßen vermochte, und oberhalb des Rammbocks befand sich eine schwere Kanone, um der Galeere den Weg freizuschießen.

Diese Schiffe waren die Kavallerie der Meere und der Angriffsverband der Flotte der Ritter. Sie drangen weit ins Mittelmeer vor und plünderten die von den Türken besetzten Inseln aus, ein beliebtes Jagdgebiet, auf dem reiche Beute zu holen war. Diese Expeditionen wurden vergnüglich als ›Karawanen‹ bezeichnet. Sache des Kapitäns der Galeere war es, das Schiff auszurüsten, und die Geldmittel hierfür mußten häufig durch den Erlös aus erbeuteten türkischen Schiffen wieder eingebracht werden. An Bord war es eng, übelriechend und oft ausgesprochen unbequem, und so ist es kein Wunder, daß die Ritter mit der Zeit sich ein prahlerisches, säbelrasselndes Gehaben zulegten, wenn sie sich an Land befanden und sich für ihr Seefahrerleben dadurch zu entschädigen versuchten, daß sie daheim in bequemem und verschwenderischem Stil lebten.

Während die Angriffsschlagkraft der Ritter in der Verwendung und Entwicklung schneller Galeeren lag, beruhte ihre Verteidigungsstrategie auf permanenten Abwehrbefestigungslinien, die so angelegt waren, daß sie von einem verhältnismäßig kleinen Heer gehalten werden konnten. Ihre Baumeister und Konstrukteure experimentierten unablässig mit neuen Methoden, um ihre Verteidigungswerke zu verbessern. Schon im fünfzehnten Jahrhundert war ihr Festungs-Inspektor, Pierre d'Aubusson aus der Auvergne, auf den Gedanken gekommen, eine einfache Bastion zu erbauen, den Vorläufer des vorspringenden Bollwerk-Systems, die für die Verteidigungswerke von Valletta und der Drei Städte so charakteristisch werden sollte. Auf Rhodos hatte man eine elementare Bastion eingeführt, die an die Stelle des früheren Systems von kreisrunden Türmen trat, welche in regelmäßigen Abständen entlang einer Linie von Zwischenwällen oder Kurtinen standen. Die italienischen Festungsbaumeister des ausgehenden fünfzehnten Jahrhunderts, Männer wie Francesco Giorgio Martini, waren nach der katastrophalen Niederlage der italienischen Truppen durch die Invasionsarmee Karls VIII. genötigt worden, diese Erfindung zu verbessern und zu verfeinern. Karls Heer war im Jahr 1494 die ganze Länge der italienischen Halbinsel hinabmarschiert und hatte ihre veralteten Festungen wie reife Nüsse eine nach der anderen geknackt. Eine Bastion besteht aus einem dreieckigen Vorsprung, der aus der Hauptkurtine der Befestigung vorgetrieben und mit zwei Schnabelspitzen mit der Mauer verbunden ist. In diesen Flanken genannten Schnäbeln werden Geschütze aufgestellt, die die beiden Seiten des Bastions-Dreiecks mit Flankenfeuer bestreichen können. Die angreifende Truppe war gezwungen, durch dieses Feuerfeld durchzudringen, um zur Seitenwand der Bastion zu gelangen, und dann mußte erst diese genommen werden, ehe man die Kurtine-Mauer angreifen konnte. Die Winkel des Dreiecks waren so angelegt, daß die Kanoniere jeden Zollbreit der Bastion direkt im Blickfeld hatten und ihn unter Feuer nehmen konnten. Dieser Gedanke, einen Teil der Festungsmauer in Form einer Bastion vorzuschieben, war der Beginn der tiefgestaffelten Verteidigung, die der Hauptbeitrag zum Festungswesen der Barockzeit wurde.

Als die Ritter in Malta eintrafen, waren sie ziemlich bedrückt von der Aussicht, hier leben zu müssen, wo die Sonne vom gelben Kalkstein abprallte und die Sommermonate nahezu unerträglich zu sein schienen. Ihre Beauftragten, die 1524 die Insel aufgesucht und inspiziert hatten, hatten sie gewarnt. »Malta«, berichteten sie, »hat eine Bevölkerung von etwa zwölftausend Einwohnern, die zum größten Teil in Armut und Elend leben infolge der Unfruchtbarkeit des Bodens und der häufigen Überfälle der Korsaren, die ohne das geringste Mitgefühl alle unseligen Malteser, die ihnen zufällig in die Hände geraten, mit sich fortschleppen. Mit einem Wort, der Aufenthalt auf Malta scheint äußerst unangenehm, ja geradezu unerträglich zu sein, besonders im Sommer.« Gozo mit seinen rund fünftausend Einwohnern schien fruchtbarer, hatte aber keine geeigneten Häfen und konnte folglich den Rittern schwerlich als Hauptstützpunkt dienen. Man hielt es jedoch für ratsam, diese nördlich gelegene Insel ebenfalls zu besetzen für den Fall, daß die Türken dort landen und sie als Sprungbrett für einen Angriff auf Malta verwenden sollten. Der große Vorzug Maltas bestand in seiner strategischen Lage sowie in seinen guten Häfen. Malta beherrschte die Wasserstraßen, die die gesamte Schiffahrt zwischen dem östlichen und westlichen Mittelmeer benutzen mußte, und neben einer Anzahl geräumiger Buchten gab es tiefe landumschlossene Häfen, die vor den scharfen Mittelmeerstürmen geschützt und in einer Gruppe rings um den kleinen Hafenort Il Borgo lagen. Die alte Hauptstadt, damals Città Notabile und heute Mdina genannt, lag auf erhöhtem Gelände in der Mitte der Insel. Dort wohnte der maltesische Adel, der scheelen Auges auf das Eintreffen der Ritter blickte, denn dies drückte ihn nicht nur in eine untergeordnete Stellung, sondern lief auch dem mit dem Kaiser 1428 geschlossenen Abkommen zuwider, das ihm die volle Verfügung über die Insel gewährleistete. Die Adligen zogen sich in ihre Paläste zurück und lebten in beleidigter Abgeschlossenheit.

Città Notabile war jedoch ungeeignet als Hauptsitz der seefahrenden Johanniter. Sie wählten stattdessen das Dörfchen Il Borgo, das auf der mittleren Landzunge lag, die vom Ostteil der Insel in den Großen Hafen hinauslief. Zweifellos suchten sie sich diesen Stützpunkt aus, weil sich auf der Höhe der Halbinsel bereits ein kleines Fort befand sowie ausreichend andere Gebäude, die vorläufige Unterkunft bieten konnten, bis neue gebaut worden waren. Die tief eingeschnittenen kleinen Buchten, die heute Kalkara- und Dockyard Creek heißen, boten Schutz und einen sicheren Ankerplatz für die Galeeren. Die beiden Landzungen, auf denen heute Vittoriosa und Senglea liegen, besaßen vergleichsweise kurze Landfronten und erforderten folglich keine komplizierten und kostspieligen

Mauern der kleinen Festung St. Angelo zusammendrängten. Alle diese Häuser hatten flache Dächer; das leicht angewinkelte Dach blieb bis heute einigen Kirchen und öffentlichen Gebäuden vorbehalten. Obwohl diese Flachdach-Bauform von den meisten zeitgenössischen Chronisten, die die Inselwelt der Agäis nicht kannten und direkt von Europa kamen, als primitiv bezeichnet wurde, war sie doch die einzig mögliche Lösung für Malta, wo Bauholz stets teuer war, weil es vom europäischen Festland eingeführt werden mußte. Um diese Holzknappheit zu überwinden, verwendeten die maltesischen Baumeister Steinplatten, die auf Innenbögen aufgelegt wurden. Die Bögen mußten im Abstand von etwa einem Meter dreißig plaziert werden, da die Steinplatten nicht weiter reichten. Die Ränder dieser Platten wurden abgeschrägt, und die dreieckige Kerbe, die zwischen den Rändern blieb, wurde mit kleinen, in Wasser getränkten Kieseln oder Kies gefüllt. Auf den Kies wurden drei oder vier Zoll trockener Steinsplitter aufgeschüttet, und diese wurden ihrerseits mit einer weiteren, mit Kalksteinmörtel gemischten Schicht bedeckt. Wenn die Oberfläche kräftig eingerammt war, wurde eine Diffone-Mischung, nämlich kleine Stücke von zerbrochenen irdenen Töpfereischerben, mit Kalk und Wasser vermischt, zu einer Paste gestampft, und diese gleichmäßig auf das ganze Dach aufgelegt. Das Verfahren des Rammens und Stampfens wurde so lange fortgesetzt, bis alles überschüssige Wasser herausgequetscht war, und dann schließlich wurde die Dachfläche in etwa fünfundsiebzig Zentimeter breite Streifen aufgeteilt. Jeder

Streifen wurde von einer barfüßigen Frau übernommen, die auf einem kleinen Schemel saß und zusammen mit anderen Frauen die Oberfläche des Daches mit einem Tuch fegte, glättete und blank polierte, so daß zuletzt eine völlig undurchdringliche und wasserdichte Oberfläche entstand. Diese höchst bemerkenswerte Bauweise widersteht sowohl den schweren Regengüssen und Winden des Winters als auch der sengenden Sonne der langen trockenen Sommer, und sie hat sich so gut bewährt, daß sie noch heute unverändert verwendet wird. Weit davon entfernt, eine primitive Baumethode zu sein, ist sie im Gegenteil ein höchst raffiniertes Verfahren, um Gebäude abzudichten und wasserdicht zu machen. Der italienische Baumeister Francesco Laparelli, der die Anlage von Valletta entwarf, erkannte als einer der ersten ihre Bedeutung, als er 1566-1567 in Malta eine kurze Abhandlung über die Entwicklung der Baukunst, den ›Kodex des Francesco Laparelli da Cortona‹, verfaßte.

»Andere Verfasser«, so schrieb er, »haben als Beispiele primitiver Städte auf jene verwiesen, deren Gebäude mit Schlammdächern gedeckt sind, und haben erklärt, ihre Bewohner seien von geringerem Verstand und wüßten nicht, wie man es anderwärts macht. Was würden diese alten und neuen Schriftsteller von Malta sagen, wo Leute mit vielen Sprachen hinkommen und Wissen und Kenntnis davon mitbringen, wie es anderwärts gemacht wird? Auf dieser Insel verwenden die Menschen festgestampfte Erde und Schlamm, um damit die Dächer ihrer Häuser zu decken. Und das ist sehr gut. Überall verwenden die Menschen, was die Natur ihnen gegeben hat, und hier hat die Natur eine kräftige weiße Erde zu bieten, die zum Decken von Häusern verwendet werden kann.«

Die Ritter übernahmen viele der vorhandenen Gebäude und verbesserten sie durch Verschönerungen der Fassaden und Neuausstattung der Innenräume. Der Bedarf an Häusern und Grundbesitz übertraf bei weitem den verfügbaren Bestand, und es wurde ein eigenes Tribunal eingesetzt, das Officio delle Case oder Häuseramt, dessen Hauptzweck war, angemessene und gerechte Mietpreise für Häuser und Läden festzusetzen. Das einheimische Baugewerbe wurde durch Bauarbeiter verstärkt, die man aus Sizilien herüberholte, um die Wiederinstandsetzung der alten Gebäude und die Errichtung neuer Häuser zu beschleunigen. Es scheint seltsam, daß während dieser ersten Jahre der Johanniter auf Malta so wenig baukünstlerischer Einfluß aus Sizilien sichtbar ist. Es kann jedoch sein, daß eine gewisse konservative Einstellung zu Entwurf und Gestaltung vorherrschte, weil die Einwanderer aus Rhodos die gesamte Aufsicht über die Architektur in Händen hatten. Gewisse Hinweise lassen vermuten, daß Nicolo de Flavari der erste Architekt des Ordens auf Malta war. Aus einem Brief in den Archiven von Malta scheint hervorzugehen, daß Flavari seine Frau und seine Kinder »den großen Gefahren der Ungläubigen, die Rhodos in Besitz hielten« überließ, um den Rittern auf Malta dienen zu können. Darüber wüßte man gern Einzelheiten. War es ein Opfer, das er brachte, oder eine Flucht vor Familienverpflichtungen? Der Brief spricht von seiner Liebe zu dem Orden, und man fragt sich, ob sie nicht vielleicht größer war als die zu seiner Familie. Wie auch immer, er diente dem Orden getreulich an die zwanzig Jahre und wurde schließlich 1555, weil er zu alt und zu unmodern geworden war, zugunsten von Nicola Belavante entlassen. Belavante hielt freilich nur zwei Jahre aus, und man kann sich die Enttäuschung und Ratlosigkeit der Ritter vorstellen, die nun verzweifelt nach einem fähigen modernen Architekten suchten, der die Erweiterung ihrer Stadt und die Schaffung neuer öffentlicher Gebäude leiten konnte.

Bartolomeo Genga war ein vergleichsweise bedeutender italienischer Architekt und immerhin so verdienstvoll und angesehen, daß Vasari ihn in seinen Lebensbeschreibungen der ausgezeichnetsten Maler, Bildhauer und Baumeister würdigte. Er war ein sehr begehrter Künstler, und während er in Rom arbeitete, bemühten die Genuesen sich um seine Hilfe beim Bau ihrer Befestigungen. Auch die Johanniter schickten eine Gesandtschaft nach Rom, um vom Papst Gengas Dienste für Malta zu erbitten. Vasari berichtet, sie wollten Genga haben, damit er die Insel gegen die Türken befestige und »durch den Zusammenschluß mehrerer verstreuter Dörfer zwei Städte mache«. Dies dürfte sich auf Il Borgo, das heutige Vittoriosa, und Isola, das heutige Senglea beziehen.

Die Mission hatte Erfolg, und Bartolomeo »machte sich mit den Rittern am 20. Januar 1558 auf den Weg, aber da sie durch widrige Winde in Sizilien aufgehalten wurden, gelangten sie erst am 14. März nach Malta, wo der Großmeister sie freudig empfing. Nachdem man ihm gezeigt hatte, was zu tun war, baute Bartolomeo Befestigungen von höchster Vorzüglichkeit, so daß er dem Großmeister und den Rittern als ein neuer Archimedes erschien und sie ihn reich beschenkten und in größter Wertschätzung hielten.« Vasari erzählt, wie Genga ein Modell einer Stadt, einiger Kirchen und eines Wohnpalastes für den Großmeister in schönstem Stil anfertigte. Und in Malta starb er denn auch im Juli 1559 im Alter von dreiundvierzig Jahren.

Die Herbergen und verschiedenen Gebäude der Ritter, die aus Flavaris Zeit stammen, sind mit seltsamen Rundstäben verziert, die bei den Einheimischen fette oder dicke Leisten heißen und deren Ursprung unklar ist. Diese runden dicken Zierleisten wurden zur Einfassung von Fenstern und Türen, unter Gesimsen und Fensterbrettern verwendet und an einigen älteren Gebäuden in der neuen Stadt Valletta und wie zu erwarten in den verstreuten Dörfern auf dem Lande noch etwa bis zum Jahr 1620 angebracht. Wer weiß, woher sie kommen; auch auf Rhodos scheint es nichts Ähnliches zu geben, und man darf wohl annehmen, daß die außerdem vorkommenden knollenartigen, gerollten Leisten auf Einflüsse aus den protestantischen nordwestlichen Ländern Europas zurückzuführen sind, in denen Rollwerk und Beschlagwerk in der zweiten Hälfte des sechzehnten Jahrhunderts Mode war. An den Bauten, die in den letzten Jahren vor dem türkischen Angriff errichtet wurden, wie dem Palast des Ordensgroßmeisters und der kleinen St. Anna-Kapelle, weichen sie einer Art der Verzierung, die nach römi-

Valletta mit seinen Befestigungen

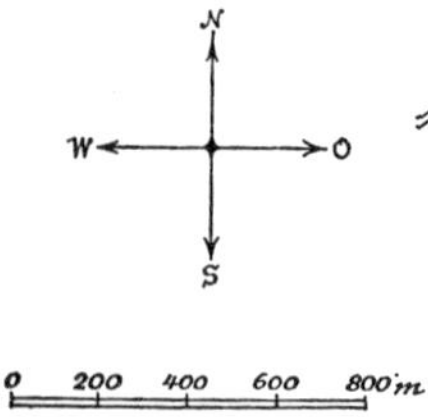

Mittelmeer
Sliema
Sliema Point
Tignè Fort
Dragut Point
Fort Manoel
St.Elmo Point
St.Elmo Lighthouse
Fort St.Elmo
VALLETTA
Ricasoli Point
Ricasoli Fort
Palast
Sceberras
Floriana
Grand Harbour
Rinella Creek
Bighi
Fort St.Angelo
Kalkara
Dockyard Creek
Kalkara Creek
Senglea
(Isola)
Vittoriosa (Il Borgo)
Salvatore Gate
Margerita Gate
Cospicua
(Bormla)
Rock Gate
Ras Hanżir
French Creek
Corradino Heights
Zabbar Gate
S.Elena Gate
Margerita
Lines
Cottonera Lines
Ghajn Dwieli
Polverista Gate

schem und florentinischem Geschmack zwar noch immer rückständig, aber zweifellos italienischer Herkunft war. Dieser Wechsel ist wahrscheinlich dem Einfluß des Bartolomeo Genga zuzuschreiben.

Auf Rhodos waren die Gebäude der Ritter von den Wohnhäusern der übrigen Einwohner abgesondert gewesen; sie lagen hinter einer hohen Mauer in einem ausschließlich den Rittern vorbehaltenen und ›collachio‹ genannten Stadtviertel. Da es auf Malta schwierig war, bestehende Gebäude, von denen wenige für ihre Zwecke geeignet waren, zwangsweise in Gebrauch zu nehmen, gelang es den Rittern auf dieser Insel nie, sich wieder ein solch exklusives Wohnviertel zu schaffen. In Il Borgo wurde ein Collachio-Viertel zwar abgegrenzt, aber nicht ausschließlich von den Rittern benutzt. Es räumte ihnen lediglich das Vorrecht ein, von den Maltesern Hausbesitz zu kaufen oder zu mieten. Wir werden über das Collachio-System während der Erbauung der neuen Stadt Valletta noch einiges mehr zu sagen haben, da es von beträchtlichem Einfluß auf den Anlageplan dieser Stadt war.

Il Borgo bestand aus engen, gewundenen Straßen ähnlich denen in Rhodos und in vielen Städten auf den griechischen Inseln und war von Leuten, die sich in ihnen auskannten, leicht zu verteidigen. Es war weit entfernt von der Städteplanungslehre der italienischen Renaissance, die Regelmäßigkeit, geraden Straßen und großzügigen öffentlichen Plätzen den Vorzug gab. Neben der Modernisierung und dem Bau von Herbergen machten sich die Ritter vor allem an die Aufgabe der Erbauung des Ordensspitals, das sie 1532 begannen und mit erstaunlicher Geschwindigkeit binnen Jahresfrist fertigstellten. Dieses Krankenhaus entsprach sehr hohen Anforderungen und stellte sich während der Belagerung als ein wahrer Segen heraus, weil hier unter tadellosen hygienischen Bedingungen viele der Verteidiger wieder gesund gepflegt werden konnten, während die meisten Verwundeten im türkischen Lager den Seuchen erlagen. Der Bischof erbaute sich 1542 einen Palast, und der Großmeister begann 1555 mit der Errichtung des Ordensmeister-Palastes auf der Höhe des Forts St. Angelo. Dieser Bau wurde wahrscheinlich von Belavante entworfen und unter der Leitung von Bartolomeo Genga vollendet.

Die Hauptaufgabe der Ritter war jedoch, die Verteidigung von Malta zu verstärken, und zu diesem Zweck hatte man sich des besten Beraters versichert. Vier Plätze bedurften der Verstärkung: das Fort St. Angelo, das der Sitz und das Hauptquartier des Johanniterordens war; die Spitze der Sceberras-Halbinsel, die eine neue Festung brauchte; die südliche Landflanke, die ebenfalls ein starkes Fort benötigte; und eine fortlaufende Befestigungslinie, um die beiden Städte Il Borgo (Vittoriosa) und Isola (Senglea) zu umschließen. St. Angelo beherrschte die Südseite des Großen Hafens und schützte die beiden Städte gegen Angriffe vom Meer her. Das Fort mußte umgebaut und vergrößert werden, und wenn seine Anlage traditioneller ist als die der anderen Forts, so liegt das zum Teil an seiner Lage auf der schmalen Landzunge, zum Teil aber auch daran, daß es die erste Befestigung war, welche die Ritter auf Malta in Angriff nahmen.

Es war von einem Ring hoher Mauern eingeschlossen, die von Türmen geschützt wurden, und ähnelt in vieler Hinsicht den Kreuzfahrer-Burgen der Ritter im Heiligen Land und der Zitadelle, die sie auf Rhodos erbauten. Sogar der Gedanke, den Palast des Großmeisters auf der Höhe des Forts zu errichten, entstammt der Vorstellung, daß der letzte Punkt der Verteidigung ein großer Bergfried zu sein habe. Auf der Landseite beherrschte ein Kavalier, das heißt eine stark erhöhte Plattform, die Häuser von Il Borgo, für den Fall, daß sie erobert werden sollten. Der große Vorzug des Kavaliers war, daß er durch eine niedrigere Mauer geschützt war, die vor ihm herausragte: falls einige seiner Mauern unter dem Beschuß des Feindes einstürzen sollten, fielen die Mauertrümmer nicht in den Graben und schufen damit eine Brücke, über welche die feindlichen Truppen angreifen konnten.

Wir besitzen glücklicherweise eine Folge von Stichen, die diese maltesischen Befestigungen zur Zeit des türkischen Angriffs im Jahr 1565 genau wiedergeben, nämlich des Matteo Perez d'Aleccio ›Getreuliche Abbildung von Belagerung und Angriff, welche die Insel Malta von den Türken im Jahr Unseres Herrn 1565 zu erleiden hatte‹, die 1631 in Bologna erschien. Dieses Werk hat seine Geschichte. Elf Jahre nach der Aufhebung der Belagerung schickten die Ritter Abgesandte nach Rom, die einen Künstler ausfindig machen sollten, welcher imstande wäre, die große Schlacht abzubilden. Der spanische Maler Matteo Perez d'Aleccio kam 1576 nach Malta und malte die Fresken, die den Palast des Großmeisters in Valletta schmücken. Diese

Szenen wurden anschließend auf Stichen wiedergegeben und 1582 in Rom veröffentlicht, und eine spätere und bessere Ausgabe wurde 1631 von Antonio Lucini in Florenz herausgebracht.

Die Verteidigung der Sceberras-Halbinsel warf ein beträchtliches Problem auf. Ein Fort an ihrer Spitze mußte sich so lange wie möglich aus eigenen Kräften halten können, um die Türken zu hindern, in den Hafen von Marsamxett einzudringen oder einen Frontalangriff auf den Großen Hafen zu unternehmen. Aus diesem Grund mußte es sich an der äußersten Spitze befinden, aber das hatte den Nachteil, daß es von dem höheren Gelände des Sceberras-Berges überblickt und eingesehen werden konnte. Die Bezeichnung ›Berg‹ ist freilich ein wenig übertrieben. Die Erhebung ist an keiner Stelle höher als sechzig Meter, und zwar bei der Kastilien-Höhe, und das Hauptplateau, auf dem später die St. Johannes-Kathedrale erbaut wurde und wo die Hauptbatterien der Türken sich festsetzten, liegt nur etwa achtundvierzig Meter über dem Wasserspiegel des Großen Hafens. Dessen ungeachtet war es hoch genug, um es den Türken, die sich dort festgesetzt hatten, zu ermöglichen, ihr konzentriertes Feuer auf das neue Fort an der Spitze zu richten. Pietro Pardo entwarf das St. Elmo genannte Fort, das später zum Schauplatz einer der größten bewaffneten Zusammenstöße in der Kriegsgeschichte wurde. Pardo war ein spanischer Festungsbaumeister – nach einer anderen Lesart ist sein Name eine Verballhornung von Pietro da Prato, und der Mann stammte in Wirklichkeit aus Prato in der Toskana. Pardo erbaute ein Fort, dessen

Anlage nach der Belagerung scharfer Kritik unterzogen wurde. Es hatte den Umriß eines Sterns mit vier Zacken, und diese Zacken waren die Bastionen, die die Kurtine-Mauer des Forts schützten. Im einspringenden Winkel der Bastionen, die aufs Meer hinausblickten, befand sich eine kleine freistehende Festung, die höher aufragte als die Hauptmauern von St. Elmo. Von ihren Zinnen flatterte das stolze Banner des Johanniter-Ordens.

Auf der Marsamxett-Seite stand ein Ravelin, der mit seinen Geschützen zusätzliche Feuerkraft über die schmale Wasserstrecke liefern sollte, die zwischen der Halbinsel und dem jetzigen Tigné lag. Dieser Ravelin erwies sich jedoch als ein taktischer Irrtum. Er wurde von den Türken in der Großen Belagerung erobert und verschaffte ihnen einen gesicherten Stützpunkt, von dem aus sie das Fort selbst unter Beschuß nehmen konnten. Laparelli, nach der Eroberung des Ravelins um eine Erfahrung reicher, bezichtigte nachträglich den Erbauer. Er erklärte, die Mauern des Forts seien zu hoch gewesen, dadurch sei ihr Mauerwerk unter dem feindlichen Beschuß eingestürzt und habe die Gräben zugeschüttet. Wäre das Fort als eine Folge von Stufen gebaut worden, so hätte man dies vermieden. Die Sternzacken der Bastionen seien zu scharf zugespitzt und konnten vom Flankenfeuer der Geschütze auf der Kurtine-Mauer nicht wirksam bestrichen werden. Stattdessen habe man die Geschütze so aufgestellt, daß sie von der höchsten Brustwehr direkt nach vorn feuerten, aber ein gerade nach vorn abgegebener Schuß, so erklärte er, könne nur einen einzigen Menschen treffen und sei vergeudet, wenn er diesen verfehle. Der Graben war zu schmal und zu eng und ließ den Verteidigern nicht genügend Raum, um sich zu sammeln und einen wirksamen Gegenangriff gegen die Türken zu führen. Die Konter-Eskarpe, das heißt die äußere Grabenböschung, war zu steil und ließ sich von den Geschützen auf der Brustwehr des Forts nicht wirkungsvoll bestreichen. Dies die Meinung Laparellis in seinem ›Kodex‹. Konter-Eskarpen wurden mit dem Erdreich, das aus dem Graben ausgehoben wurde, aufgeschüttet und erhöhten die Bodenebene unmittelbar vor dem Graben, so daß ein Soldat auf der Brustwehr ihn überblicken konnte, ohne sich hinauslehnen und zeigen zu müssen.

Die Landfront der Isola-Halbinsel bedurfte ebenfalls ernstlicher Erwägung. Sie wurde nicht nur von dem höheren Gelände bei Corradino beherrscht, sondern befand sich auch auf der Anmarschlinie einer Truppe, die von Süden her angriff. Man gab ein sternenförmiges Fort ähnlich dem von Pardo für St. Elmo entworfenen in Auftrag, das auf dieser Front rückwärts von der Kurtine-Mauer stand. Hier besteht jedoch eine gewisse Unklarheit. Einige frühe Stiche der Großen Belagerung weisen in der Tat ein solches sternenförmiges Fort auf. Perez d'Aleccios Fresken jedoch, die die zuverlässigste Quelle sind, zeigen einen Kavalier ähnlich denen, die auf der Landfront von Il Borgo erbaut wurden. Zweifellos stand zum einen oder anderen Zeitpunkt an dieser Stelle ein viereckiges Fort mit Schießscharten auf drei Seiten und einer offenen Brustwehr an der Vorderseite. Es wurde 1927 abgerissen, um einer Schule Platz zu machen, aber die Pläne und ein Modell sind erhalten.

Blieb noch die Notwendigkeit, die beiden Städte Il Borgo und Isola mit starken Kurtine-Mauern zu umschließen, die von vorspringenden Bastionen an der Stelle, wo die Halbinsel vom Festland abzweigte, geschützt wurden. Ein breiter Graben, der von Ufer zu Ufer verlief, schützte die Vorderseite der Bastionen, die ihrerseits durch die neuen Kavaliere – St. Jakob und St. Johannes –, die man ein gutes Stück hinter ihnen errichtete, gedeckt wurden. Wir haben somit zwei separate und isolierte Zitadellen auf den Halbinseln, die in den Großen Hafen hinausragen; sie waren durch die kleine Bucht des Dockyard Creek getrennt, über den eine Bootsbrücke geworfen wurde. Das Gewässer des Dockyard Creek wurde an beiden Enden durch Sperren abgeriegelt; die äußere Sperre bestand aus einer schweren Kette und die Innere aus einer Palisade, deren Pfähle in das Bett der Bucht eingerammt waren.

Ein großes Problem blieb noch zu lösen: was machte man mit dem erhöhten Gelände des Sceberras-Berges, auf dem, falls die türkischen Truppen ihn erobern sollten, schwere Geschütze aufgestellt und von dort ein vernichtendes Feuer auf die beiden Städte gerichtet werden konnte? Zeit und Geld waren knapp. Jedermann war sich des Problems bewußt, aber da das dringendste Erfordernis war, ein begrenztes Verteidigungsprogramm durchzuführen, mußte die Lösung dieses Problems einstweilen beiseite bleiben. Der neue Ordens-Großmeister Jean de la Valette war sich über

14–17 Aus der Stichfolge über die Belagerung von Malta durch die Türken im Jahre 1565 von Antonio Francesco Lucini nach den Fresken von Matteo Perez d'Aleccio im Großmeisterpalast von Valletta

14 Titelblatt

15 *Der Angriff der Türken am 15. Juli 1565 auf das Fort St. Michael auf Isola, dem heutigen Senglea, der ihnen fast den Sieg brachte*

E
G
Z
K
P
Q
R

16 Der Kampfplatz der Belagerung von 1565

V
Z
A
B
O
E
F
H

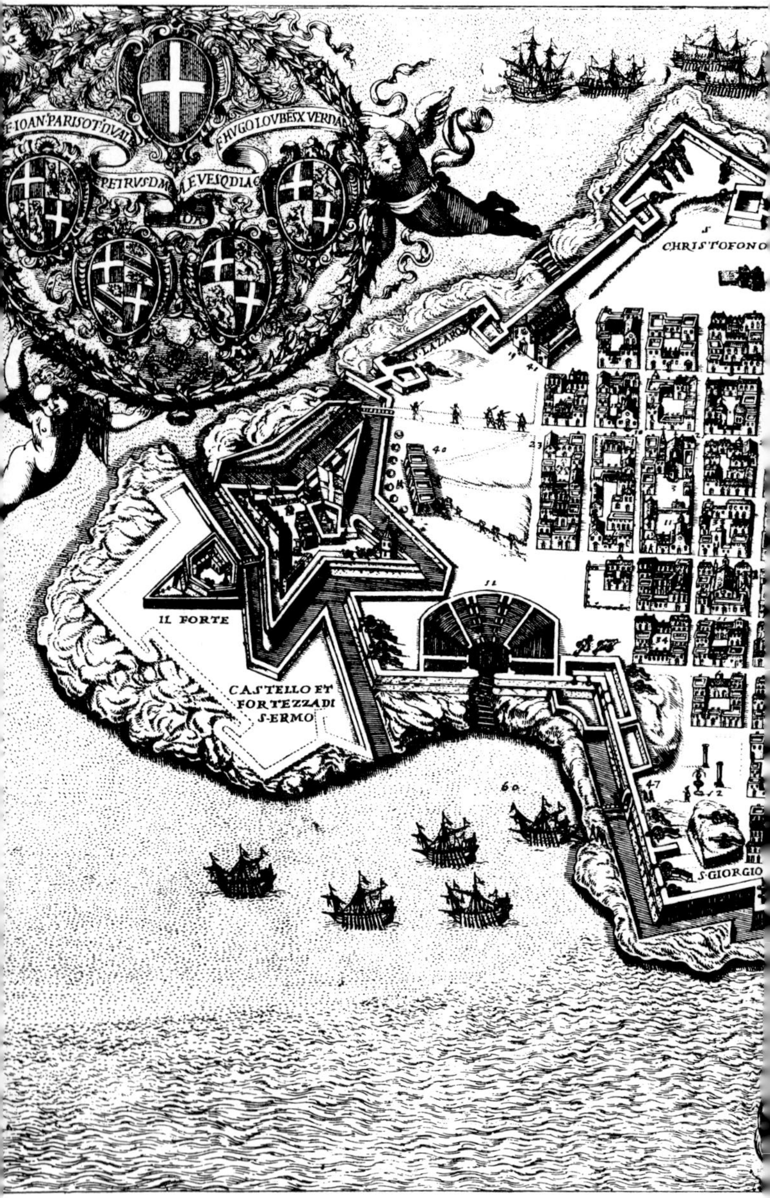

17 *Die neue Stadt Valletta*

S.BARBERA
S. PIETRO & PAOLO
S IACOPO
S. GIOVAN
S.MICHELE
S.ANDREA

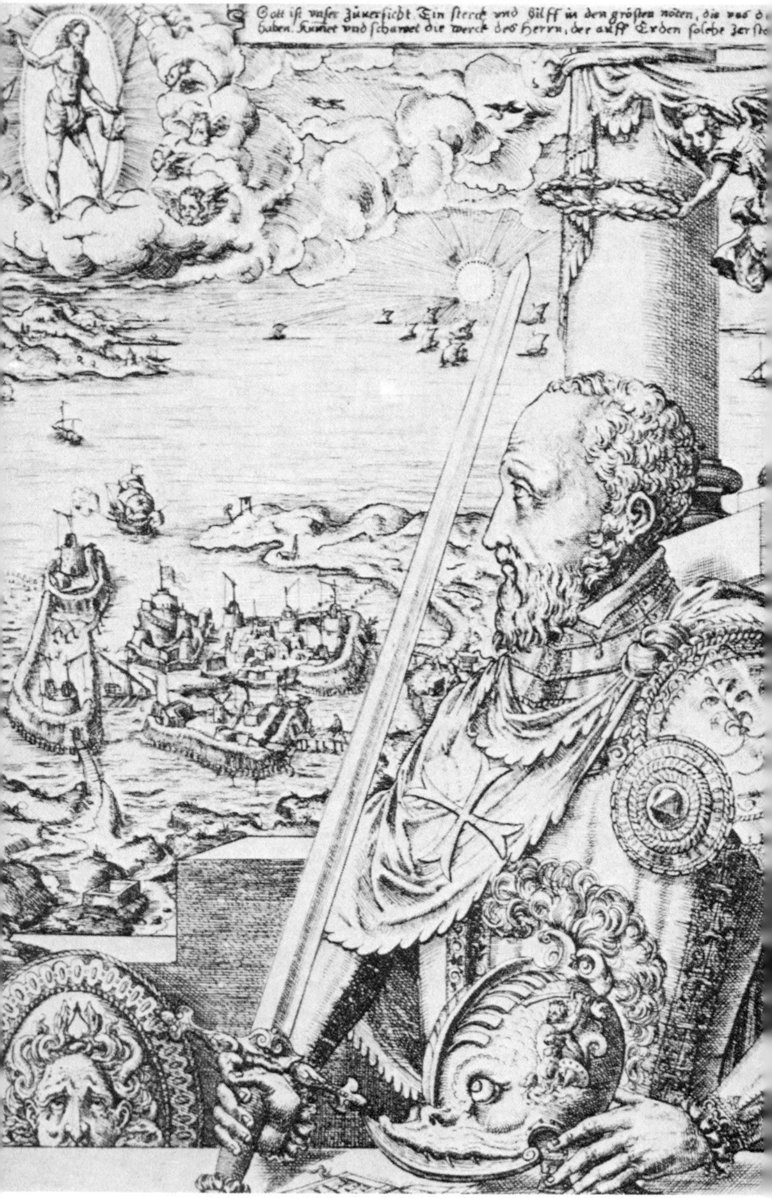

18 *Der Großmeister Jean Parisot de la Valette.*
Nach einem Stich von Matthias Zynndt, Nürnberg 1566

die Gefahr völlig klar und dachte Tag für Tag darüber nach, wie ihr abzuhelfen sei. Karl v. hatte den Festungsbaumeister Antonio Ferramolino aus Burgos nach Malta geschickt, um die Ritter zu beraten, und dieser hatte vorgeschlagen, auf dem Sceberras eine mächtige Festung zu errichten, aber dieses Vorhaben war zu kostspielig und wurde fallengelassen. La Valette wandte sich nun an Quinsani, um mit ihm die Möglichkeit zu erörtern, auf der Sceberras-Halbinsel eine neue Stadt zu erbauen. Das wäre eine bessere Lösung gewesen als ein isoliertes Fort, weil die Verteidiger auf diese Weise zahlreicher gewesen wären und sich leichter hätten verpflegen lassen. Wie schon erwähnt, traf Bartolomeo Genga, einer der hervorragendsten italienischen Kriegsbaumeister, zu Beginn des Jahres 1558 in Malta ein, als die Prüfung der Vorschläge zur Errichtung einer neuen Stadt bereits in ein entscheidendes Stadium getreten war. Aber angesichts des dringlicheren Problems, die bestehenden Befestigungen rings um Isola und Il Borgo zu verstärken, wurde hinsichtlich der neuen Stadt nichts Konkretes unternommen.

Der Bau der neuen Verteidigungswerke war nicht die einzige Schwierigkeit. Ihre Mauern brauchten außerdem Zeit, ehe sie genügend Härte besaßen, um einem Feind zu trotzen. Frisch gebrochener Stein muß erst hart werden und sich durch die Einwirkung der Witterung festigen. Außerdem konnten einige der Bauarbeiten während der heißen Sommermonate nicht durchgeführt werden, denn der Kalksteinmörtel trocknet in dieser Zeit zu rasch.

Die Gefahr der Invasion hing drohend über der Insel. Sommer folgte auf Sommer, und noch immer fiel das Damoklesschwert nicht herab. In dem Jahr, in dem man beschloß, das Fort bei St. Elmo zu bauen, machte ein türkischer Korsar namens Dragut einen erfolglosen Überfall und wurde mit einigen Verlusten an Menschenleben wieder von Sceberras vertrieben. Dragut rückte nordwärts weiter, verwüstete das Land und setzte dann nach Gozo über, wo er die meisten männlichen Bewohner umbrachte und die Frauen und Kinder in die Gefangenschaft mitschleppte. Es herrschte eine Stimmung gespannter, ja geradezu verzweifelter Erwartung in diesen langen Tagen der Ungewißheit, während die christlichen Galeeren angriffslustig gegen die ungefügen türkischen Handelsschiffe vorstießen, sie kaperten und reiches Beutegut in das Versteck der Ritter in Il Borgo zurückbrachten.

Jede dieser maltesischen Kaperfahrten löste am Hof des Sultans in Konstantinopel einen neuen Zornesausbruch aus. Einflußreiche Stimmen, von verletzter Eitelkeit und persönlichen Verlusten bei der Erbeutung eines Schiffes angefacht, das wertvolle Besitztümer in den Harem des Sultans hatte bringen sollen, verlangten Rache an der Insel Malta. Und damit begannen die Vorbereitungen für den großen Sturmangriff. Im Herbst 1564 wußten die Ritter, daß der Angriff unmittelbar bevorstand. Ihre in Konstantinopel arbeitenden Geheimagenten meldeten, daß eine riesige Invasionsflotte ausgerüstet werde. Dies war also der letzte Friedenswinter, denn mit dem Herannahen des Frühlings und ruhiger See auf dem Mittelmeer würden die türkischen Schiffe auslaufen und ein Heer an Bord führen, das dieses Hornissennest ausräuchern sollte. Auf Malta wurden rings um die Küste Signalfeuer errichtet und das offene Gelände vor den Verteidigungswerken von Hindernissen und Gebäuden geräumt, die der Vorhut eines angreifenden Heeres Dekkung liefern konnten. Bodensenken wurden ausgefüllt und Erhebungen abgetragen, damit ein vernichtendes Feuer quer über das Niemandsland zwischen den beiden Lagern gestreut werden konnte.

Das türkische Spionage- und Nachrichtensystem war gut. Die Türken waren sich der strategischen Bedeutung Maltas bewußt und hatten sogar schon vor dem Eintreffen der Ritter die beiden Inseln Malta und Gozo genau beobachtet und überwacht. Ein türkischer Korsar namens Piri Reis, der später Admiral des Sultans wurde, hatte zwischen 1517 und 1521 die vermutlich erste detaillierte Landkarte von Malta angefertigt, auf der das Hochland, auf dem Mdina steht, zu sehen ist, sowie die steil abfallenden, unersteigbaren Felsklippen von Dingli und die tiefen Einschnitte des Großen Hafens und Marsamxetts, die für Seeleute auf der Suche nach einem geschützten Ankerplatz so wichtig waren. Türkische Agenten, die sich in den maltesischen Städten befanden, schickten Berichte über Stärke und Verteilung der Verteidigungswerke nach Konstantinopel, denn die Türken nahmen trotz der geringen Zahl der Besatzung und der unzulänglichen Befestigungen das Unternehmen ernst. Invasionen vom Meer her gelten seit undenklichen Zeiten stets als das riskanteste aller kriegerischen Abenteuer.

Die Ritter waren sich darüber im klaren, daß ihre einzige Hoffnung darin bestand, dem Angriff lange genug standhalten zu können, so daß eine Entsatz-Streitmacht in Sizilien ausgerüstet werden und ihnen zu Hilfe kommen konnte. Der Orden hatte rund sechshundert Mitglieder, und insgesamt befand sich eine Verteidigungstruppe von etwa achttausend Mann auf der Insel. Gegen diese kümmerliche Truppe setzten die Türken 181 Kriegsschiffe ein, die von zahlreichen kleineren Schiffen unterstützt wurden. Von diesen Kriegsschiffen waren 130 Galioten oder Galeassen, die ersteren kleinere, die letzteren größere, sehr rasche Ruderschiffe, die für das sommerliche Meer besonders geeignet waren, aber während der Belagerung einen sicheren Ankerplatz brauchten. Die Schätzungen der Größe des türkischen Heeres weichen von einander ab; wahrscheinlich umfaßte es etwa 16 000 Mann Kampftruppen mit den zugehörigen Hilfstruppen und einem Vortrupp von mehr als 6000 Janitscharen, den ausgewählten Elite-Sturmtruppen des Sultans, die von Kindheit an eine spartanische Erziehung und Ausbildung erhalten hatten und fanatische Kämpfer für ihre Religion und ihren Herrscher, den Sultan, waren. Die Janitscharen waren zwangsbekehrte Söhne christlicher Eltern, die ihnen schon im Knabenalter weggenommen wurden, eine harte Disziplinschule durchmachten und für die blutigsten Aufgaben der türkischen Eroberungskriege gestählt wurden.

Der Sommer kam, und am Freitag, dem 18. Mai 1565, wurde das erste türkische Segel vor der Südküste der Insel gesichtet. Es muß ein furchtgebietender Anblick gewesen sein, wie Schiff um Schiff am Horizont auftauchte, eine riesige Armada, grimmig entschlossen, diesen befestigten christlichen Stützpunkt zu vernichten. Suleiman der Große, der Planer dieses Riesenangriffs, war damals einundsiebzig Jahre alt und der größte militärische Führer seiner Zeit. Sein Reich erstreckte sich östlich bis Afghanistan und südlich bis Aden und rührte an die Grenzen Indiens; seine Truppen hämmerten gegen die Tore von Wien; seine Oberhoheit erstreckte sich über die ganze Länge der nordafrikanischen Küste; Tripoli war 1551 seinen Geschützen erlegen. Jetzt kehrte er seinen Zorn gegen das kleine Malta. »Dieser vermaledeite Felsen,« rief er, »ist wie eine Sperre zwischen uns und unseren Besitzungen.« Malta war der Schlüssel zum Mittelmeer und konnte, wenn es erobert war, zum Sprungbrett für eine Invasion Siziliens und Italiens werden.

Piali Pascha, der Großadmiral und Oberbefehlshaber der türkischen Flotte, war das Kind christlicher Eltern; man hatte ihn auf dem Schlachtfeld von Belgrad gefunden, und Suleiman hatte ihm das Leben geschenkt und ihn in seinem Serail aufziehen lassen. Er heiratete später eine Nichte des Sultans und erfreute sich beträchtlicher Wertschätzung. Obwohl er bis dahin eine durchaus glänzende militärische Laufbahn hinter sich hatte, fragt man sich doch, ob er diese hohe Befehlsstellung verdiente. Er war streitsüchtig und hatte unablässig Auseinandersetzungen mit Mustafa Pascha, dem Befehlshaber der Landstreitkräfte, und in der Handhabung dieser prachtvollen Flotte legte er einen unverkennbaren Mangel an Phantasie an den Tag.

Die türkischen Schiffe nahmen eine Täuschungs-Landung vor, umfuhren sodann die Insel, kamen schließlich heran und gingen in der Bucht von Marsaxlokk im Süden der Insel vor Anker. Fußvolk und Geschütze wurden an Land geschafft, schwärmten aus und drangen wie eine Heuschreckenplage über das südliche Flachland von Malta vor. Aber die Verteidiger standen bereit und waren entschlossen, bis zum letzten Mann zu kämpfen. Das Schicksal hatte ihnen einen Führer geschenkt, der sich dem wilden Kampfgeist der osmanischen Kriegsschulung gewachsen zeigte.

Jean Parisot de la Valette stammte aus der Provence, war 1494 geboren und damals einundsiebzig Jahre alt. Er besaß einen in strenger Kriegslaufbahn gestählten Körper und Geist und unbeirrbar zielstrebige Hingabe an den Orden, den er jetzt befehligte. Er hatte auf Rhodos gekämpft, war von den Türken in die Sklaverei verschleppt worden und kannte sie gut. Er besaß die drei Haupteigenschaften, die nötig sind, um jenen, die er führte, Vertrauen einzuflössen: er war hochgewachsen und würdevoll, von ruhigem Gehabe und fest in seinen Entschlüssen.

Den Türken mangelte es anfangs an entschlossener Führung. Admiral und General stritten um ihre Autorität, zankten sich und kritisierten ihre wechselseitigen Pläne. Bald darauf änderte sich jedoch die Situation. Der Korsar Dragut landete mit Verstärkungen, erkannte sofort die Situation und nahm kraft seiner Persönlichkeit die ganze Unternehmung in die Hand. Dragut war ein angriffslustiger, umsichtiger und weitblikkender Mann. Außerdem besaß er den Vorteil, daß er seinen Feind kannte. Er war mit la Valette zusammengetroffen und hatte sich mit ihm unterhalten, als der Ritter sich in türkischer Sklaverei befand. Er übernahm die Sturmangriffs-Operationen und faßte seine Absicht, die Schlacht zu gewinnen, in einem Satz zusammen: »Solange wir dieses Schlangennest nicht ausgeräuchert haben, werden wir nirgends etwas zuwege bringen.«

Am 24. Mai begann der schwere Angriff auf das Fort von St. Elmo. Die Türken hatten auf die Sceberras-Halbinsel zwei Sechzigpfünder-Feldschlangen, zehn Achtzigpfünder und einen riesigen Basilisken – eine große Bronzekanone, die schwere Geschosse abschießen konnte – hinaufgezerrt, und hämmerten mit ihnen jetzt gegen die Wälle der Festung. Viele Steine ihres Mauerwerks waren allzu hastig ausgewählt worden, sie zerbröckelten jetzt unter diesem intensiven Bombardement, und der Trümmerschutt fiel nach vorn und füllte die Gräben. Scharfschützen kamen bis auf 150 Meter heran und zielten auf die Köpfe und Schultern derer, die sich über der Brustwehr zu zeigen wagten. Aber die kleine Besatzung von zweiundfünfzig Rittern und 800 Mann hielt stand. St. Elmo hätte für die Türken eine Kleinigkeit sein müssen, und sie hatten erwartet, daß es binnen vier oder fünf Tagen fallen werde. Es bildete den Schlüssel zu den Verteidigungswerken Maltas, denn so lange das Fort nicht erobert war, konnten die türkischen Schiffe nicht in den tiefen Hafen von Marsamxett einfahren und dicht bei dem Belagerungsheer vor Anker gehen. Die türkischen Kanoniere verbrauchten und verschlissen sich an dieser Beschießung. Das Fort hielt einunddreißig Tage lang gegen unablässige Belagerung und schweres Bombardement aus. Nacht und Tag hallten von den Schreien der Verwundeten wider, überall lastete der Leichengestank der zerfetzten Leiber. Die pralle Sommerhitze brachte die schweren Rüstungen der Ritter zum Erglühen, und der Geruch menschlichen Fleisches benahm einen der Sinne. Die Stärke und Widerstandsfähigkeit von St. Elmo lag in der Tatsache, daß la Valette die Besatzung in der Nacht verstärken konnte, indem er frische Truppen über das schmale Gewässer des Großen Hafens schaffte und die Verwundeten evakuierte. Aber Dragut bemerkte dieses Wiederbelebungsverfahren bald, stellte seine Geschütze neu auf und riegelte den Zugang zum Fort vom Meer her ab. Jetzt war St. Elmo ein Grab – seine Verteidiger erwartete nur noch der Tod.

Wieder und wieder ergoß sich Welle um Welle türkischer Sturmtruppen über den Graben, nur um alsbald aufgelöst zurückgeworfen zu werden. Endlich wurde der Ravelin, der auf der Anhöhe über dem Marsamxett-Hafen erbaut worden war, in einem Überraschungsangriff, der die Türken zweitausend Mann Elitetruppen kostete, genommen. Aber trotz der Verluste war dies ein großer Sieg, denn nachdem der Ravelin sich einmal sicher in ihrem Besitz befand, war es ihnen möglich, in seiner Mitte einen künstlichen Hügel aufzuwerfen, von dem aus ihre Scharfschützen alle christlichen Truppen abschießen konnten, die sich innerhalb der Mauern des Forts zeigten. Bei Morgengrauen des

23. Juni drangen die türkischen Streitkräfte vom Land und vom Meer heran, die letzten Befestigungen zerbröckelten, und die Osmanen-Fahne wurde auf dem Fort gehißt. Es hätte von rechtswegen eine einfache und rasche Operation sein müssen und kostete die Türken doch an die achttausend Tote einschließlich ihres Führers Dragut. Er war am 18. Juni von einem Schuß der Kanone des Forts St. Angelo getroffen und tödlich verwundet worden. Man hatte das Unglück vor seinen Truppen geheimgehalten, aber jetzt ließ es sich nicht länger verbergen, und eine Welle der Niedergeschlagenheit lief durchs türkische Heer.

Mustafa Pascha konnte sich keinen hochgemuten Gefühlen hingeben, als er die Trümmer von St. Elmo überschaute und seine Aufmerksamkeit auf die beiden Zitadellen Il Borgo und Isola richtete. »Wenn ein so kleiner Sohn uns so teuer zu stehen gekommen ist,« rief er, »welchen Preis werden wir dann für einen so großen Vater zu zahlen haben?« Wie recht er damit hatte! An den folgenden Tagen häuften die Rückschläge auch noch Spott und Hohn auf die türkischen Angreifer. Sie ließen sich von einem Spitzel durch falsche Nachrichten täuschen und griffen die Landseite von Il Borgo an, die von den kastilischen Rittern verteidigt wurde. Diese Stelle, die eigentlich der schwache Punkt hätte sein müssen, stellte sich als die uneinnehmbarste Bastion der Verteidigung heraus. Die türkischen Kanonen hämmerten mit aller Gewalt gegen die exponierte Seite der Kastilien-Bastion, und ihre Pioniere rückten vor, um einen hohen hölzernen Turm zu errichten, von dem aus sie die Verteidiger zu beherrschen hofften. Aber die Verteidiger spielten ihre Trumpfkarte aus. Die Ritter feuerten aus einer versteckten Geschützstellung am Fuß der Bastion eine Salve Kettenschuß, die die Stützen des hohen Holzturms durchschlug, so daß der ganze Turm mitsamt seiner unseligen Besatzung zu Boden krachte.

Inzwischen kam ein neuer türkischer Angriff gegen Isola in Gang. Die türkischen Pioniere rollten eine Zeitbombe vor, die auf der Brustwehr des St. Michael-Forts hätte explodieren sollen. Die Zeitzündung war jedoch zu lang, und es gelang einigen tapferen Rittern, die Bombe in die türkischen Linien zurückzurollen, ehe sie losgehen konnte. Aber der Druck des Angriffs gegen das Fort St. Michael schien überwältigend. Die Ritter mußten Fußbreit um Fußbreit wertvollen Boden aufgeben, und da keine Verstärkungstruppen nahe genug waren, um ihnen Entsatz zu bringen, sah es aus, als ob die Schlacht an diesem Abschnitt verloren und der Erfolg dem Mustafa zum Greifen nahe sei. Da fügte es in elfter Stunde die Ironie des Krieges, daß ein Eilbote dem türkischen Befehlshaber die Mitteilung brachte, eine Entsatz-Streitmacht sei aus Sizilien gelandet und greife den Versorgungs-Transportzug des türkischen Heeres an. Widerwillig und aufs äußerste verärgert befahl Mustafa den Rückzug, schwang seine Truppen im Kreis herum und stellte sich der Bedrohung. Er erfuhr zu spät, daß es sich in Wirklichkeit um einen Trupp Berittener gehandelt hatte, der einen Ausfall aus Mdina gemacht, den unverteidigten Troß vernichtet und die Verwundeten in ihren Zelten getötet hatte.

Es muß eine bittere Pille für Mustafa gewesen sein, dem einige seiner Ratgeber empfohlen hatten, Mdina gleich zu Beginn des Krieges anzugreifen und zu erobern, noch ehe er den Hauptsturmangriff auf das Fort St. Elmo ins Werk setzte. Es war klar, daß im türkischen Heer nicht alles zum besten stand. Die immer wieder zurückgeschlagenen Angriffe schwächten den Kampfgeist der Truppen. Dysenterie und Fieber waren in großem Ausmaß ausgebrochen, möglicherweise infolge des Genusses von Trinkwasser aus den Brunnen auf der Marsa, die bei der Landung der Türken von den Rittern vergiftet worden waren. Die Zeit lief ab; der August ging jetzt rasch in den September über, und Piali fürchtete um die Sicherheit seiner Flotte. Mit dem September würden die plötzlichen Stürme kommen, die die Sicherheit der Galeeren auf See gefährdeten.

Es standen ihm zwei Möglichkeiten offen. Er konnte einerseits die Infanterie zu einer Winterbelagerung auf Malta zurücklassen und die Flotte in die Geborgenheit Konstantinopels zurückführen; aber dadurch setzte er das Heer der Möglichkeit eines Angriffs aus Sizilien aus, das nur hundert Kilometer entfernt lag, und nahm ihm die Mittel, die Insel zu verlassen. Die andere Möglichkeit bestand darin, die ganze Belagerung überhaupt aufzugeben und sich mit Schmach und Schande bedeckt nach der Türkei zurückzuziehen. Nur wenige türkische Befehlshaber hätten den Mut aufgebracht, dem jähzornigen Herrscher des Osmanenreichs eine solche große Niederlage zu melden. In diesem Zustand der Ungewißheit wurde das Bombardement der

Befestigungen fortgesetzt, und Mustafa Pascha beschloß, die verbliebenen Widerstandsnester in Mdina auszuheben für den Fall, daß er gezwungen sein sollte, auf der Insel zu überwintern. Die Eroberung der alten Stadt würde zumindest Winterquartiere liefern. Es wurde ein Ablenkungsangriff vorgenommen, und die türkischen Truppen rückten zum Sturmangriff vor im Glauben, daß ihnen diesmal leichte Beute winkte. Aber der Befehlshaber der Garnison in Mdina war ein schlauer Mann. Er rief alle maltesischen Männer und Frauen innerhalb der Zitadelle zusammen, zog ihnen alle möglichen Uniformen an und ließ sie in voller Mannschaftsstärke auf den Wällen der Stadt aufmarschieren. Die Türken waren beim Anblick dieser offensichtlich sehr starken Besatzung auf den hohen Mauern der Bergfestung so entmutigt, daß sie erschrocken wieder abzogen.

Der Großmeister des Ordens hatte den Vizekönig von Sizilien wiederholt um Entsatztruppen zur Aufhebung der Belagerung ersucht, aber dieser hatte aus verschiedenen Gründen nicht sofort reagiert. Er schätzte ganz richtig, daß eine gut organisierte Entsatztruppe benötigt wurde, die imstande war, ihre Aufgabe auch wirklich zu bewältigen. Aber er dürfte befürchtet haben, daß, falls diese Truppe auf See umkommen oder bei einem fruchtlosen Versuch, Malta zu entsetzen, stark dezimiert werden sollte, seine eigene Flanke offen liegen und er in seiner Hauptaufgabe, der Verteidigung Siziliens, behindert sein würde, noch ehe er den Schlag erhielt, auf den er gefaßt sein mußte, wenn die Inselfestung der Ritter fallen sollte. Die Zusammenziehung und Ausrüstung der Truppen in Sizilien schritt langsam voran. Die Herbststürme setzten in diesem Jahr frühzeitig ein, und erst am 7. September näherte sich die Entsatzflotte dem unverteidigten Norden der Insel und setzte rund zehntausend Mann an Land. Das schien zugegebenermaßen eine kleine Streitmacht, aber sie war ausreichend angesichts des schlechten türkischen Kampfgeistes, der unter Seuchen und fortgesetzten Rückschlägen vor den Verteidigungswerken der Ritter sehr gelitten hatte.

Wieder einmal bewies Admiral Piali seine mangelnde Entschlußkraft. Er besaß dreimal so viele Schiffe wie die Entsatzflotte und unternahm doch keinen Versuch, sie anzugreifen und zu versenken oder auch nur während der gefahrvollen Stunden am Ausladen der Truppen zu hindern. Die sizilianischen Truppen rückten südwärts vor und machten während der Nacht auf dem Höhenzug bei Mdina Quartier. Der türkische Befehlshaber erhielt Nachricht hiervon und begann, seine eigenen Streitkräfte rasch zurückzunehmen, ehe sie von diesen kampflustigen frischen Truppen angegriffen werden konnten. Erst als die meisten seiner Soldaten bereits auf die Schiffe gebracht worden waren, erfuhr Mustafa, wie klein die Entsatztruppe in Wirklichkeit war. Möglicherweise um sein Gesicht zu wahren, setzte er widerwillig neuntausend türkische Soldaten wieder an Land und machte kehrt, um sich den Sizilianern zu stellen, aber die Schlacht, die nun folgte, war ein ungleicher Kampf. Die frischen christlichen Truppen, die danach dürsteten, ihre belagerten Vettern zu rächen, stürzten sich wie die Wilden auf den kleinen türkischen Haufen, der in aufgelöster Ordnung Hals über Kopf zum Meer und seinen Schiffen floh. Am Abend des 8. September war alles vorbei.

Die Belagerung hatte dreieinhalb Monate gedauert. Überall herrschte Verwüstung. Il Borgo und Isola waren zertrümmert und nicht ein einziges Haus war unbeschädigt geblieben. Riesige Löcher gähnten in allen Verteidigungswällen, und Trümmerschutt füllte die Gräben. Der Boden war übersät mit Schuß- und Minenlöchern und von Tunneln untergraben, von denen einige bereits eingestürzt und anderen unmittelbarer Einsturz drohte. Es war eine wüste Szene und dürfte selbst die Beherztesten mit Angst und Schrecken erfüllt haben, denn jeder wußte, daß die Türken nicht die Gewohnheit hatten, eine angefangene Sache aufzugeben, und daß sie eines Tages zurückkehren würden, um ihre Aufgabe zu vollenden. Aber es erwies sich, daß dies der letzte große Versuch des Osmanenreichs gewesen war, ins westliche Mittelmeer einzubrechen.

Die Belagerung von Malta hatte allenthalben Zweifel über die Tüchtigkeit und Leistungsfähigkeit der türkischen Militärmaschine erweckt. Es hatte sich gezeigt, daß die Sturmtruppe der Entschlossenheit eines gut plazierten und willensstarken Verteidigers nicht gewachsen war. Sechs Jahre nach dem Rückschlag des türkischen Heeres auf Malta wurde die stolze türkische Flotte in der Schlacht von Lepanto schließlich zum Kampf gestellt. Am 7. Oktober 1571 zogen sich in den engen Gewässern im Korinthischen Golf die

Der Angriff der türkischen Batterien auf Isola, dem heutigen Senglea, am 27. Juni 1565.
Fresko im Großmeisterpalast von Valletta von Matteo Perez d'Aleccio, um 1576

und Auskünfte von den Überlebenden der Belagerung. Die meisten anderen Schilderungen stützen sich auf diese Episoden und sind von unterschiedlicher Genauigkeit und Zuverlässigkeit. Die Tapferkeit der Verteidiger und die Aufhebung der Belagerung wurden in ganz Westeuropa so hoch gepriesen, daß die Johanniter-Ritter und ihre maltesischen Waffenkameraden sich bei den Fürsten Europas größter Wertschätzung erfreuten. Mehrere der nachfolgenden militärwissenschaftlichen Abhandlungen nehmen Bezug auf die Schlacht und ziehen daraus wertvolle Schlußfolgerungen. So schrieb der Venezianer Vincenzo Scamozzi, einer der größten Architekten und Kriegsbaumeister seiner Zeit in Italien, im Jahr 1615 über Malta:
»Kleine Inseln wie Korfu und andere werden sich in Sicherheit befinden, wenn ihre Befestigungswerke auf diese Weise erbaut werden« – wobei er auf seine Empfehlungen verwies – »denn wenn ein Feind vor ihnen erscheint, wird er stets durch Mangel an Lebensmitteln, Wasser, Holz, Heu, Stroh und vielen anderen Dingen behindert sein – dies ist die Art, wie die Insel Malta sich heldenmütig gegen die Türken verteidigte.«

Geburt einer Stadt

Es ist vierhundert Jahre her, daß die Geschütze schwiegen und ringsum auf dem kleinen Kalksteinfelsen alles in Trümmern lag. Die Verteidiger von Malta hatten nahezu vier Monate lang dem Ansturm der besten Elitetruppen und der prachtvollsten Flotte, die je ein türkischer Sultan zusammengebracht hatte, standgehalten. Die Belagerung war aufgehoben worden, und die Kreuzritter des Johanniter-Ordens beschlossen, einen unwiderruflichen Schritt zu tun und allen künftigen Drohungen fest und unverrückbar die Stirn zu bieten. Nahezu dreihundert Jahre lang hatten sie ein Rückzugsgefecht nach dem anderen geliefert: aus dem Heiligen Land nach Zypern, aus Zypern nach Rhodos und schließlich 1530 von Rhodos nach Malta. Bis hierher waren sie zurückgewichen, aber von hier nicht einen Schritt weiter. Der Entschluß wurde nicht ohne Überlegung und eindringliche Selbstprüfung gefaßt; viele der Ritter waren anderer Meinung und zogen die größere Sicherheit des Festlandes vor. Es war weitgehend der Überredungskraft eines Mannes namens Francesco Laparelli zuzuschreiben, daß die Zweifler und Wankelmütigen nicht die Oberhand behielten. Laparelli, ein hagerer, harter Mann mit hohlen, ausgezehrten Wangen und durchdringenden Augen, war ein Mann der Tat. In den italienischen Kriegen gestählt, war er unter Anleitung Serbellonis in Cortona zu einem der bedeutendsten Sachverständigen der Festungsbaukunst aufgestiegen. Nachdem er an Michelangelos Befestigungen mitgewirkt hatte, wählte der Papst ihn als Mann von Entschlußkraft für Malta aus. Er traf in den letzten Tagen des Jahres 1565, als der Staub des Krieges sich noch kaum gelegt hatte, aus Italien auf Malta ein.

Die Bedeutung seines Besuchs liegt in der Tatsache, daß er die Errichtung einer neuen geplanten Stadt auf einem jungfräulichen, bisher unbebauten Platz vorschlug und durchführte: einer Stadt, die sich von allen anderen unterschied. Sie wuchs nicht auf die formlose Weise heran, in welcher die meisten Städte sich entwickeln; sie wurde als völlig neue Stadt aus dem Nichts geschaffen, und Laparelli behauptete, vielleicht nicht völlig zutreffend, es sei dies das erste Mal, daß eine Stadt dort gebaut wurde, wo zuvor nichts existiert hatte. »Seit den Zeiten von Kains Stadt Henoch bis heute«, schrieb er, »hat noch niemand versucht, eine vollständig neue Stadt zu erbauen. Wo immer bisher die Menschen begonnen haben, eine neue Stadt zu bauen, gab es stets vorher schon irgend etwas – immer war schon irgendeine Wohnstätte da. So wurde zum Beispiel Alexandria von Alexander geschaffen, aber es ist ausgeschlossen, daß es dort nicht schon ein Dorf gab, denn es war ein wichtiger Handelsplatz. Aber diese Stadt auf dem Berg ist wirklich neu.«

Wir wissen es heute besser und genauer. Es gab griechische und römische Städte, die auf völlig unberührtem Boden erbaut wurden, und im zwölften und dreizehnten Jahrhundert bauten sich die kriegführenden Könige von Frankreich und England Bastiden- oder Festungsstädte wie Aigues Mortes und Caernarvon; ihr Straßenmuster und ihre befestigten Wälle folgten einem Rost- oder Gitternetz-Plan, wie ihn schon Hippodamos von Milet verwandt hatte. Laparellis Stadtgründung jedoch ist insofern einzigartig, als wir noch genaue Urkunden und schriftliche Nachweise der Mühen und Plagen besitzen, die den Planer heimsuchten, und zwar von dem Tag an, an dem er erstmals seinen Vorschlag unterbreitete, bis zu seiner Abreise von der Insel vier Jahre später. Laparelli bewahrte die meisten seiner Unterlagen und Berichte auf, und dieser Kodex des Francesco Laparelli aus den Jahren 1565-1570, der sich heute in Cortona befindet, ist ein einzigartiger urkundlicher Beleg für eine der bedeutendsten geplanten Städte der Renaissance.

Malta war aus der langen Belagerung des Vorjahres schwer angeschlagen hervorgegangen, aber es galt noch immer als der Angelpunkt an der südlichen Abwehrfront der Christenheit. Es war der Stöpsel in der Flasche des östlichen Mittelmeeres, und wenn er herausgezogen wurde, strömten die Wasser der muselmanischen Invasion heraus und überfluteten die christlichen Länder des Westens. Die Schlacht war mit dem ganzen grimmigen Fanatismus der Religionskriege durchgekämpft worden zu einer Zeit, da ein Eiserner Vorhang quer durch die Landkarte Europas gezogen war und sie in zwei Lager teilte, die noch unversöhnlicher waren als die von heute. Es war dies nicht eine jener höflichen Glacéhandschuh-Schlachten der Condottieri der italienischen Halbinsel mit ihren Manövern und Gegenmanövern, bei denen der Besiegte die Niederlage so gleichmütig hinnahm, als habe er eine Schachpartie verloren, und keine der beiden Seiten auf den Gedanken kam, bis zum letzten Blutstropfen oder bis zur bedingungslosen Übergabe zu kämpfen. Die Belagerung von Malta war ein blutiger Kampf, bei dem kein Pardon verlangt oder gewährt wurde. Auf einer langen Landzunge, welche die Verteidigungswerke der Ritter beherrschte, hämmerten die türkischen Batterien zuerst einunddreißig Tage lang mit einer ununterbrochenen Kanonade gegen das kleine Fort St. Elmo, und seine Besatzung kämpfte bis zum letzten Mann und bis seine Wälle »bis hinab zum gewachsenen Felsen, auf dem das Fort erbaut war«, zertrümmert waren. Dann schwenkten die türkischen Batterien in einem Bogen gegen Il Borgo, den Hauptstützpunkt der Ritter, herum, und nur das rechtzeitige Eintreffen einer Entsatztruppe aus Sizilien und eine Seuchenepidemie im türkischen Lager zwangen sie, die Belagerung aufzugeben und sich in die Türkei zurückzuziehen.

Viele der Verteidiger waren jedoch mutlos und niedergeschlagen, ihre Geschütze waren geborsten und ihre Munitionsvorräte nahezu erschöpft. Sie meinten, es könne sich nur um eine Atempause handeln, und man solle die Gelegenheit nützen, um die Insel zu räumen und die Verteidigungsstreitkräfte aufs italienische Festland zu verlegen. Sie waren auf Grund ihrer Erfahrungen in Rhodos überzeugt von der Wahrheit des

Axioms: »Der Türke kehrt stets zurück.« Es gab eine geschlossene Gruppe pessimistischer und unzufriedener Ritter, und ihre führende Persönlichkeit war der zweiundsiebzigjährige unentschlossene Ordensgroßmeister, der beim Widerstand gegen die Belagerung die gesamte Verantwortung getragen hatte.

Dies war die Stimmung, in die Laparelli bei seiner Ankunft auf der Insel geriet. Er spürte, wie dringend die Sache war, und unterbreitete binnen sechs Tagen seinen ersten Bericht über den Gedanken, eine vollständig neue Stadt auf der hohen Landzunge zu erbauen, welche die alten Verteidigungswerke der Ritter beherrscht hatte. Am 3. Januar 1566 legte er dem Großmeister la Valette die Hauptumrisse seiner befestigten Stadt vor. Laparellis Prognose war so genau und zutreffend und sein Vorschlag so gut und wohlbegründet, daß die Befestigungen von Valletta noch heute mehr oder weniger dem Plan folgen, den er in knappen sechs Tagen entwarf. Er wußte, in welchen Punkten die Ritter, die sich noch nicht festgelegt hatten, empfindlich und anfällig waren, und brachte scharfsinnige Argumente ins Spiel. Die Türken, meinte er, würden trotz der Spionage-Nachrichten, die einliefen, nicht sofort zurückkehren und den Angriff wieder aufnehmen. Sie rüsteten ihre Armada hauptsächlich neu aus, um ihr eigenes Gesicht zu wahren und um den Verteidigern von Malta Angst zu machen. Es wäre schändlich, die Insel kampflos zu verlassen, da doch jedermann wußte, daß Malta der ganzen Christenheit als Schild diente.

Laparelli verlangte für den ersten Bauabschnitt 3000

Schanzarbeiter, die drei Monate arbeiten und von einer Verteidigungstruppe von 3000 Mann unterstützt werden sollten. Sodann würden noch 1000 Sappeure für einen weiteren Monat gebraucht werden, die in getarnten Stellungen arbeiten sollten, für den Fall, daß ein neuer Angriff einsetzte. Alles verfügbare Bauholz sollte unverzüglich aus der alten Stadt auf den neuen Platz herübergeschafft und bei den Arbeiten verwendet werden; alsdann werde man den Rubikon überschritten haben, und es werde keine Umkehr mehr geben. Die Kinder sollten zumindest bis zum Herbst von der Insel evakuiert werden, zu ihrem eigenen Schutz und um Lebensmittel zu sparen. Laparelli erklärte, falls die Ritter die Insel räumten, werde die Schleifung der alten Befestigungen ebenso viel kosten wie der Bau von neuen; denn die Reste einer befestigten Insel den Türken zu überlassen, daran konnten sie doch wohl schwerlich denken.

Obwohl viele Malta verlassen wollten und ihre wertvolle Habe bereits für die Verschiffung nach Sizilien verpackt war, waren andere der Meinung, man solle lieber die alte Stadt Il Borgo und die Burg von St. Angelo wieder aufbauen, denn, so erklärten sie, sie hätten in dieser Stellung bereits einer Belagerung standgehalten und könnten es auch ein zweites Mal. Laparelli war skeptisch und wies darauf hin, daß es wenigstens so kostspielig sein werde, die alten Befestigungen wieder aufzubauen, und diese würden nach wie vor von dem höher gelegenen Gelände auf der Landzunge aus überblickt und eingesehen werden, wo er jetzt seine neue befestigte Stadt zu bauen gedachte.

Zehn Tage später meldete er abermals ungeduldig dem Großmeister, man habe jetzt bereits fünfzehn Tage verloren, habe noch keine Schanzarbeiter beschafft und noch immer keinen Beschluß gefaßt. Jeder Tag der Verzögerung war ein Tag näher an dem Zeitpunkt, an dem die türkische Flotte zurückkehren werde. Am 30. Januar, nahezu einen Monat nach der Unterbreitung von Laparellis erstem Entwurf, hatten sich indessen viele der Ritter den Gedanken zu eigen gemacht, auf einen neuen Platz umzuziehen.

Man hatte sich an mehrere angesehene Festungsbaumeister um Rat gewandt. Scipione Campi aus Pesaro war gerade in Malta, als der türkische Angriff einsetzte; er überlebte die Belagerung und konnte Laparelli Vorschläge zur Verbesserung seines Stadtplans machen.

Lanci, der Malta vor der Belagerung aufsuchte, muß nach der Belagerung auf die Insel zurückgekehrt sein, denn in Laparellis Kodex findet sich eine »Kopie einer von Baldassare Lanci aus Urbino hinterlassenen Denkschrift über Befestigungen und die neue Stadt auf der Insel Malta«, in welcher er von den großen Zerstörungen spricht, die den Befestigungen zugefügt wurden, und von den nötigen Reparaturarbeiten, um den Schaden wiedergutzumachen. Lanci bezieht sich dabei auf einen Plan und ein Modell, die er angefertigt hat; allerdings geht nicht klar hervor, ob dies der Entwurf ist, den er vor der Belagerung anfertigte, oder ein späterer. »Ich habe St. Elmo studiert,« schrieb er, »und dies ist die beste Stelle, um eine uneinnehmbare Stadt zu erbauen. Sie ist gesünder als Il Borgo und liegt höher, mit kühlen Brisen vom Meer her. Die neue Stadt wird von Wasser umgeben sein und von zweihundert Canne Land geschützt werden.« Das freilich stimmt offensichtlich nicht. Das damalige Längenmaß, eine sizilianische Canne, entspricht 2,065 Metern. Die Halbinsel ist nirgends nur 400 Meter breit, sondern mißt an ihrer schmalsten Stelle, wo Laparelli seine Front baute, etwa 800 Meter. Lanci fährt fort: »Ringsherum befindet sich tiefes Wasser. Die Stadt kann von wenigen Menschen bewacht werden, und der Platz ist groß genug, um die gesamte Bevölkerung der Insel und wenn nötig auch alle ihre Tiere aufzunehmen. Ich habe einen Plan gezeichnet und ein Maßstab-Modell angefertigt und auf dem Modell alle Befestigungen, Straßen, Plätze, die Einteilung der Häuser, Paläste, Kirchen, Spitäler und anderer Bauten eingezeichnet, die zu errichten nötig sein wird.«

Aus dieser Denkschrift geht hervor, daß Lancis Vorschläge detailliert und gründlich waren. Er behauptet, den Bauplatz vermessen und ein Musterstück der Mauer gebaut zu haben, damit jeder es sehen könne. Er scheint auch Mengenberechnungen aufgestellt und die Kosten der Arbeiten veranschlagt zu haben. Obgleich wir rückblickend die Richtigkeit seiner Berechnungen bezweifeln dürfen, scheint Lanci damals überzeugt gewesen zu sein, daß er genaue Ziffern angeben könne, und führte sogar ein Berechnungssystem an, das im alten Rom angewandt wurde. In dieser Stadt, erklärte er, müßten die Baumeister, die einen Bau planten, genau angeben, wieviel er kosten werde, und falls höhere Kosten entstanden als veranschlagt, mußten die

Architekten das Fehlende aus eigener Tasche bezahlen. Wenn sie nicht genug Geld hatten, um zu bezahlen, erhielten sie strenge Strafen.

Lancis Stadt sollte von einer siebzehn Meter breiten Straße umgeben sein, die der Versorgung der Befestigung diente. Die Hauptstraße der Stadt sollte vom Stadttor auf einer großen Plattform oder Platz hinter der Frontlinie, die sich quer über den Rücken der Halbinsel erstreckte, bis zu einem Hauptplatz und weiter zum Fort St. Elmo verlaufen. Diese Straße sollte fünfzehn Meter, die übrigen Straßen der Stadt sieben Meter breit sein. Lancis Hauptplatz sollte siebentausend Quadratmeter groß sein, und um ihn herum sollten der Palast des Großmeisters, die Kirche und andere wichtige öffentliche Gebäude angeordnet werden.

Die stärkste Unterstützung erhielt Laparelli von Gabrio Serbelloni aus Mailand. Laparelli und er hatten einander in Cortona, im Krieg gegen Siena, kennengelernt. Serbelloni entstammte einer Adelsfamilie, war ein Vetter von Pius IV. und hatte in seiner Jugend als Malteserritter gedient. Im Jahr 1566, als er Malta aufsuchte, um den Orden bei der Anlage der neuen Stadt zu beraten, war er siebenundfünfzig Jahre alt, ein Veteran zahlreicher Feldzüge, Festungsbaumeister des Königs von Spanien, Städteplanungsfachmann in Rom und ein hochgeachteter Berater der Ritter. Der maltesische Geschichtsschreiber Bosio berichtet, Serbelloni sei im März 1566 auf der Insel eingetroffen. Sogleich nach seiner Ankunft habe man ihm Laparellis Plan für die neue Stadt vorgelegt und seinen Rat erbeten. Er erteilte ihm seine uneingeschränkte Billigung und pries ihn in Briefen an den Papst und den König von Spanien in höchsten Tönen.

Am 14. März segelte Serbelloni in einer Galeere des Ordens nach Messina, wo er mit dem Vizekönig von Sizilien, Don Garzia, zusammentraf und eine Aussöhnung zwischen ihm und dem Großmeister von Malta bewirkte, auf Grund derer Don Garzia versprach, sofortige Beihilfe zum Bau der neuen Stadt in Form von Geld, Arbeitskräften und Baumaterialien zu entsenden. Serbelloni kehrte nach Italien zurück, schloß sich der vom Papst ausgerüsteten Flotte an und nahm an der Schlacht von Lepanto im Jahr 1571 teil, die ein für alle Mal die Macht der türkischen Flotte vernichtete. Es war weitgehend Serbellonis heldenmütigen Anstrengungen zu danken, daß die schwankenden Verbündeten sich zusammenrissen und ihre Flotten ihren großen Sieg errangen. Auf Malta gingen inzwischen die Erörterungen um die Ausmaße der Stadt und die genaue Linie auf der Halbinsel, auf welcher die schmalen, der Landseite zugekehrten Verteidigungswerke errichtet werden sollten, weiter.

Zahlreiche Architekten hatten sich während der italienischen Renaissance mit dem Anlageplan idealer Städte beschäftigt, und die meisten hatten sie als Übungen im dreidimensionalen Raum betrachtet, die in einem geometrischen Muster, für gewöhnlich streng symmetrisch, angelegt zu sein hatten. Die Architektur-Literatur des fünfzehnten und sechzehnten Jahrhunderts in Italien ist voller Vorschläge für die geplante Idealstadt. Ein großer Teil von Albertis großer Abhandlung über das Bauen – ›De re aedificatoria‹, in lateinischer Sprache um 1450 geschrieben und 1485 in Florenz gedruckt, – befaßt sich mit Städteplanung, von der Wahl eines geeigneten Platzes bis zu detaillierten Häuser-Aufrissen. Es kann kaum ein Zweifel herrschen, daß Laparelli die Arbeit Albertis kannte, und wenn nicht aus erster Hand, so doch aus den Städteplanungsideen, die in die tägliche Praxis eingegangen waren. Sowohl Alberti wie auch Vitruvius, der einzige antike Verfasser von Werken über die Baukunst, dessen Bücher uns erhalten sind, stellten sich eine Stadt als ein geschlossenes Kunstwerk vor, zu dem die einzelnen Gebäude in Beziehung gesetzt waren.

Antonio Averlino, genannt Il Filarete, war vermutlich der erste Architekt, der eine kreisrunde oder in einen Kreis eingefaßte Stadt entwarf; diese Form war den Herzen der Neuplatoniker des fünfzehnten Jahrhunderts besonders teuer, weil man sie für die perfekteste von der Natur geschaffene Form hielt. Filaretes Vorschläge für eine Idealstadt, die in Norditalien gebaut werden sollte, wurden nie verwirklicht. Sein dem Herzog von Mailand, Francesco Sforza, gewidmetes Traktat über die Baukunst blieb Jahrhunderte lang eine nur in zwei Exemplaren vorhandene Handschrift und wurde erst in jüngster Zeit veröffentlicht. Seine Stadt, Sforzinda, bestand aus sechzehn Hauptstraßen, die von einem mittleren Platz ausstrahlen; sie war von einer Ringstraße eingefaßt und endete in stumpfwinkligen Bastionen, deren Spitzen einen kreisrunden Graben berührten.

Von Filaretes Zeit an bestanden viele der von italienischen Militärbaumeistern gemachten Vorschläge in einer zentral angelegten Stadt, die in eine befestigte Mauer mit Bastionen eingeschlossen war, deren äußerste Enden so angelegt waren, daß sie auf die Peripherie eines Kreises herabfielen. Innerhalb dieser befestigten Umfassung waren die Straßen entweder radial oder nach dem Rostmuster angelegt, so daß die ganze Stadt rings um ihren Mittelplatz symmetrisch wurde. Viele dieser Projekte starben den Tod auf dem Reißbrett, aber einige blieben am Leben. Vitry-le-François wurde von Girolamo Marini entworfen und 1545 gebaut; Palmanova in der Republik Venedig wurde zwischen 1566 und 1593 erbaut; Zamosc bei Lublin von Bernardo Morando aus Padua im Jahre 1578; Coeworden in Holland 1583; und das sind nicht alle, es gibt noch mehr.

Pietro Cataneos ›I quattro primi libri di architettura‹ wurde 1554 von Aldus Manutius in Venedig gedruckt, und zwölf Jahre danach übernahm Laparelli die Aufgabe, die neue Stadt auf Malta zu bauen. Dieses erste und bei weitem umfangreichste von Cataneos Büchern ist der Planung neuer Städte gewidmet, und die Pläne für acht dieser Städte, von denen zwei an der Küste errichtet werden sollten, sind in dem Band abgebildet. Alle Städte Cataneos haben eine Rostgitter-Anlage der Straßen, einen mittleren Platz mit regelmäßig angeordneten kleineren Plätzen und einen großen Versammlungsplatz vor der Zitadelle. Man kann mit Bestimmtheit annehmen, daß sowohl Albertis als auch Cataneos Abhandlungen Laparelli während seiner Arbeitszeit im Vatikan bekannt waren.

Auch wäre es seltsam, wenn er nichts von den Städteplanungs-Vorhaben gewußt haben sollte, die vom König von Spanien, der mit den Johanniter-Rittern in enger Verbindung stand, in seinen spanisch amerikanischen Kolonien unternommen wurden. Die neue Stadt Puebla de los Angeles mit ihrer Rostanlage war 1531 gegründet worden, im Jahr nach der Schenkung Maltas an die Johanniter durch Karl v. Die Städteplanungsideen, die sich in Spanien herausbildeten, wurden in Form von königlichen Erlässen am 3. Juli 1573 veröffentlicht – Real Ordenanzas para Nuevos Poblaciones etc., jetzt im Staatsarchiv in Madrid, – und viele von ihnen gehen direkt auf Alberti zurück und zeigen, wie weit verbreitet das Gedankengut des Italieners war: die Beschränkung störender oder gesundheitsschädlicher Gewerbe auf gewisse Stadtviertel, die Proportionen der Haupt- und Nebenplätze, die Ausrichtung der Gebäude, die Gleichförmigkeit und Einheitlichkeit der Häuser, um die Stadt schön zu machen, und die Notwendigkeit einer fruchtbaren ländlichen Umgebung, auf die die Stadtbevölkerung zu ihrer Versorgung angewiesen war. Die für unseren Zusammenhang interessanteste Weisung ist jedoch jene, die von den Ansiedlern verlangt, einen leeren, unbenutzten Bauplatz zu wählen, von dem sie Besitz ergreifen konnten, ohne die Einheimischen zu schädigen, oder aber mit ihrer Zustimmung.

Laparellis Vorschläge sollten anders ausfallen. Den Rittern, die den hervorragendsten Adelsfamilien Europas entstammten, waren einige dieser italienischen Lösungen zweifellos bekannt. Laparelli hatte sich mit Gegenvorschlägen von Laien und Nichtfachleuten herumzuschlagen. Aber er wies diese Vorschläge ab, weil sie für den gewählten Platz ungeeignet waren: auf dem welligen Gelände war eine Lehrbuch-Lösung nicht unterzubringen.

Der Grundstein der neuen Stadt wurde mit großem Gepränge gelegt und die Stadt zu Ehren des Großmeisters, der seine Ritter gegen die türkische Flotte zum Sieg geführt hatte, Valletta getauft. Laparelli verzeichnete das Ereignis in seinem Tagebuch: »Am 28. März 1566 begann die Neue Stadt auf der Insel Malta. Sie wurde auf der Anhöhe begonnen, die außer auf einer Seite völlig isoliert ist und alle die guten Eigenschaften besitzt, auf die wir stets hingewiesen haben. Die Landfront befindet sich in einer Entfernung von fünfhundert Canne vom Fort St. Elmo. Es befindet sich keinerlei alte oder neuzeitliche menschliche Behausung auf diesem Hügel. (Ich glaube, es ist noch keine Stadt an einer Stelle gegründet worden, wo noch niemand wohnte). Die St. Spirito-Messe wurde unter einem Baldachin gesungen, der in der Nähe der Frontlinie errichtet worden war. Nach der Messe sprach der Pater, und nach der Predigt sang eine Prozession die Litanei; ein zweites Gebet verkündete den Namen der neuen Stadt, welcher Valletta lautet, und dann schritt die Prozession weiter zur Mitte der Front, wo das Haupttor errichtet werden muß, und nannte das Tor St. Georg. Dann ging sie weiter zu den vier Bollwerken. Danach wurde der Grundstein gelegt, auf den das Heilige Kreuz des Ordens mit seinen acht Ecken eingemeißelt war. Und der Großmeister schenkte mir eine goldene Kette.«

Der Grundstein trug auf Lateinisch die folgende Inschrift: »Fra Jean De La Valette, Großmeister des Hospitaliter-Ordens von Jerusalem, eingedenk der Gefahr, welcher ein Jahr zuvor seine Ritter und das maltesische Volk während der Belagerung durch die Türken ausgesetzt waren, und nach Beratung mit den Häuptern des Ordens über den Bau einer neuen Stadt und die Befestigung derselben durch ausreichende Wälle, Mauern und Türme, um jedem Angriff zu widerstehen oder den türkischen Feind zurückzuschlagen oder zumindest ihm standzuhalten, legte nach Anrufung des Allmächtigen Gottes, der Jungfrau-Gottesmutter, des Schutzheiligen Johannes des Täufers und der anderen Heiligen, sie möchten gewähren, daß das begonnene Werk zum Wohlergehen und dem Glück der gesamten christlichen Gemeinschaft und zum Vorteil des Ordens führen möge, den Grundstein der Stadt auf dem Hügel, welcher von den Einheimischen Sceberras genannt wird, und wünschte, nachdem er ihr als Stadtwappen einen goldenen Löwen auf rotem Schild verliehen, daß sie nach seinem Namen Valletta genannt werde.«

Die Arbeit schritt langsam voran. Es war ein anstrengendes und mühsames Unterfangen, das Ausschachtungen im gewachsenen Felsen erforderte, und alles, was gebraucht wurde, mußte zu diesem unberührten Platz herangeschafft werden. Laparelli wurde ungeduldig und erbot sich, nach Italien zurückzukehren, um Arbeitskräfte anzuwerben. Er ließ jedoch keinen Zweifel, daß allerlei Anreize und Vergünstigungen geboten werden müßten, um auf diesem bereits schwierigen Arbeitsmarkt konkurrieren zu können. Die Bedingungen des Arbeitsvertrags sind interessant und kommen uns heute, nach vierhundert Jahren, seltsam modern vor. Die Arbeiter sollten einen Tageslohn erhalten vom Tag ihrer Verpflichtung in Italien an, gleichgültig, ob sie arbeiteten oder nicht. Sie sollten kostenlos nach Malta transportiert werden und während der Seereise freie Verpflegung erhalten. Für jeden Tag, den sie arbeiteten, sollten sie eine Prämie erhalten, und sollte die Arbeit wegen schlechten Wetters unterbrochen oder eingestellt werden, so sollten sie eine Prämie für die bereits geleistete Menge Arbeit erhalten. Sollte ein Arbeiter krank werden, so erhielt er seinen Grundlohn, ohne die Prämie, und kostenlose ärztliche Betreuung im Hospital des Johanniter-Ordens. Unterkünfte nahe der Baustelle waren für die Arbeiter bereitzustellen sowie Verpflegung, für welche die Arbeiter zu bezahlen hatten unter der Voraussetzung, daß sie nicht zu teuer war. Sie konnten sich aber auch, wenn sie wollten, ihren Wein, Fleisch und andere Lebensmittel selbst kaufen, und diese mußten ihnen zur Verfügung gestellt werden. An Fest- und Feiertagen, an denen nicht gearbeitet wurde, sollten sie volle Bezahlung erhalten, und wenn sie nicht mehr gebraucht wurden, sollte ihnen freie Rückreise nach einem von drei ihnen zur Wahl stehenden italienischen Häfen gewährt werden. Schließlich wurden genaue Unterscheidungen für die verschiedenen Rangordnungen von Vorarbeitern und Aufsehern festgestellt. Laparelli war außerdem bereit, Kanoniere und ihre Gehilfen anzuwerben. Diese Leute würden, ehe sie angeworben wurden, die nötigen Eignungsprüfungen abzulegen haben. Sie hatten das Geschütz zu reinigen, Pulver hineinzutun, sodann den Vorschlag oder Ladepfropfen und die Kanonenkugel und das Ganze mit dem Ladestock festzudrücken. Sie hatten außerdem das Geschütz zu kühlen und zu richten und die Weisungen des Geschützmeisters auszuführen.

Wir besitzen eine klare Beschreibung der Art von Stadt, die Laparelli sich vorstellte. Es gebe, so sagte er, drei Stellen, an denen die Frontlinie quer über die Halbinsel gezogen werden könne. Erstens in einer Entfernung von 300 Canne vom Fort St.Elmo. Dies hätte die Befestigung auf halber Strecke zwischen dem gegenwärtigen Platz des Großmeister-Palastes und der St. Johannes-Kirche plaziert, wo die Halbinsel am schmalsten ist. Zweitens in einer Entfernung von 500 Canne vom St. Elmo-Tor. Dies war die Linie, die Laparelli am stärksten befürwortete und die schließlich auch gebaut wurde; das heutige Stadttor befindet sich 500 Canne von St. Elmo entfernt. Und drittens eine »Linie in einer Entfernung von 800 Canne im heutigen Floriana, die mehr oder weniger genau durch die St. Publius-Kirche verläuft. Diese Frontlinie hätte zwar die Höhen von Corradino beherrscht und befand sich in der Nähe des kleinen Teichs oder Wasserlochs auf der Marsa, aber Laparelli war dagegen und wies darauf hin, daß diese Linie ein zu großes Stadtgebiet einschließen und eine exponierte Lücke zwischen dem Ende der Stadt und Fort St.Elmo lassen würde. Schließlich trafen der Vizekönig von Sizilien, Ascania della Cornia, und der Festungsbaumeister Fratino auf der Insel ein und schlugen eine kürzere Umfassung, wahrscheinlich an der 300-Canne-Linie, vor. Das würde erklären, warum Laparelli auch einen Entwurf für diese Linie vorlegte, obwohl er nicht dafür war.

Laparelli fertigte Entwürfe für seine beiden ersten Lösungen an, konzentrierte sich aber schon bald auf den zweiten Vorschlag mit der Begründung, hier habe man ein Gelände, welches »wenn Lebensmittel und Munition vorhanden sind, uneinnehmbar ist«. Er drängte folglich die Ritter, mit »eisernem Willen daran zu gehen, die Stadt zu umringen, bis sie St.Elmo einschließt«.

Sollte es so aussehen, als sei nicht genug Zeit hierfür, so solle der Orden ein mächtiges Fort hinter der 500-Canne-Linie errichten, das es den Türken unmöglich machen würde, auf der Halbinsel zu landen und sich dort festzusetzen. Die Entfernung zwischen den beiden Forts werde etwa 600 Meter betragen, die von den Geschützen der beiden Festungen gedeckt würde. Für die beiden Forts würden dreitausend Mann benötigt, sechzig Geschütze mit feststehender Schußrichtung und hundert Arkebusen oder transportable Geschütze. Die Frontlinie würde vergleichsweise sicher vor Angriffen sein, da sie das tiefer liegende Gelände vor ihr überblickte.

Laparelli rechnete, daß der Bau der Befestigungswerke der neuen Stadt ungefähr 345 000 Arbeitstage kosten werde, und dies sei billiger als die Schleifung aller vorhandenen Verteidigungswerke von Malta und die Räumung der Insel, was gut und gern 480 000 Arbeitstage erfordern würde. Er fügte jedoch vorsorglich die Warnung hinzu, daß die Eigenart des Geländes es unmöglich mache, eine genaue Schätzung zu geben. Wer dergleichen für möglich halte – und hierbei dürfte er an Baldassare Lanci gedacht haben – befinde sich im Irrtum. Es stellte sich freilich heraus, daß Laparellis Voranschlag sehr weit daneben ging. Er verlangte für den ersten Bauabschnitt eine Arbeitstruppe von 3000 Schanzarbeitern für vier Monate, aber im Juni 1567, siebzehn Monate nach seinem ersten Bericht, brauchte er noch immer 4000 Schanzarbeiter bis zum Mai 1568. Laparellis Befestigungen wurden entsprechend seinem Plan gebaut, der in Antonio Lafrerys ›Tavole geografiche‹ vom Jahr 1566 abgebildet ist.

Diese Abbildung zeigt eine vollständige Mauerumschließung vom Fort Elmo, das etwas abseits vom alten Ort liegt, bis zur Landfront auf der 500-Canne-Linie. Die Landfront ist verstärkt und abgesteift durch vier Bastionen mit stumpfen Winkeln und ziemlich stumpfen Spitzen, die weniger leicht von feindlichen Geschützen abgeschlagen werden konnten als die früheren scharf zugespitzten Bastionen von St.Elmo. Zwischen diesen vier Bastionen und vom Flankenfeuer gedeckt lagen drei Abschnitte Kurtine-Mauer, von denen der mittlere vom St. Georgs-Stadttor durchbrochen war. Vor den Bastionen lagen trockene Gräben, die breit genug waren, damit ein Ausfallstrupp sich in ihnen sammeln und aus der Stadt ausbrechen konnte.

Der Meinungsstreit darüber, ob Festungsgräben trocken oder mit Wasser gefüllt sein sollten, hatte lange hin und her getobt. »Wasser ist gut – es bringt einen plötzlichen Angriff zum Stehen«, schrieb Laparelli. »Es ist besonders gut gegen einen Überraschungsangriff und nützlich für kleine Forts mit nur wenigen Mann Besatzung, denn sie können sich in den Gräben Fische halten. Aber für ein großes Fort, das von vielen Soldaten verteidigt wird, ist ein trockener Graben besser, weil er es einer Truppe erlaubt auszufallen, und wenn sie einmal draußen ist, kann ihr nicht so leicht der Rückzug abgeschnitten werden.« Auch sei es leichter, einen trockenen Graben auszuräumen, wenn ein Teil der Böschung hineingefallen sei, eine Überlegung, die schon Alberti hundert Jahre zuvor angestellt hatte. Falls der Feind Zweige oder Reisigbündel in den Graben warf, konnte man sie anzünden, während sie in einem nassen Graben eine Art Treppe bildeten, über die der Feind herüberkommen konnte, und natürlich, wenn das Wasser im Graben gefror, was allerdings in Malta höchst unwahrscheinlich war, wurde der Graben für den Angreifer zu einer Brücke. Was die Bastionen anging, so hatten sie niedrig zu sein, etwa drei Meter dick und fünf Meter hoch bis zum Sims, und sollten aus Erdreich aufgeworfen werden. Die Ritter, so riet Laparelli, sollten Bastionen aus Stein nur dann bauen, wenn sie sicher waren, daß genug Zeit zur Verfügung stand, damit die Mauer sich härten und der Stein sich an der Luft festigen konnte. Eine neue Steinmauer werde unter Geschützfeuer rissig werden wie ein Spinnweb, und wenn die Mauer einstürzte, würde sie den Graben zuschütten.

Im Mai 1567 jedoch verlangte Laparelli eindrucksvollere Befestigungen aus Stein. Die Böschung solle zwanzig Meter vom Sims bis zum Boden des Grabens betragen, und das ausgehobene Erdreich sollte zum Ausfüllen von etwaigen Gräben außerhalb der äußeren Grabenböschung verwendet werden, damit die Angreifer auf freiem Gelände exponiert seien. Die Geschütze sollten Stellungen an den Flanken der Bastionen erhalten, und diese sollten so errichtet werden, daß sie vorn sechzehn Meter breit waren und sich nach rückwärts auf neunzehn Meter verbreiterten, damit die Geschütze seitwärts gerichtet werden konnten, und die Geschützbettungen sollten acht Meter tief sein, um dem Rücklauf des Geschützes Platz zu lassen. Hinter den Bastionen sollten neun Kavaliere errichtet werden, von denen zwei tatsächlich gebaut wurden. Laparelli markierte die Plätze der verbleibenden sieben, damit diese Stellen leer blieben und keine Gebäude auf ihnen errichtet wurden. Innerhalb der Stadt selbst sollten Brunnen gebohrt und der Graben vor dem St. Elmo-Fort, der für Verteidigungszwecke nicht mehr gebraucht wurde, mit Wasser gefüllt werden. Windmühlen zum Mahlen von Korn sollten an geschützten Stellen errichtet werden, wo der Feind sie nicht sehen konnte.

Am Nordufer der Stadt, in der Marsamxett-Bucht, sollte für die Galeeren des Ordens ein Hafen gebaut werden. Dieser Manderaggio genannte Hafen in der Bucht von St.Elmo wurde auch tatsächlich in Angriff genommen und der ausgebrochene Stein für den Bau der Stadthäuser verwendet, aber er wurde nie vollendet, zum Teil weil die Steinmetzen auf eine harte Schicht stießen, die für Bauzwecke ungeeignet war. Auf

Lafrerys Zeichnung der Stadt ist der Manderaggio als eine ovale kleine Bucht zu sehen.

Die Gestaltung der Stadt kam als letztes dran, nachdem der Festungsring feststand. Sie ist auf Lafrerys Zeichnung überhaupt nicht angegeben, aber wir wissen, daß der Plan la Valette unterbreitet wurde, noch ehe im März 1566 der Grundstein gelegt wurde. Laparellis Vorschläge für diesen Teil des Vorhabens sind für uns heute wohl der interessanteste Aspekt des Ganzen; denn während unsere Auffassungen von Abwehr und Befestigung mittlerweile völlig neu durchdacht werden mußten, hat unsere Vorstellung von der Straßenanlage einer Stadt noch immer erkennbare Ähnlichkeit mit den Lehren, die vor vierhundert Jahren im Schwange waren. Die Kunsthistoriker neigen dazu, diejenigen Stellen des Quellenmaterials, die zu ihren Theorien passen, sich anzueignen, und die unbequemen Zitate, die nicht hineinpassen, beiseite zu schieben. So hat man auf den Schriften der Neuplatoniker des fünfzehnten Jahrhunderts in Italien eine ganze theoretische Lehre der klassischen Kunst und Architektur aufgebaut, die sich auf die Überzeugung gründet, daß Schönheit in gewissen geometrischen Formen liegt, die eine eingeborene Qualität besitzen, welche zerstört wird, wenn man sie ändert. »Ich definiere die Schönheit«, schrieb Alberti in seinen ›Zehn Büchern der Baukunst‹, »als Harmonie aller Teile, in welchem Gegenstand sie auch auftritt, die in solchen Proportionen und Verbindungen zusammengefügt sind, daß nichts hinzugefügt, weggenommen oder verändert werden kann, es wäre denn zum schlechteren.«

In Übereinstimmung mit diesem Gedanken entwarfen die Architekten der Renaissance ihre Städte, »denn nach der Meinung der Philosophen ist eine Stadt nichts anderes und nicht mehr als ein großes Haus«, nach einem geometrischen Grundmuster. Die Straßen sind so angeordnet, daß sie entweder von der Mitte ausstrahlen oder mit ihren Kreuzungen eine Folge von rechteckigen Flächen bilden.

Im fünften Kapitel des vierten Buches von Albertis Werk stoßen wir jedoch auf den Absatz, der das alles umwirft. »Wenn die Stadt nobel und mächtig ist«, schrieb Alberti, »dann sollen die Straßen gerade und breit sein, was ihr das Ansehen von Größe und Majestät verleiht; aber wenn es nur eine kleine Stadt oder eine Befestigung ist, dann wird es besser und genauso sicher sein, wenn die Straßen nicht in gerader Linie zum Stadttor verlaufen; vielmehr sollten sie gewunden sein, zuweilen nach rechts, zuweilen nach links, in der Nähe der Mauer und ganz besonders unter den Türmen auf der Mauer; und im Herzen der Stadt *wird es hübscher und anziehender sein,* sie nicht gerade zu ziehen, sondern auf verschiedene Art gewunden und geschlängelt, vorwärts und rückwärts, wie ein Flußlauf. Denn nicht nur werden sie dadurch um so viel länger erscheinen und damit *die Vorstellung von der Größe der Stadt verstärken,* sondern sie werden gleicherweise auch sehr viel zu Schönheit und Bequemlichkeit beitragen und eine größere Sicherheit gegen Unglücksfälle und Notlagen darstellen.« Zweifellos entlehnte Alberti hier von dem Satz des Aristoteles in seiner ›Politik‹, daß gewundene Straßen zwar besser für die Verteidigung, gerade aber schöner sind. Aber er ändert zugleich seine Auffassung, indem er meint, gelegentlich seien gewundene Straßen hübscher als gerade. Dies läuft schnurstracks der allgemeinen Ansicht zuwider, daß die Architektur der Renaissance eine Kunst der geraden Linien und Kreise sei, während die fließende Kurve erst im Barock eingeführt wurde. Wer hätte wohl je ein italienisches Renaissancehaus mit gewundenen Mauern gesehen?

In jüngster Zeit hat Ivor de Wolfe in seinem Werk ›The Italian Townscape‹ – Die italienische Stadtlandschaft – die Vermutung ausgesprochen, dies könne ein Überbleibsel mittelalterlicher Prinzipien der Städteplanung sein: was uns heute häufig bei alten Städten wie ein undiszipliniertes, regelloses Durcheinander von Straßen vorkommt, sei in Wahrheit eine sorgfältig durchdachte und abgestimmte Anordnung gewesen, um für den Fußgänger, der durch die Straßen geht, die besten Stadtbild-Wirkungen zu erzielen – eine mittelalterliche Theorie des Pittoresken. Camillo Sitte, der im neunzehnten Jahrhundert schrieb, war überzeugt, daß das anscheinend malerische Durcheinander der italienischen Städte zum guten Teil keineswegs zufällig sei. De Wolfe führt als Beispiel die Stadt Sabbionetta bei Mantua an, die zwischen 1550 und 1564 von Vespasian Gonzaga erbaut wurde. Diese neue Stadt hat zwar keine gewundenen Straßen, aber sie paßt auch ganz gewiß nicht ins anerkannte Muster der Renaissance-Stadtplanung. Sie hat keinen Rost-Grundriß, und ihre Plätze und öffentlichen Gebäude sind nicht symmetrisch angeordnet.

Wenden wir uns nun Laparellis ursprünglichen Vorschlägen für Valletta zu. »Viele Schriftsteller«, sagt er, »rühmen für eine Stadt die zentrale Form mit vielen Winkeln« – damit ist der Radialgrundriß in Form eines Rades mit Speichen gemeint – »aber ich habe aus meiner Erfahrung festgestellt, daß es gut ist, den Linien des Geländes zu folgen und nicht zu versuchen, die Natur in regelmäßige Linien zu zwingen. Wir werden folglich eine Form schaffen, die das Gelände selbst nahelegt, und ich meine, das sollte man überall tun.« Dann fährt er, von Alberti angeregt, fort: »Ich werde um der Schönheit willen nur eine große Straße in der Mitte der Stadt anlegen, und die anderen werden eng und *hübsch und angenehm geschlängelt* sein, und zwar werde ich dies tun, weil nur eine Stadt in feuchtem Klima breite Straßen haben sollte, damit die Sonne die Feuchtigkeit aufsaugen kann. Enge Straßen sind kühler, weil sie nicht von der Sonne beherrscht werden. An einem windigen Ort wie Malta muß man Wege finden, um den Wind durch Bäume oder hohe Mauern zu brechen, aber dies läßt sich hier nicht machen, weil diese ganze Insel und besonders dieser Bauplatz kahl und baumlos ist. Folglich wird es helfen, wenn man die Straßen geschlängelt macht wie in Pisa, was *schön anzusehen* ist und gewiß so angelegt wurde, um die Stärke des Windes zu brechen. Die Leute sollten rund um die Mauern Bäume pflanzen, was in Friedenszeiten von Nutzen sein wird, und in Kriegszeiten ist Holz eines der wichtigsten Kriegsmaterialien. Man pflanze Bäume, die rasch wachsen.«

Bei der Erbauung von Valletta traten jedoch gerade

Straßen an die Stelle von geschlängelten, vielleicht weil es schwierig war, seltsam geformte Bauplätze für den Häuserbau zuzuweisen, möglicherweise auch infolge des Vorurteils des Ordensrats, der Jahrhunderte lang mit militärischer Präzision geschult worden war, einen Platz oder ein Gelände so rationell wie möglich auszunutzen, oder vielleicht auch, weil viele der Ansicht waren, daß der Rost-Grundriß, der die Beaux-Arts-Planer noch Jahrhunderte lang in seinem eisernen Griff halten sollte, das einzig Wahre und Richtige sei.

Es ist von Laparellis Anlageplan keine Zeichnung erhalten, aber ein angeblich um die Mitte des Jahres 1566 verfaßter Bericht mit dem Titel ›Schätzung der Größen der Einheiten in der Neuen Stadt‹ gibt eine gewisse Andeutung, wie er die Straßen und öffentlichen Gebäude anzuordnen gedachte. Eine große, elf Meter breite Hauptstraße sollte die ganze Strecke von 975 Metern vom Fort St.Elmo bis zum neuen Stadttor durchlaufen. Beiderseits dieser Hauptstraße sollten je zwei geschlängelte Straßen von acht Metern Breite von derselben Länge wie die Hauptstraße laufen. Weiterhin waren acht geschlängelte Querstraßen, eine jede etwa sieben Meter breit und 485 Meter lang, vorgesehen. Bei einem Rost-Grundplan hätten diese Straßen sich gewiß nicht dem Gelände angepaßt, und selbst bei einer geschlängelten Lösung ist schwer zu sehen, wie Laparelli sie untergebracht hätte. Der Manderaggio, jene Einbuchtung am Südende der Halbinsel, die absonderliche Fluchtung des Forts St.Elmo und die Plazierung des nördlichen Kavaliers – an der Stelle der heutigen Herberge von Kastilien und Leon – hätten eine solche stereotype Lösung undurchführbar gemacht.

Laparelli sah Platz vor für einen Palast des Großmeisters von der Größe, wie er sagte, wie der Palazzo Farnese in Rom, im Ausmaß von etwa 600 Quadratmetern, und Bauplätze von ähnlicher Größe für die Konventskirche, das Hospital und seine Nebengebäude. Es waren acht *auberges* oder Herbergen für die verschiedenen Sprachgruppen der Ordensritter vorgesehen. Die englisch sprechende Rittergruppe war von Heinrich VIII. verboten worden, aber die Ritter hofften noch immer auf ihre Wiedereinsetzung, und folglich wurde ein Platz für ihre Herberge freigelassen. Der beabsichtigte Hauptplatz sollte etwa 90 zu 65 Meter messen, und man darf annehmen, daß er sich wohl vor dem Palast befinden sollte, und kleinere Plätze sollten vor den drei öffentlichen Gebäuden und den acht Herbergen liegen. Rings um die ganze Stadt sollte eine breite Straße führen, die den Befestigungswerken diente, damit Truppen und Geschütze rasch zu jedem Stadtviertel, das bedroht war, herangeführt werden konnten.

Danach blieben, wie Laparelli uns berichtet, noch sechs Streifen Land übrig, ein jeder etwa 75 Meter breit und nahezu 900 Meter lang, die sich über die ganze Länge der Halbinsel erstreckten. Er nahm Messungen vor und stellte fest, daß das Haus des Befehlshabers der Galeeren, eines gewissen Don Pietro, 285 Quadratmeter maß; er nahm an, daß dies etwa ein Stadthaus von durchschnittlicher Größe sei, und schätzte, daß er auf dem verbleibenden Gelände in Valetta 1125 Häuser dieser Größe bauen könne. Er wies darauf hin, daß dies nur eine grobe Schätzung sei, weil man auf einem so hügeligen Gelände nicht genau schätzen könne, und die fertiggestellte Stadt sich von dem Plan ein wenig unterscheiden werde. »Mehr oder weniger«, vermerkte er, »genügt es jedoch zu wissen, daß der Bauplatz etwa dreieinhalb mal so groß ist wie Il Borgo.«

Der durchgeführte Bauplan von Valletta unterscheidet sich von Laparellis Projekt in vieler Hinsicht. Man gab nicht nur das Serpentinen-Grundmuster der Straßen auf, sondern änderte den Rost ab und paßte ihn dem Gelände an, so daß die Grundstücke zwar alle rechteckig, aber nicht von einheitlicher Größe sind. Die Hauptstraße verläuft vom Stadttor bis zur Spitze der nächstliegenden Bastion des Forts St. Elmo und nicht bis zu seinem Tor, und die Stadt hat acht längs laufende und zehn Querstraßen. Von den frühen Ritter-Herbergen hat nur die von Aragon einen Vorplatz, der mehr oder weniger Laparellis Vorschlägen entspricht. Dessen ungeachtet sieht es doch so aus, als sei zumindest ein Teil des gegenwärtigen Straßenmusters, wenn nicht das ganze, von Laparelli angelegt worden, ehe er schließlich Malta verließ, denn wir wissen, daß die Bauarbeiten in der Stadt um diese Zeit begonnen hatten. Außerdem hat Laparelli uns eine Abrechnung der aufgelaufenen Kosten vom 21. Oktober 1566 bis zum 22. März 1567 für ein Haus hinterlassen, das er in Valletta zu bauen begonnen hatte, mitsamt einem Bauplan, dem Entwurf eines Zimmers, eines Fensters und eines schön proportionierten Toreingangs.

Während Laparellis ganzem Aufenthalt auf Malta

hing die Drohung eines türkischen Überfalls über der Insel. In einem Brief vom 22. September 1567 warnte Laparelli jene, die meinten, die jüngste Entfremdung zwischen Konstantinopel und Venedig könne möglicherweise die Aufmerksamkeit der Türken von Malta ablenken. »Große Hunde«, erklärte er, »fressen einander selten auf. Geld beeinflußt das Denken der Menschen, und auf beiden Seiten gibt es bedeutende Kaufleute, die miteinander Handel treiben. Sie besitzen gemeinsame Interessen und werden sich folglich nicht sehr übereinander ärgern. Um sich gegenseitig ihre Stärke vor Augen zu führen, werden Venezianer und Türke sich so stark rüsten wie möglich und sodann die Gefahr in gewisser Weise als weniger gegeben betrachten und zu einer Übereinkunft gelangen. Wenn der Türke eine Schußwaffe in der Hand hat und gut mit Vorräten versorgt ist, und wenn er meint, daß wir nicht gut versorgt sind, dann wird das für ihn ein guter Zeitpunkt sein, um die Insel, die er stets gehaßt hat, anzugreifen. Er wird also bestimmt zurückkehren und die Vermutung einer Verstimmung zwischen Türken und Venezianern als einen Vorwand nehmen, um Malta anzugreifen.« Am 3. November desselben Jahres war der Ordensgroßmeister Jean de la Valette, wie aus einem seiner Briefe hervorgeht, der Meinung, daß »die Streitkräfte des Feindes doppelt so stark sind als gewöhnlich, weil sie beschlossen haben, das Äußerste gegen uns zu unternehmen, um uns diesmal zu vernichten«, und er sandte an den Herzog von Anjou, den Bruder des Königs von Frankreich, ein dringendes Gesuch um Hilfe.

Obwohl die maltesischen Galeeren nur zur Verwendung in Sommerfeldzügen geeignet waren, auf denen sie einer ruhigen See sicher sein konnten, scheint Laparelli befürchtet zu haben, daß die Türken imstande sein könnten, einen Winterfeldzug gegen die Insel ins Werk zu setzen. Er schrieb an den Seneschall des Ordens: »Jetzt kämpfen sie im Winter, weil das, was für die eine Seite unbehaglich ist, auch für den Feind unbehaglich ist. Wie Sie wissen, haben die Menschen schon oft zu Land und zu Wasser gut gekämpft, wenn zuweilen die eine und zuweilen die andere Seite den Vorteil des Winters für sich hatte. Die Menschen lernen, wie man siegt!«

Gegen Schluß seines Kodex fügt Laparelli einen verdrießlichen Bericht des Antonio d'Oria über die mögliche Eroberung von Valletta an. D'Oria erklärt, der Türke werde mit einer Armada von 30 000 Mann kommen, die Insel erobern und Valletta belagern. Er werde Mdina, die alte Stadt in der Mitte der Insel, mühelos erobern, und Il Borgo und die Forts St. Michael und St. Angelo würden unter seinem Sturmangriff fallen. Valletta werde allein übrig bleiben, es werde ausgehungert werden, und dann werde alles verloren sein.

Laparellis Antwort hierauf ist kalt und wohlberechnet. »Keine Befestigung ist ein Selbstzweck«, schreibt er. »Bei einer Belagerung ist es stets notwendig, Hilfe von außerhalb zu erlangen, aber es ist wichtig, daß die Befestigungen lange genug standhalten, um es den Verbündeten zu ermöglichen, ein gutes Entsatzheer auszurüsten.« Sodann schließt er mit einem

L'ASSALTO ALLA POSTA DI CASTI
GLIA A DÌ 29 LUGLIO 1565

Jean de Valette beim Generalangriff der Türken auf den von den Kastilischen Rittern verteidigten Abschnitt von Il Borgo, dem heutigen Vittoriosa.
Fresko im Großmeisterpalast von Valletta von Matteo Perez d'Aleccio, um 1576

Schmeichelwort für die Ritter: »Jedermann weiß, daß Malta für die Christenheit wichtig ist. Man hat der Insel viele Namen gegeben, darunter auch ›Dorn im Auge der Ungläubigen‹. Der Orden wird immer viel Geld ausgeben müssen, um diese Insel zu verteidigen, indessen andere leichtere Aufgaben haben. Ihr erbauet eine neue Stadt und nehmt all ihre Unbequemlichkeit auf euch in der Hoffnung, daß andere, wenn ihr sie gut erbaut, kommen und sich hier ansiedeln werden. Die Christenheit hätte einen rechten Schrecken bekommen, wenn sie soviel Geld hätte ausgeben müssen, wie der Orden für die Verteidigung Maltas ausgegeben hat.«

Gerüchte und Gegen-Gerüchte liefen um, und Laparelli drängte unablässig auf rasche Fortführung der Bauarbeiten, unterbreitete Zwischenberichte und Voranschläge für die kommenden Monate und notierte in seinen Aufzeichnungen die Hoffnungen und Befürchtungen, die im täglichen Gespräch zum Ausdruck kamen. »Gebt mir Zeit«, schrieb er, »und ich will euch Leben geben!« Sein Haupthelfer, der maltesische Baumeister Gerolamo Cassar, wurde über das Fortschreiten der Arbeit sorgfältig unterrichtet und zum Studium der neuesten Bauwerke nach Italien geschickt. Nach Cassars Rückkehr im Jahr 1568 ersuchte Laparelli um Winterurlaub. Im folgenden Jahr war das Werk schon weit fortgeschritten, die Straßen waren festgelegt, und auf den Bauplätzen zwischen ihnen begannen bereits Häuser zu erstehen. Laparelli wurde von Rastlosigkeit ergriffen. Er meinte, er habe seine Ziele und Zwecke erreicht, und die Arbeit könne nun ohne Gefahr anderen guten Händen überlassen bleiben. Folglich meldete er sich als Freiwilliger zum Dienst bei der päpstlichen Flotte, um gegen die Türken kämpfen zu können. Er ging 1569 von Malta in See, wurde aber in Kandia auf Kreta von der Pest ereilt und starb bald darauf. Er war neunundvierzig Jahre alt.

Die Stadt Valletta wurde erbaut und bildete einen Teil des größten Komplexes von Befestigungen, den die Welt des Barock uns überliefert hat. Ihre hohen Bastionen und mächtigen Kavaliere stehen noch heute so, wie Francesco Laparelli sie zurückließ, und haben dem Lauf der Zeit und Hitlers Sturzkampfbombern standgehalten. Die Straßen der Stadt folgen noch immer den von ihm festgelegten Linien, und viele der Paläste der Ritter stehen ebendort, wo sie in den nachfolgenden Jahren errichtet wurden.

Das Wachstum Vallettas

Mit dem Ablauf des Jahres 1566 war der rechteckige Gitterplan der neuen Stadt Valletta angelegt, und auf den Bauplätzen zwischen den Straßen dieses Grundrisses begannen die ersten Gebäude zu entstehen. Im Dezember jenes Jahres führte der Rat des Ordens eine Zwangsankaufs-Verordnung des gesamten Grund und Bodens durch, der innerhalb von Laparellis Befestigungen vom Kingsgate bis zum Fort St. Elmo lag. Eine aus drei Rittern und drei Maltesern bestehende Kommission veranschlagte den Wert der Grundstücke und stellte ein Grundbuch oder Kataster her, und von 1568 an konnte man Bauplätze in der neuen Stadt zu einem Quadratmeterpreis erwerben, der nach heutigem Wert etwa 50 Pfennigen entsprach. Die Überwachung der Stadtplanung wurde vom Officio delle Case, einer seit langem bestehenden Behörde von großem Ansehen, durchgeführt. Dieses Amt hatte dafür zu sorgen, daß Bauplätze nicht zu Spekulationszwecken angekauft wurden und daß unerwünschte Personen sich nicht durch vorgeschobene Strohmänner in den Besitz von Bauplätzen setzten. Es war nötig, die Stadt so rasch wie irgend möglich zu erbauen, denn wenn sie erst einmal besiedelt und bewohnt war, gab es kein Zurück mehr nach Il Borgo, und Vallettas Zukunft als Hauptstadt der Insel war gesichert. Die Behörde verlangte, daß der Bau eines Hauses binnen sechs Monaten nach Ankauf des Grundstücks in Angriff genommen wurde und das Haus bis zum Ende des Jahres nach Ankauf bewohnt sein mußte. Es wurden Stadtplanungs-Bestimmungen erlassen, welche die Qualität der Baumaterialien und der Bauarbeit und den Entwurf der Fassaden-Aufrisse überwachten. Diese Bestimmungen setzten fest, wieviel Geld auf jedem Bauplatz ausgegeben werden mußte, und verlangten, daß alle Häuser an den Straßenrand vorgerückt wurden und eine gerade Flucht bildeten. Die Käufer von Eckgrundstükken hatten zusätzliche Kosten auf sich zu nehmen, denn die Straßenecken mußten verziert werden.

Der neue Ordensgroßmeister Fra Pietro del Monte, der 1568 sein Amt antrat, legte besondere Begeisterung für das neue Vorhaben an den Tag. Als nachdrückliche Geste der Unterstützung verlegte er am 18. März 1571 mit aller gebührenden prunkvollen Feierlichkeit den Amtssitz des Ordens von Il Borgo nach Valletta und legte damit die Ritter unwiderruflich auf Unterstützung der neuen Zitadelle fest, obwohl ihre Verteidigungswerke noch keineswegs fertiggestellt, der Ort noch immer von einer neuen türkischen Invasion bedroht war, und noch alle Annehmlichkeiten einer fertigen Stadt fehlten. Der Konvent des Ordens segelte in reich verzierten Schaluppen mit flatternden Wimpeln über den Großen Hafen und hielt durch die Porta del Monte, das heutige Kingsgate, seinen feierlichen Einzug in die neue Stadt. Damit war das Gelingen des Unternehmens gesichert.

Auf Rhodos hatten die Ritter in einem gesonderten Teil der Stadt gewohnt, der durch eine hohe Mauer von der übrigen Bevölkerung abgetrennt und ausschließlich ihnen vorbehalten war. Als sie nach Malta übersiedelten und sich in Il Borgo niederließen, machten sie den Versuch, einen bestimmten Teil der damals existierenden Stadt für sich allein zu reservieren, aber da sie genötigt waren, vorhandene Grundstücke oder Gebäude zu pachten oder zu kaufen, gelang dies nur zum Teil. Im Jahr 1562 grenzte der Ordensrat jedoch ein sogenanntes Collachio-Viertel ab und schickte sich an, die maltesische Bevölkerung auszusiedeln. Der Vatikan war sehr nachdrücklich dafür, daß die Ritter an dieser Absonderung festhielten, und versuchte darauf zu bestehen, indem er den Rat unter Druck setzte. Laparelli jedoch hatte, als er seinen ursprünglichen Plan unterbreitete, keinerlei Absicht, die Stadt in zwei Teile zu spalten, einen für die Ritter und den anderen für die Malteser. Er setzte Bauplätze für die acht Wohnhäuser oder Herbergen der verschiedenen Sprach- oder Nationalitätsgruppen des Ordens fest, und jedem dieser Bauplätze war ein geräumiger Vorplatz zugewiesen. Aus seinen Empfehlungen geht klar hervor, daß er beabsichtigte, die Ritter-Herbergen über die Stadt zu verteilen, da eine Anhäufung von offenen Plätzen in einem Stadtviertel kaum sehr sinnvoll gewesen wäre. Sogar noch im Mai 1569, zwei Jahre vor der Verlegung des Ordenssitzes aus Il Borgo nach Valletta, befaßte sich der Ordensrat mit dem Gedanken, die Stadt in zwei Teile zu spalten, aber man hat den Eindruck, daß dies mehr eine Geste war, um Rom zufriedenzustellen, als ein ernsthafter Versuch, auf der strengen Absonderung zu bestehen, wie der Orden sie auf Rhodos gekannt hatte. Eine solche strenge Absonderung war auf diesem Gelände nicht mehr möglich, und die Bestimmungen, die den Maltesern gestatteten, innerhalb des Collachio-Gebietes zu wohnen, sorgten lediglich dafür, daß die Ritter das Recht besaßen, sich in einem bestimmten Stadtteil Vallettas auf dem Zwangswege Grundstücke zu verschaffen, wobei die Bedingungen der Pacht zwischen ihnen und den Verpächtern vereinbart werden mußten.

Nach der Abreise und dem Tod des Italieners Francesco Laparelli blieb die weitere Architektur-Entwicklung dem Gerolamo Cassar überlassen. Er besaß die notwendige Ausbildung und genaue Einweisung, um die riesige Aufgabe durchzuführen, den Raum innerhalb von Laparellis Befestigungsring mit den Gebäuden zu füllen, die der Orden in seiner neuen Hauptstadt brauchte. Es war für einen Architekten eine einzigartige Gelegenheit.

Gerolamo Cassar war Malteser und der erste von vielen, die sich in Entwicklung und Ausbau der Insel teilten, indes die Invasionsgefahr nach der Niederlage der türkischen Flotte am 7. Oktober 1571 in der Schlacht von Lepanto allmählich wich und dem Volk Maltas ein bisher unvorstellbarer blühender Wohlstand zuteil wurde. Cassar wurde 1520 in Il Borgo geboren und war folglich zehn Jahre alt, als die Ritter auf der Insel eintrafen. Er betätigte sich während der großen Belagerung, setzte Befestigungen wieder instand und erfand allerlei Kriegsmaschinen. Als Laparelli eintraf, arbeitete er mit ihm zusammen und lieferte ihm einen großen Teil der genauen Ortskenntnis, die es dem italienischen Baumeister ermöglichte, seinen Plan in so kurzer Zeit auszuarbeiten.

Manche Männer erringen sich Größe, anderen wird sie aufgedrängt. Cassar stand, als seine große Stunde schlug, etwa im gleichen Alter wie Bramante, als er nach Rom kam und zum Initiator der Renaissance in der Ewigen Stadt wurde. Aber seine Situation war völlig anders. Die Ritter des Heiligen Johannes von Jerusalem waren zu einer Bruderschaft geworden, die sich seit dem dreizehnten Jahrhundert auf die Kriegskunst eingestellt hatte. Die Strategie zu Land und zu Wasser war ihr einziges Anliegen gewesen und hatte für die Reize und Zierden der Lebensführung nichts übrig gelassen. Sie hatten Rhodos zwar zu einer einigermaßen behaglichen Unterkunft gestaltet, aber ihr ästhetischer Sinn war ungeschult und ihr Geschmack für westliche Begriffe barbarisch. Was an künstlerischem Geschmack zu ihrer Führung durchsickerte, war bereits überholt und unmodern, wenn sie es praktisch verwirklichten. Als Erbauer von Festungen waren sie überragend; hierauf verwendeten sie ihre gesamte Sorgfalt und Aufmerksamkeit, zogen die besten verfügbaren Berater heran und zögerten nicht, die hervorragendsten Kriegsbaumeister Italiens und Spaniens gegen teures Entgelt in Dienst zu nehmen. Francesco Laparellis Anteil am Bauplan Vallettas war in erster Linie ein militärischer Auftrag. Was er an Erwägungen der Stadtplanungskunst hierbei in Rechnung stellte und berücksichtigte, geschah weitgehend auf seine eigene Initiative, und nachdem die Anlage der Befestigungswerke und die Verteilung der Straßen feststanden, hatten die Ritter gegen sein Ersuchen, ihren Dienst zu verlassen und anderwärts zu arbeiten, nichts einzuwenden.

Sobald es aber um Baukunst ging, waren die Ritter ihrer Sache nicht so sicher. Sie zogen es vor, einen Einheimischen in Dienst zu nehmen, vermutlich, weil er weniger kostspielig war. Sie waren sich bewußt, daß während der letzten hundert Jahre zumindest eine künstlerische Umwälzung das italienische Festland erschüttert hatte, und waren bestrebt, ihre Unzulänglichkeit auf diesem Gebiet zu überwinden, indem sie ihren eigenen Baumeister zu einem kurzen Lehrgang nach Italien schickten. Dies ging vermutlich auf Pietro del Monte, den italienischen Admiral der Ordensflotte, zurück. Als er Großmeister des Ordens wurde, stürzte er sich mit Begeisterung in das Unternehmen, die neue Stadt Valletta zu erbauen, und veranlaßte, daß Cassar als dienender Bruder in die italienische Sprachgruppe des Ordens aufgenommen und am 23. April 1569 nach Rom geschickt wurde, um dort den neuesten Baukunststil zu studieren.

Aber in Italien selbst bestand zu dieser Zeit eine komplizierte und unübersichtliche künstlerische Situation. Die meisten Autoren, die über die schönen Künste schrieben, hatten sich zwar die Umwälzung der Renaissance zu eigen gemacht, die die Unreinheiten des gotischen Nordens hinweggefegt zu haben schien und den aus dem Rom der Kaiserzeit stammenden klassischen Baustil wiederhergestellt hatte, aber niemand hatte bisher die psychologische Situation zu definieren gewußt, die zu der Geschmacksverschiebung geführt hatte, welche wir heute Manierismus nennen. Michelangelo wurde Beifall gezollt, aber er blieb rätselhaft. Die seltsamen Krümmungen und Verdrehungen der Architektur des Giulio Romano erregten Neid und wurden sogar von Geringeren nachgeahmt, aber ohne wirkliches Begreifen. Der Manierismus lag in der Luft, aber seine Ausdrucksformen waren auf dem Papier nicht umrissen oder festgestellt. Als Cassar in Rom eintraf, arbeitete Vignola, der bedeutendste und einflußreichste Architekt der Heiligen Stadt, an der Gesù-Kirche. Vignola war gleich vielen seiner Landsleute zu jener Zeit ein Manierist. Er war im klassischen Stil geschult, kannte alle Regeln für die korrekte Zusammenfügung der architektonischen Stilordnungen und hatte sogar das maßgebende Werk über ihre Interpretation verfaßt. Da er die Kompositionsregeln beherrschte, konnte er es sich erlauben, gegen sie zu verstoßen, wie die Laune es ihn hieß, und einen persönlichen Stil herauszubilden, der den Blick fesselte.

Man stelle sich jedoch Gerolamo Cassars Zwangslage vor! Er war bereits neunundvierzig Jahre alt und wahrscheinlich in seinen Vorstellungen schon einigermaßen festgefahren, und jetzt wurde er mitten in eine große, abenteuerliche Unternehmung hineingeschleudert. Während Vignola und Michelangelo wußten, gegen welche Regeln man verstoßen und dennoch ein erregendes Werk schaffen konnte, war Cassar sich wohl kaum der Tatsache bewußt, daß er klassische Regeln verletzte. Als er nach Malta zurückkehrte und Gelegenheit erhielt, für die Ritter in Valletta alle wichtigen öffentlichen Gebäude zu errichten, schuf er eine Folge von so eigenwilligen Bauten, daß sie ein Grundmuster, eine Vorlage bildeten, nach der sich das gesamte Wachstum der neuen Stadt richten sollte. Beurteilt man seine Bauten als Werke der Renaissance-Architektur, so muß man sie naiv nennen, aber ihre Ausdruckskraft und ihre innere Folgerichtigkeit machen sie zu höchst eindrucksvollen Denkmälern eines Ordens, der sich einem militanten Lebensstil geweiht hatte. Vielleicht war es seine frühere Ausbildung in der Festungsbaukunst, die es Cassar ermöglichte, seinen Gebäuden einen so kraftvollen Ausdruck zu verleihen. Und doch ist das, was von seinem Reißbrett kommt, erstaunlich zweckentsprechend, dramatisch wirkungsvoll und eigentümlich befriedigend.

Wir wissen, welche Gebäude er entwarf, denn sie sind alle auf einem Zeugnis aufgeführt, daß ihm der Ordensgroßmeister la Cassière ausstellte, nämlich: der Palast des Großmeisters, die große St. Johannes-Kathedrale, die sieben Herbergen der verschiedenen Sprachgruppen des Ordens, gewisse Pfarrkirchen und Klöster, die Bäckereien und die Windmühlen von Valletta. Einige von ihnen wurden im Zweiten Weltkrieg zerstört, andere bereits früher abgerissen und durch Neubauten ersetzt, aber dessen ungeachtet haben seine Bauten der Stadt Valletta einen so machtvollen Stempel aufgedrückt, daß der Eindruck unauslöschlich ist. Insbesondere die schroffen, rauhen, felsblockartigen Quadereinfassungen der Ecken an so vielen seiner Gebäude prägen sich so klar und eindeutig dem Blick ein, daß man sie an jeder Ecke zu sehen vermeint, obwohl es in der ganzen Stadt kaum mehr als ein Dutzend von ihnen gibt. Sie sind das Kennzeichen seiner Baukunst – ein ganz eigentümlicher Charakterzug, und man fragt sich, woher er ihn hat. Daß sie aus seinem Aufenthalt in Italien stammen, ist möglich, denn diese Eckquadern sind eine Eigentümlichkeit des von Antonio da Sangallo d. J. entworfenen und nach 1546 von Michelangelo weitergebauten Palazzo Farnese in Rom. Vielleicht sind sie auch ein sehr früher Eindruck, der sich unverrückbar in seiner Vorstellung festgesetzt hatte. Zehn Jahre zuvor hatte Bartolomeo Genga Malta aufgesucht und die Ritter für sein Projekt interessiert, auf dem Sceberras-Berg, wo Valletta heute steht, eine neue Stadt zu erbauen. Er soll angeblich Entwürfe für einige Kirchen und einen Großmeister-Palast angefertigt haben, die möglicherweise Cassar beeinflußten. Genga war ein Meister in der Verwendung schweren Bossenwerks. Auch wissen wir, daß Laparelli 1566 eine Zeichnung für ein Haus mit rustizierter Eckeinfassung herstellte. Aber Gerolamo Cassars Handhabung der Eckquadern hat einen ganz persönlichen Stil. Seine Eckquadern sind nicht einförmig, sondern eine Folge von Abwandlungen und an jedem Gebäude anders gestaltet, aber sie weisen überall die kühne, tief eingeschnittene Form auf, die hart und scharf hervorstehende Steinplatte und die übertriebenen Proportionen, die sie so augenfällig machen.

Der Palast des Ordensgroßmeisters am Kingsway gilt allgemein als Cassars am wenigsten gelungener Bau, vermutlich weil er eine Umwandlung eines bereits bestehenden kleineren Hauses ist. Man hatte ursprünglich beabsichtigt, den Palast auf der Kastilien-Anhöhe zu errichten, aber um die Sache in Schwung zu bringen und rascher vom Fleck zu kommen, kaufte der Großmeister von seinem Neffen ein Haus im Stadtzentrum und beauftragte Cassar, es zu vergrößern und prächtiger zu gestalten. Überreste des ursprünglichen Hauses sind noch an der Nordwestecke der Hauptfassade zu sehen. Die Ecksteine sind hier viel kleiner als die, welche Cassar anderwärts verwendete, und die Fenster sind dichter zusammengedrängt. Cassars Anbau war in großzügigerem Maßstab gehalten, und die Dachlinie des ursprünglichen Hauses war viele Jahre lang niedriger als die des übrigen Baus. Die Verteilung der Fenster scheint keinen klaren, ausgesprochenen Rhythmus zu haben, und Cassar gab dem Gebäude ursprünglich auch nur ein Eingangstor, das asymmetrisch in die Fassade eingeschnitten war. Die Barock-Verschönerungen an den Toreingängen und die langen Balkone, die auf ihren kunstvoll gemeißelten Steinkonsolen aus der Fassade herausragen, wurden im achtzehnten Jahrhundert hinzugefügt, um die vergleichsweise einfache und schmucklose Fassade aufzulockern.

Der Palast ist um einen mittleren Innenhof angelegt, der später durch Einfügung eines langen Korridors in zwei Höfe aufgeteilt wurde, und die Hauptwohnräume befinden sich nach italienischer Sitte im ersten Stock. Hier gibt es reich ausgestattete und verschwenderisch dekorierte Räume. Die meisten Decken sind aus Holzbalken gefügt, was in Malta ungewöhnlich ist, da alle

Balken aus Sizilien eingeführt werden mußten, und die Querbalken sind an den Wänden auf Kragstücke aufgesetzt in ähnlicher Weise, wie die Ritter auf Rhodos zu bauen pflegten. Der prachtvollste Raum des Palastes ist die große St. Michaels- und St. Georgs-Halle. Dieser Saal hat auf Besucher stets einen machtvollen Eindruck gemacht, und Tiepolo hat ihn auf einem Fresko abgebildet, das sich jetzt im Museum in Udine befindet. Der englische Reisende Brydon, der Malta im achtzehnten Jahrhundert aufsuchte, vermerkt 1773 in seinen Reisebriefen an William Beckford, der Palast sei »ein sehr nobler, wenngleich einfacher und schmuckloser Bau, und der Großmeister, dem mehr an Bequemlichkeit als an Prachtentfaltung gelegen ist, wohnt hier behaglicher und geräumiger als irgendein Fürst in Europa, ausgenommen vielleicht nur der König von Sardinien. Die große Treppe ist bei weitem die bequemste und beste, die ich je gesehen habe.« Die Wände des Saals sind mit rotem Damast verkleidet und von großen Spiegeln gesäumt, und der von Matteo Perez d'Aleccio, einem Schüler Michelangelos, gemalte Fries bildet mit prachtvollem Schwung die Große Belagerung von Malta ab.

Die Herbergen oder Hospize der Ritter waren auf die ganze Stadt verteilt; in jeder wohnte eine bestimmte Sprach- oder Volksgruppe der Ritter, und sie befand sich jeweils in der Nähe des Abschnitts der Befestigungs-Kurtine, den ihre Ritter zu verteidigen hatten. Die Herbergen wurden als Lebensgemeinschaft geführt mit gemeinsamen Mahlzeiten, wie die Oxforder und Cambridger Colleges, und die Ritter waren gehalten, wenigstens viermal in der Woche im gemeinsamen Speisesaal zu essen.

Die Herberge von Aragon, 1571 begonnen, wurde wahrscheinlich als erste erbaut. Sie ist ein einfacher, schmuckloser Bau mit einem Mittelhof, und ihr Aufriß zeigt, daß Cassar hier ein Kompromiß schloß, denn er ist offensichtlich bemüht, auf der Fassade einen regelmäßigen Rhythmus einzuhalten, während er im Innern der Räume die Fenster nach Möglichkeit unregelmäßig anordnet. Palladio hatte im Jahr zuvor seine ›Quattro libri dell' architettura‹ veröffentlicht, worin er die Ergebnisse seiner Erforschung dieses Problems darlegte. Ihm war es bei seinen Villen in der Umgebung von Vicenza in Norditalien gelungen, die inneren und äußeren Proportionen seiner Gebäude auf eine Weise zu integrieren, wie es vor ihm noch nie jemand getan hatte. Man kann sehen, wie Cassar sich immer wieder mit diesem Problem beschäftigte, ohne daß ihm befriedigende Lösungen gelangen.

Die Auberge d'Italie wurde 1574 begonnen, zusammen mit der anstoßenden St. Katharinen-Kirche der italienischen Sprachgruppe, deren Äußeres inzwischen wieder aufgefrischt worden ist. Die Herberge hat einen quadratischen Hof im italienischen Stil und bestand ursprünglich aus einem Hauptgeschoß mit einem halbversenkten Untergeschoß, und ihr Dachfirst verlief dort, wo jetzt das Sims zwischen Erdgeschoß und erstem Stock liegt. Sie muß ein charakteristischer Cassar-Entwurf gewesen sein: langgestreckt und niedrig und von ungeheuer machtvollen gemeißelten Eckquadern eingefaßt. Das kraftvoll rustizierte Tor stammt wahrscheinlich ebenfalls von Cassar, aber die kunstvoll gemeißelte Kartusche des Wappens des Großmeisters Carafa mit ihrem Gewimmel von Flaggen und Wimpeln, Trompeten und Kanonen, die in den Damastbehängen eines Proszeniumsbogens zusammengefaßt sind, stammt aus den letzten Jahren des siebzehnten Jahrhunderts. Diese reichen, überladenen barocken Steinmetzarbeiten wachsen und wuchern beinahe von selbst aus dem maltesischen Stein, und ihre Anbringung an zahlreichen Gebäuden der Stadt schafft ein stetig wechselndes Helldunkel, durch das die langen geraden Straßen von Laparellis Gittergrundriß effektvoll belebt werden.

Die Auberge de Provence, früher der Union Club der britischen Streitkräfte und heute das National Museum, ist bei weitem der ausgereifteste von Cassars Entwürfen, doch bestehen gewisse Zweifel, ob sie wirklich von ihm ist, und man vermutet, die Fassade sei im siebzehnten Jahrhundert neu verkleidet worden. Sie hat einen säulenförmig gegliederten Aufriß mit einem seltsamen Auf-und-Ab-Rhythmus, da das Auge genötigt wird, sich jeweils über den Sockel zu erheben, auf dem die Doppel-Pilaster stehen, und sich dann auf den anstoßenden Fensterrahmen zu senken. Sie ist symmetrisch und hat einen regelmäßigen Rhythmus, und die Symmetrie wird noch besonders betont durch ein Mittelstück, einen kunstvoll abgewandelten römischen Triumphbogen, ein kleines Tempelstück, das eingezwängt scheint zwischen zwei Giebelfeld-Segmente, die auf Säulen ruhen, welche in größerem Abstand voneinander stehen als die anstoßenden Pilaster. Cassars

19 *Valletta, Bastionsspitze*

20
Senglea Point im Großen Hafen

21 *St. Michaels-Wachtturm an der Landbefestigung von Valletta*

22 *Bastion des Forts St. Elmo*

23 Blick von Valletta über den Großen Hafen auf Senglea

24 *Der Großmeisterpalast in Valletta, erbaut von Gerolamo Cassar nach 1572. Heute Sitz des Parlaments*

25 *Cassars Fassade der Johannes-Kathedrale, begonnen 1573*

26 *Valletta, Johannes-Kathedrale, Haupt- und Begräbniskirche der Ordensritter*

27 *Das Grabmal des Großmeisters Nicolas Cotoner in der Johannes-Kathedrale*

Vittoriosa (Il Borgo oder Birgu), die alte Auberge d'Auvergne, France et Provence 29

28 *Der de la Salle Palast in Valletta, erbaut um 1600*

30 Valletta, Auberge d'Italie, begonnen 1574 von Gerolamo Cassar

BRITANNIA
STREET

32 *Valletta, Auberge d'Italie; Kartusche über dem Eingangsportal mit der Büste des Großmeisters Antonio Manuel de Vilhena (1722–36)*

3 *Valletta, Auberge de Castile et Leon; Trophäe über dem Haupteingang mit dem Wappen des Großmeisters Emanuel Pinto de Fonseca (1741–73). Heute Sitz des Ministerpräsidenten*

34 *Valletta, Hotel de Vedelin, erbaut 1672*

35 Valletta, Privathäuser

36 Vittoriosa, Kapuzinertor

37 Das innere Tor in Vittoriosa

38 *Portal des Seminars in Floriana, 1751*

39 *Valletta, Notre Dame de Liesse, 1740*

40 *Das Zejtun-Tor in der Befestigungslinie des Großmeisters Nicolas Cotoner (Cottonera Lines)*

1 *Kartusche von Antonio Mauricio über dem Zabbar-Tor der Cottonera Lines*

42 *Zugbrücke und Festungsgraben des 1614 erbauten Forts St. Thomas, das die Marsaskala-Bucht beherrscht*

43 *Selmun Palace, ein im 18. Jahrhundert von Giuseppe Cachia erbautes Sommerschloß*

44 *Straßenschild am Großmeisterpalast in Valletta*

PALACE SQUARE
MISRAH IL-PALAZZ

schwere Eckeinfassungen sind hier noch mächtiger als anderwärts, und dadurch wirkt die Fassade verspielter als irgendeiner seiner vorherigen Entwürfe, aber die Spielerei wird durch das Gewicht der Eckquadern streng in ihren Grenzen gehalten. Diese Herberge hat einen reich ausgemalten Tonnengewölbe-Eingang, der zu einer Treppe führt, die ihrerseits zu einer Galerie aufsteigt, deren Balustrade auf Simshöhe zwischen den Wänden aufgehängt scheint.

Mit der Zeit entwickelte Cassar ein besonderes Geschick, ja geradezu eine Intuition für die Behandlung von Leerräumen und Festkörpern. Es ist überaus betrüblich, daß die Auberge de France im Zweiten Weltkrieg zerstört wurde, denn mit dieser Zerstörung ist viel von Cassar verloren gegangen. Er entwarf für sie eine asymmetrische Fassade, die er mit Schwung und Kühnheit aufriß. Diese bewußt und vorsätzlich asymmetrische Planung gehört frühestens in die Neuromantik und recht eigentlich erst in unsere Zeit, und doch können wir weder an der Authentizität von Cassars Entwurf zweifeln noch daran, daß er wohlüberlegt und absichtsvoll war. Er steht folglich völlig außerhalb seiner Stilperiode und ist ein sehr bemerkenswerter Vorläufer.

Die St. Johannes-Kathedrale in Valletta, die Mutterkirche der Malteserritter, ist Cassars eindrucksvollster Bau. Voran ging jedoch eine Art Probearbeit in Rabat, wo die Augustiner ihm eine Prüfungsaufgabe stellten, ehe sie ihm erlaubten, sein Meisterwerk in Angriff zu nehmen. Diese Prüfungsarbeit, die St. Augustin-Kirche, wurde 1571 begonnen. Die Fassade ist eine vorgeblendete Wand, die das bauliche Durcheinander, das dahinter liegt, verbergen und zugleich das Mißverhältnis in den Ausmaßen von Mittelschiff und Seitenkapellen zu einer architektonischen Einheit zusammenschließen soll, ein Problem, das von den römischen Renaissance-Architekten bereits gründlich durchgespielt worden war. Cassar verwendet bei der Gestaltung der Fassade eine Reihe von manieristischen Kunstkniffen wie etwa die Unterbrechung oder Auflösung des Simses über der Mitteltür. Einige Details der Fassade sehen allerdings aus, als stammten sie von einem anderen Architekten. Vieles deutet hier auf halbvergessene Eindrücke hin, die er von Vignolas Gesù-Kirche in Rom empfangen haben mag. Das Mittelschiff und der Chor von St. Augustin sind viergeteilt und mit einem leicht überhöhten Tonnengewölbe überdacht. Ein kräftiger Gurtbogen in diesem Gewölbe ist das einzige Anzeichen dafür, daß hier das Mittelschiff aufhört und der Altarraum anfängt – ein seltsamer Kunstgriff, den Cassar später bei der Kathedrale in Valletta abermals verwendet. Der Innenraum ist gewichtig und robust; die Kapitelle der schweren dorischen Pilaster bilden ohne Zwischenfügung eines Hauptgesimses den Kämpfer oder Gewölbe-Anfang des Tonnengewölbes. Seitenkapellen mit stark kassettierten Kreuzgewölben gehen von den stumpfartigen Halbsäulen aus, welche die Mittelschiff-Pilaster flankieren. Trotz seiner schweren und ungefälligen Proportionen besitzt das Innere eine eindrucksvolle Direktheit und selbstgewisse Kühnheit, die die Auftraggeber angesprochen haben muß und Cassar das Vertrauen des Ordens eintrug, so daß er sich an sein bedeutendstes Bauwerk machen durfte.

Die St. Johannes-Kathedrale in Valletta ist eine der seltsamsten und zugleich eindrucksvollsten Kirchen der Christenheit. Ihr Äußeres besitzt alle Eigenschaften der Zitadelle, die sie repräsentiert, und ihr Inneres ist eine kompromißlose Gewölbe-Höhle, die mit einer erstaunlich verschwenderischen Prachtentfaltung von Steinmetzarbeiten und Malereien ausgekleidet ist. Die mit manieristischen Details vollgepackte Hauptfassade ist für italienische Begriffe ungewöhnlich, denn sie hat zwei massive Westtürme, die ein breites flaches Mittelstück flankieren, welches Haupt- und Seitenschiffe abdeckt. Diese Lösung wurde bereits von mehreren italienischen Architekten vorgeschlagen, und Sebastiano Serlio gibt im Fünften Buch seiner 1566 in Venedig erschienenen Abhandlung über die Baukunst eine Abbildung einer ziemlich ähnlichen Lösung. Zur Zeit von Cassars Italienaufenthalt waren zwei führende italienische Architekten, Palladio und Vignola, geradezu besessen von eben diesem Problem der Eingliederung von zwei Türmen in eine Fassade – Palladio in der Kapelle zu Maser und Vignola mit seinen nicht ausgeführten Entwürfen für die Gesù-Kirche und Sant' Anna dei Palafrenieri in Rom. Es ist möglich, daß Cassar die Anfügung der beiden Flügel beabsichtigte, welche die Straßenfront über die ganze Breite des Blocks fortsetzen und so viel zur festungsähnlichen Eigenart der Kathedrale beitragen. Diese Anfügungen wurden kurz nach seinem Tod durchgeführt. Einiges spricht auch dafür, daß Cassar ursprünglich beabsichtigte, eine Kuppel und möglicherweise Querschiffe am Ostende der gegenwärtigen Kirche hinzuzufügen, obwohl dies die Schließung einer der Straßenkreuzungen Vallettas und die Erweiterung der Kirche in den nächsten Häuserblock hinein bedeutet hätte. Glücklicherweise unterblieb dieser Schritt, und die mächtige geradlinige Eigenart des Innenraums wird durch die Einführung von Querachsen nicht beeinträchtigt.

Nach Cassars Tod fuhren die Ritter noch zweihundert Jahre lang fort, ihre große Kirche zu verschönern. Das Muster des Marmorfußbodens setzte sich allmählich und schrittweise aus den reich verzierten, in den Boden eingelassenen Gedenktafeln für ihre Toten zusammen. Das Gewölbe wurde ab 1662 in fünfjähriger Arbeit von dem italienischen Maler Mattia Preti ausgemalt, der mit Ölfarben direkt auf dem grundierten Stein arbeitete und die Decke mit kraft- und schwungvollen Szenen bedeckte. Die verschiedenen Sprachgruppen des Ordens, die jede eine Seitenkapelle zugewiesen erhielten, wetteiferten miteinander, um sie mit verschwenderischen Dekorationen, kostbaren Gemälden und vollendeten Bildhauerwerken auszustatten. Die große, ununterbrochene freie Bahn des Mittelschiffs führt den Blick direkt auf die strahlende Marmorgruppe der ›Taufe Christi‹ von Giuseppe Mazzuoli in der nischenförmigen Apsis zu, die sich prachtvoll über Lorenzo Gafàs Cathedra erhebt. Gafà war einer der größten Könner unter den maltesischen Architekten des siebzehnten Jahrhunderts, seine besten Arbeiten sind in den Pfarrkirchen auf dem Land und in den Kathedralen von Mdina und Gozo zu sehen.

Gerolamo Cassar starb 1586 und wurde im Gewölbe der Kirche, die er für die Augustiner in Rabat baute, begraben. Es gibt einen Porträt-Stich von ihm, aber wer kann sagen, wie genau er sein Wesen trifft? Er zeigt einen dunkelhaarigen Mann mit nach vorn über die Stirn gebürstetem Haar, einem hageren Gesicht mit hohen Jochbogen und ruhelosen Augen, dazu einem dicken herabhängenden Schnurrbart – vielleicht, um ihm Selbstvertrauen zu geben und die inneren Ungewißheiten und Unsicherheiten zu maskieren, die seinem schöpferischen Schaffen zugesetzt haben müssen. Er trägt eine Halskrause, die ihm anscheinend einigermaßen unbehaglich ist. Daß er ein bemerkenswerter und erstaunlicher Mann war, kann niemand bezweifeln, denn er schuf sich binnen weniger Jahre seinen ureigenen Stil und setzte ihn in der Schaffung einer großen Anzahl von eindrucksvollen Bauten durch, die auf die gesamte nachfolgende Entwicklung der maltesischen Architektur abfärben sollten.

Im Vergleich mit seinen Werken waren die gleichzeitig in Valletta geschaffenen Bauten im höchsten Grade konservativ und verwendeten weiterhin die schweren gerollten Zierleisten, welche die Ritter an ihren Gebäuden in Il Borgo angebracht hatten. Es gibt in Valletta eine Anzahl von Häusern, die noch an dieser überholten Ausdrucksform festhalten, und das große Hospital des Ordens, eines der zwei hervorragendsten seiner Zeit, was medizinische Betreuung anlangte, ist baugeschichtlich ein Rückschritt.

Im Jahr 1582 waren in der Stadt Valletta nur noch wenige leere Bauplätze übrig, und zehn Jahre später war die Bevölkerung auf nahezu viertausend angestiegen. Der englische Reisende George Sandys vermerkte 1610 in seinem Tagebuch: »Die Stadt ist jetzt beinahe vollständig fertig.«

Valletta nahm einen solchen Aufschwung, daß die alten Städte auf der anderen Seite des Großen Hafens beinahe zu Elendsquartieren herabsanken. Die Archive des Ordens schildern ihren Zustand: »Die Häuser der Soldaten der Garnison von Fort St. Angelo sind jetzt, wie jedermann weiß, in so schlechtem Zustand, daß man sie nicht bewohnen kann, ohne den Unbilden des Wetters und der Strenge der Jahreszeiten ausgesetzt zu sein. Nicht nur das. Man befindet sich auch in unausgesetzter und unmittelbarer Gefahr, ums Leben zu kommen und unter den drohenden und nicht mehr zu reparierenden Ruinen derselben begraben zu werden... vom Keller bis zum Dach ist an diesen Häusern nichts mehr gut, fest oder widerstandsfähig, ob es nun die Mauern sind, die zum größten Teil bereits eingestürzt sind, während die verbleibenden Teile locker sind und auseinanderbrechen, oder die Dächer, die durchweg so rissig sind, daß sie nicht nur keinen Schutz vor dem Regen mehr bieten, sondern auch, da sie das Wasser aufsaugen und ganz durchweicht sind, noch mehrere Tage nach dem Regenfall unablässig tropfen, was noch schädlicher und ärgerlicher ist als der Regen selbst.«

Aus der alten Hauptstadt Mdina wanderte die Bevölkerung allmählich ab. Kaum jemand blieb übrig außer den alteingesessenen maltesischen Familien, die verdrossen in ihrer Abgeschiedenheit schmollten und

Vorwürfe und Beschwerden gegen die Ritter sammelten, die ihren Grund und Boden besetzt hatten.

Mit dem Wachstum Vallettas nahm auch sein Bedarf an Wasser zu. Im Jahr 1610 gab der Ordensgroßmeister Alof de Wignacourt den Bau eines Aquädukts in Auftrag, das aus den fünfzehn Kilometer entfernten Gebirgsausläufern Wasser in die Stadt bringen sollte. In Floriana ist die Zwischenstation der Wasserleitung durch einen schönen bewehrten Turm mit dem gemeißelten Wappen des Großmeisters gekennzeichnet. Ursprünglich waren zwei italienische Ingenieure mit dem Bau der Wasserleitung beauftragt worden, aber der Großmeister war mit ihnen nicht zufrieden, weil die Arbeit zu langsam vonstatten ging; er entließ sie und beauftragte den maltesischen Baumeister Giovanni Attard, die Arbeit durchzuführen.

Die Stadt wuchs rasch. Ihre Bauten waren zu jener Zeit hauptsächlich zweistöckig mit flachen Dächern, und ihre Würfelform fügte sich organisch in die langen horizontalen Linien der Befestigungswerke ein, die nur durch einige wenige Kirchtürme wie der St. Johannes-Kathedrale und des Karmeliter-Klosters unterbrochen wurden.

Im siebzehnten und achtzehnten Jahrhundert fügte Valletta seinem Kleid allerlei Zierat und Verschönerungen an und wurde zu einer Barockstadt. Die Gefahr einer großen Invasion wich allmählich, der Orden blühte und gedieh, die Bevölkerung vergrößerte sich, und die Ritter widmeten sich gemächlicheren Betätigungen. Valletta verwandelte sich allmählich aus einer Soldatenstadt zu einer Stadt vornehmer Herren.

Die Macht der türkischen Flotte verblaßte nach ihrer Niederlage in der Schlacht von Lepanto 1571, aber auch im siebzehnten Jahrhundert kam es noch zu gelegentlichen, sporadischen Überfällen. 1614 zum Beispiel gelang den Türken eine Landung, die im umliegenden Land zu Chaos und Verwüstung führte. Fünfundzwanzig Jahre darauf wurde in Konstantinopel eine Armada von zweihundert großen Kriegsschiffen und zahlreichen Hilfsfahrzeugen für einen Großangriff auf Malta ausgerüstet, der 1639 stattfinden sollte, aber beim Tod des Sultans abgeblasen wurde. Die Geschichte dieser Invasionsvorbereitungen stammt von einem türkischen Chronisten, und obwohl seine Schilderung der Größe der Invasionsflotte wahrscheinlich übertrieben war, wurde zweifellos eine ernsthafte Invasion beabsichtigt.

Die in der ersten Hälfte des siebzehnten Jahrhunderts in Valletta erbauten Paläste sind vergleichsweise einfach und schmucklos; ihre Fenster sind in große, unverzierte Wandflächen eingeschnitten und mit den traditionellen maltesischen runden Zierleisten versehen. Der De la Salle-Palast ist ein typisches Beispiel. Er ist an einem Abhang erbaut und an seinen Ecken mit schweren rustizierten Einfassungen verstärkt, die oberhalb der herausragenden spitzengewebe-ähnlichen Balkone unverzierten Lisenen weichen. Die Fenster sind in verschiedenen Abständen, aber gleicher Höhe über die Länge der Fassade verteilt. Bei den Fenstern des ersten Stocks sind die über ihnen angebrachten Ziergesimse abgesetzt. Das Haupttor befindet sich am oberen Ende des Gebäudes; es öffnet sich im

Inneren auf eine bequeme Treppe hin, die zu den Hauptwohnräumen im Obergeschoß führt. Außen über dem Eingang befindet sich ein kreisrundes Fenster, eine Besonderheit, die sich bei vielen dieser frühen Paläste Vallettas findet; das Gesims über der Tür ist über dieses Rundfenster hinaufgeschoben in die Höhe der übrigen Ziergesimse. Über dem darüberliegenden Fenster des zweiten Stocks ist ein Wappen eingelassen, das den Eingang nochmals betont. Die Fassade ist schrullig und wunderlich, aber nicht ohne einen gewissen Charme. Sie vermittelt einen Eindruck davon, wie Valletta in der ersten Hälfte des siebzehnten Jahrhunderts ausgesehen haben muß.

Dann kam mit der Einführung von Berninis Barockstil aus Rom die Veränderung. Die St. Jakobs-Kirche ist ein vorzügliches Beispiel hierfür. Sie hat eine reich ornamentierte zweistöckige Fassade, die zwar einer verschwenderisch-fülligen Vorstellung entspricht, aber allen Zierat im Zaum hält und den Steinmetzarbeiten nirgends erlaubt, zu wilden Wucherungen auszuarten. Dies ist nicht nur für die römischen Barockarbeiten, sondern auch für die maltesische Bildhauerarbeit charakteristisch, was überraschen mag, wenn man bedenkt, wie leicht und mühelos der heimische Kalkstein sich schneiden und formen läßt. Die Türen und Fensterrahmen sind mit eleganten Steinmetzarbeiten verziert, und die alles krönende Kartusche über dem Mittelfenster, auf deren ausgebreiteten Flügeln der gerahmte Wappenschild ruht, ist eine besonders prachtvolle Arbeit. Die Kirche wurde 1710 von Giovanni Barbara erbaut, einem der fähigsten maltesischen

Barock-Architekten; sie ersetzte einen früheren Bau und diente der kastilischen Rittergruppe als Konvents-Kirche.

Das Hotel de Vedelin, obwohl früher erbaut, ist blumiger und weist starken sizilianischen Einfluß auf. Seine Fassade ist dem Palast-Platz (Palace Square) zugekehrt und bildet einen scharfen Kontrast zu dem steng nüchternen Charakter des Palastes und der Hauptwache. Überall in der Stadt entstanden Barockbauten. Eines der repräsentativsten Beispiele, das Palais des Erzbischofs mit seinem reichen Säulentor und seinen hartkantigen Zierleisten, kommt am besten zur Geltung im Licht der nächtlichen Straßenbeleuchtung, die ein Schattenspiel über die Fassade wirft.

Die traditionelle Würfelform der maltesischen Häuser ist in vielen Fällen beibehalten, und die einzige bedeutsame Abweichung vom früheren Brauch ist die Hinzufügung kunstvoller Steinmetzarbeit rund um die Fenster und die Verwendung reich gemeißelter Kragsteine, auf denen die durchbrochenen Balkone ruhen. Ein solcher Kontrast ist an dem Haus zu sehen, in dem sich heute der British Council befindet, ein Gebäude aus dem achtzehnten Jahrhundert, das an ein wesentlich früheres Haus anstößt, dessen Fenster noch mit den traditionellen runden maltesischen Leisten verziert sind.

Die Merchants Street oder Straße der Kaufleute ist besonders reich an Gebäuden aus dieser Zeit. Das um 1720 erbaute Rathaus ist ein zweistöckiger Bau mit Läden im Erdgeschoß, einem machtvoll gestalteten dorischen Portal und reich gemeißelten Kopfstücken an den Fenstern des ersten Stocks. Das Fenster über dem Eingangsportal wird von einer Kartusche gekrönt die die sich darüber erhebende Lukarne fast ganz ausfüllt.

Die Castellania, in der sich die Zivil- und Strafgerichtshöfe befanden, wurde 1748 von dem maltesischen Architekten Francesco Zerafa begonnen und von Giuseppe Bonici 1760 vollendet. Die Ecken des Gebäudes sind mit verzierten Pilastern kräftig verstärkt, das Hauptsims ist kühn herausgearbeitet und die Mitte der Fassade so gestaltet, daß sie die von dem sizilianischen Bildhauer Maestro Gian geschaffenen Skulpturen der ›Gerechtigkeit‹ und der ›Wahrheit‹ aufnimmt.

Die neue Auberge der Ritter von Kastilien und Leon ist die Hochblüte des maltesischen Barock. Sie steht an der Stelle von Gerolamo Cassars früherer Herberge auf der Kastilien-Höhe und besitzt somit die beherrschendste Lage aller Bauwerke in der Stadt. Sie wurde von dem glänzenden maltesischen Architekten Domenico Cachia entworfen, der auch die Pfarrkirche St. Helena in Birkirkara schuf. Er war vierundvierzig Jahre alt, als er mit dem Bau begann, und erlebte noch sein neunzigstes Jahr. Von seinem Leben weiß man nur wenig, aber er muß Sizilien und Süditalien gekannt haben, denn von dort stammt die Anregung für die Auberge de Castile et Leon. Sein Vorbild ist eindeutig die Prefettura in Lecce in Apulien, aber Cachias Arbeit übertrifft sie. Die Fassade ist üppig und dabei nicht überladen und hat angenehme Proportionen. Der Rhythmus von Pilastern, gegliederten Wandflächen und heraustretendem Mittelstück ist überaus belebend, und das vertieft zurückgesetzte Bossenwerk des Erdgeschosses verleiht dem Bau Kraft und Solidität, die er wegen der großen Mauerfläche über den reichgeschmückten und betonten Fenstern des Hauptgeschosses auch braucht. Den Glanzpunkt der Fassade bildet das Hauptportal mit seiner Freitreppe, den ausgestellten Portalsäulen und seiner Bekrönung durch die prachtvollen Steinmetzarbeiten von Trophäen, Bannern, Waffen und Rüstungen, welche die stolzgeblähte Büste des portugiesischen Großmeisters Emanuel Pinto de Fonseca umrahmen. Das darüberliegende überhöhte Mittelfenster und der sich an dieser Stelle über dem Dachgesims erhebende Schmuckgiebel ist durch kunstvoll verzierte Wappen geschmückt.

Pinto war der erste Großmeister des Ordens, der sich mit königlicher Prachtentfaltung umgab und die geschlossene Krone der Monarchen in sein Wappen aufnahm. Alles an seiner Amtsführung war Ausdruck dieses herrschaftlichen, feudalen Aufwandes, und die Auberge de Castile spiegelt diese Haltung ganz besonders wider. Der Halbmond, sein Wappen - Wahrzeichen ist aufs freigebigste allenthalben in dem Gebäude angebracht, und sein Wappenschild bildet den Höhepunkt, mitsamt Kanonen und Bannern, über dem großen Mittelfenster. Pintos lange Regierungszeit von 1741 bis 1773 veranschaulicht den Geschmackswandel, der sich während seiner zahlreichen Bauvorhaben in Valletta vollzog. Die Ritter gingen von ihrer traditionellen Rolle als Krieger und Seefahrer zur ostentativen Gönnerschaft und Schirmherrschaft der schönen

Künste über, um solcherart der Glorie des Ordens neuen Ausdruck zu verleihen. Die Stadt wurde mit üppigen Gebäuden, prachtvollen Brunnen, Statuen und anderen Bildwerken verschönt.

Im Jahre 1731 wurde der Bau des Manoel-Theaters begonnen. Es ist ein bezaubernd gestaltetes Haus, eines der ältesten Theater in Europa, und wird noch immer benutzt. Sein Zuschauerraum ist dem Theater von Palermo nachgebildet und hat drei Ränge mit Logen, die vom Proszeniumsbogen in einem schönen Schwung ununterbrochen durchlaufen.

Allgegenwärtig und immer und überall die Szene beherrschend sind jedoch die Befestigungen von Valletta. Obwohl man alles mögliche an sie angeklebt, aus ihnen herausgehackt, eingeschnitten und umgewandelt und sie durch abscheuliche Wellblech-Hütten für die Armee beleidigt und verschandelt hat, erheben sie sich noch immer über all diesen Scheußlichkeiten mit unaussprechlicher Großartigkeit. Etwas von ihrer einstigen Eigenart ist vielleicht für immer dahin. Ein englischer Besucher namens Norman Macleod hat sie geschildert, wie er sie 1864 sah:

»Wir wanderten an Batterie um Batterie vorbei, kamen an unzähligen Reihen schwerer Geschütze vorbei, neben denen Pyramiden von Kanonenkugeln aufgestapelt waren und die weißen Steilhänge hinabsahen, als beobachteten sie den tiefen Hafen, der ihren Sockel umspülte, voller Kummer darüber, daß sie nichts zu tun hatten. Wir sahen Forts – Forts überall, Forts auf dieser Seite, Forts auf der anderen Seite, Forts über uns und Forts unter uns.«

Die Außenbefestigungen

Inzwischen schritt das Werk der Vergrößerung und Erweiterung der Befestigungswerke fort; langsam aber sicher wurde zur Verteidigung der Inseln Malta und Gozo Ring um Ring angelegt. Die Erweiterung der Umfassung war durch zwei Umstände geboten. Erstens durch den reinen Drang nach Ausdehnung, der für das Barock charakteristisch ist und bei Städteplanung und Befestigungsvorhaben ein Forum für Aufwand und schaustellerische Prachtentfaltung der königlichen Welt des Westens lieferte; und zweitens durch die sehr bestimmte und praktische Notwendigkeit, mit dem Problem der weittragenden Fernkampf-Geschütze fertig zu werden.

Das sechzehnte und siebzehnte Jahrhundert brachten eine rasche Zunahme in der Wirksamkeit des Geschützfeuers. Eine Zwölfpfünder-Kanone war tödlich auf eine Kernschuß-Entfernung von etwa dreihundert Metern und hatte eine wirksame Reichweite von 1400 Metern, wenn das Geschütz in einem Winkel von vier Grad höher gerichtet wurde. In ähnlicher Weise vermochte ein Achtzehnpfünder sein Ziel auf 360 Meter Kernschuß-Entfernung zu treffen und auf 1600 Meter, wenn er angewinkelt war. Auch Mörser wurden inzwischen regulär verwendet, da sie ein Punktziel zu treffen vermochten. Royals und Clehorns konnten bis 600 Meter weit schießen. Die türkische Artillerie war besonders wirksam, vor allem infolge der Anzahl von Geschützen schweren Kalibers, die sie im Feld aufstellen konnte, und Geschütze mit einem Kaliber von 80 bis 120 Pfund waren durchaus nichts Ungewöhnliches. Bei einem Angriff auf Malta mußten die Türken jedoch auch die Tragfähigkeit und die Laderäume ihrer Flotte und die Manövrierfähigkeit der Geschütze in Rechnung stellen. Die Ritter ihrerseits konnten sich auf kein Risiko einlassen, und angesichts der größeren Reichweite der Geschütze wurde es klar, daß die frühen Verteidigungswerke von Valletta und den Drei Städten auf der anderen Seite des Großen Hafens – Il Borgo, Isola und Bormla oder Vittoriosa, Senglea und Cospicua, wie sie jetzt hießen, – von Geschützen in höheren Stellungen umfaßt werden konnten.

Um einen rechten Begriff von den Schwierigkeiten der Malteser-Ritter zu bekommen, muß man etwas von der Kunst des Angriffs und der Verteidigung und der Art und Weise wissen, wie die Festungsbaumeister des Barock diese Probleme zu lösen versuchten. Ein Krieg wird mittels Strategie und Taktik geführt, und man muß den Unterschied zwischen diesen beiden Begriffen kennen. Strategie ist der Kriegsplan in großem Maßstab, die Konzeption, die die Kriegsführung bestimmt. Alle zu errichtenden Befestigungslinien müssen das Ergebnis dieser strategischen Planung sein. In Malta war es Aufgabe eines Kriegsrates, an dessen Spitze der Ordensgroßmeister stand, die Hauptgefahren einzuschätzen, denen Malta und Gozo seitens der

Türken ausgesetzt waren, und entsprechende Maßnahmen zu treffen.

Die Strategie wird jedoch durch die Taktik durcheinandergebracht, die eine nicht vorgesehene Situation ausbeutet und diese Ausbeutung erfolgreich bis zum Abschluß durchführt. Taktik ist die Kunst, die Streitkräfte zu manövrieren, nachdem die Schlacht einmal begonnen hat; sie ist die Methode, den Gegner zu überlisten und mit einer schwierigen Situation fertig zu werden. Der Befehlshaber kann unter Umständen Taktik verwenden, indem er gegen die Spielregeln spielt – denn es gibt in der Kriegskunst natürlich Spielregeln. Was die Befestigung angeht, so ist häufig die unerwartete Ausnützung einer Situation, deren Risiko von den Belagerten nicht richtig eingeschätzt worden ist, eine Gefahr, in die viele Strategen hineinstolpern. Nahezu alle permanenten Befestigungslinien der Geschichte von Troja bis zum Westwall sind dieser Gefahr früher oder später zum Opfer gefallen.

Die erfolgreichen Befestigungslinien sind jene, die nie auf die Probe gestellt werden. In diese Kategorie gehören auch die Befestigungen von Valletta und den Drei Städten mit ihren Meilen um Meilen von Bastionen und Kurtinen. Sie wurden nie auf die Probe gestellt. Sie waren nach außen gekehrt, empfingen jedoch nie den Anprall des Angriffs, gegen den sie angelegt worden waren. Die Türken kamen zwar noch oft zu allerlei Scharmützeln zurück, aber nie mit einer ausreichend mächtigen Streitmacht, um die Oberhoheit der Ritter über die Inseln ernsthaft zu bedrohen. Die Macht der Ritter brach erst zusammen, als ihre Befestigungen umgangen und hinterhältig von innen von einer ›Fünften Kolonne‹ angegriffen wurden, die heimlich von den französischen Rittern organisiert und von den Streitkräften Napoleons verstärkt wurde. Man könnte folglich geltend machen, daß der ganze Schweiß und die ganze Mühe des Brechens der Steine und des Auftürmens der Wälle, die ganze Diplomatie, um das nötige Geld aufzunehmen und einzutreiben, und die ganzen kolossalen Ausgaben, die die Finanzen Maltas erschöpften, reine Vergeudung und zu nichts nutze waren. Aber das trifft nicht zu. Allein die nackte Tatsache, daß die Festung nie wieder angegriffen wurde und daß sie mehr als zweihundert Jahre lang mit vergleichsweise kärglichen Verteidigungskräften besetzt war, bezeugt die Wirksamkeit der Kunst der Festungsbaumeister. Ihr Werk war ein Abschreckungsmittel.

Um der zunehmenden Reichweite der Geschütze entgegen zu wirken, wurde es notwendig, die Verteidigungswerke weiter und weiter hinauszuschieben und damit die Fläche befestigten Gebietes zwischen den Städten und den Frontlinien, das die Türken möglicherweise besetzen würden, zu vergrößern. Auf den ersten Blick könnte es scheinen, als werde dadurch ein neues Problem geschaffen, denn je größer das Feld ist, das von den permanenten Befestigungen erfaßt wird, desto größer müßte die Garnison sein, um es zu verteidigen. Aber dem ist nicht so. Man muß bedenken, daß die türkische Truppenstärke ebenfalls begrenzt war, und zwar durch die Anzahl von Soldaten, die man auf Schiffen heranführen konnte, und daß die

Türken die maltesischen Befestigungslinien einschließen mußten. Folglich war es ihnen unmöglich, überall anzugreifen, und sie mußten sich auf einen oder zwei Punkte konzentrieren. Da die Entfernungen innerhalb der Befestigungen auf alle Fälle stets geringer waren als die Entfernungen außerhalb, war es für die Ritter stets leichter, ihre Verteidigung von einem Punkt zum anderen zu verschieben, als für die Türken, ihren Angriffspunkt zu verlegen. Das bedeutete natürlich, daß den Rittern vorzügliche Verbindungs- und Nachschublinien innerhalb der Befestigung zur Verfügung stehen mußten sowie geeignete Plätze zur Versammlung von Truppen, um einer plötzlichen Verlagerung der Angriffsrichtung entgegentreten zu können.

Der Besucher ist stets beeindruckt von der gewaltigen Höhe der Befestigungen von Valletta, aber eine solche übertriebene Höhe ist nicht immer von Vorteil. Die Wälle und Mauern bieten dadurch der Beschießung ein großes Angriffsziel, und die auf ihren Brustwehren aufgestellten Geschütze sind auf den sogenannten Senkschuß beschränkt, bei dem die Kanonenkugel dem Angreifer auf den Kopf fällt. Dies ist natürlich nicht so wirksam wie eine Feuerbestreichung, bei der die Kugel viele hundert Male abprallt und zurückspringt, wie ein flacher Kiesel, der über die Wasserfläche hüpft. Beim Senkschuß bohrt sich die Kugel häufig ins Erdreich ein oder prallt zu hoch und vergeudet ihre Energie. Abprallerschießen oder Rikoschettfeuer wurde zum ersten Mal wirksam 1688 bei Philippsburg verwendet, aber erst im achtzehnten Jahrhundert allgemein üblich.

Die Kunst der Verteidigung bestand in der Möglichkeit und Fähigkeit, an Soldaten zu sparen, so daß die Besatzung der Festung einer wesentlich stärkeren angreifenden Streitmacht widerstehen konnte. Dies wurde auf drei Wegen bewerkstelligt. Erstens, indem man Deckung schuf, so daß die Verteidiger nicht gesehen und beobachtet und nicht beschossen werden konnten. Zweitens, indem man die Stellung so unzugänglich wie möglich gestaltete und dem herannahenden Angreifer Hindernisse und Schwierigkeiten in den Weg stellte. Drittens, indem man der Verteidigung den Vorteil der Höhe verschaffte, so daß ihre Soldaten in der Lage waren, den Feind zu beobachten, ohne selbst beobachtet zu werden.

Das erste Erfordernis war mithin Deckung, und zu diesem Zweck galt es, eine Brustwehr zu errichten, die hoch genug war, um auch den größten Mann zu dekken, und dick genug, um den schwersten Beschuß aufzuhalten, der aller Voraussicht nach gegen sie gefeuert wurde. Die Brustwehren wurden für gewöhnlich in einer Höhe von etwa zweieinhalb bis drei Metern errichtet, um Deckung gegen Kugeln zu schaffen, die über ihren Rand sprangen. Ihre Dicke war verschieden. Ein Meter war ausreichend, um Musketenkugeln abzuhalten, aber etwa sechs Meter Erdreich oder Mauerwerk wurden benötigt, um dem Beschuß einer Achtzehnpfünder-Kanone zu widerstehen. Hinter der Brustwehr lag der eigentliche Festungswall, an dem die Soldaten entlang gingen, und die sogenannte Banquette, eine Stufe, auf die sie hinauftraten, um über den Rand der Brustwehr zu feuern.

Vor der Brustwehr wurde ein Graben ausgehoben, um die Brustwehr weniger leicht zugänglich zu machen. Die Außenseite der Brustwehr wird die Eskarpe genannt, und die Außenseite des Grabens – also die Gegenseite – heißt Kontreskarpe oder äußere Grabenböschung. Die Gräben konnten entweder mit Wasser gefüllt oder trocken gelassen werden, und viele der frühen Abhandlungen über Festungsbaukunst erörtern ausführlich die Vorzüge und Nachteile dieser beiden Systeme. Da die Anlage der Befestigung jedoch immer weiter nach außen vorgeschoben und der Perimeter mit der Zeit von kleinen Außenwerken verteidigt wurde, die den ersten Anprall des Angriffs aufzufangen hatten, wurde der trockene Graben beliebter. Das ist auch durchaus verständlich, denn die Truppen in den Außenwerken hatten es nicht gerade gern, durch Wassergräben schwimmen zu müssen, wenn sie nach Aufgabe der Außenwerke in die Hauptbefestigung zurückgenommen wurden. Außerdem konnten die Ritter in großen trockenen Gräben sowohl Kundschafter- und Spähtrupps als auch Ausfallstruppen versammeln, deren Tätigkeit von den Türken nicht eingesehen werden konnte. Die Verteidigung soll niemals statisch sein; die wirksamste Verteidigung ist jene, die durch plötzliche Angriffsschläge verstärkt wird, welche den Feind aus dem Gleichgewicht bringen.

Jenseits der Gräben errichteten die Ritter sogenannte Glacis. Das heißt, man schüttete das Gelände unmittelbar vor dem Graben so auf, daß es gegen den Angreifer hin leicht abfiel, so daß die Soldaten auf dem Festungswall es überblicken konnten, ohne sich über den Rand der Brustwehr beugen zu müssen und sich dem türkischen Feuer auszusetzen. Und außerdem erlaubte dieses freie Vorfeld den gezielten Beschuß durch die Verteidiger.

Dies also ist die Grundlage der Verteidigungslinie; aber in ihre Gestaltung im einzelnen, in die Linien, denen sie auf dem Gelände folgte, und in ihre detaillierte Anordnung mußten zahlreiche Verfeinerungen eingebaut werden. So mußten beispielsweise Traversen-Plattformen eingefügt werden, damit die Geschütze herumschwenken und in verschiedene Richtungen feuern konnten. Hinter den Geschützen mußten sogenannte Barbettes oder Geschützbänke errichtet werden, damit sie nicht vom türkischen Flankenfeuer bestrichen werden konnten. In die Brustwehr mußten Schießscharten eingeschnitten werden; diese bestanden aus einem Hals, durch den das Geschütz feuerte, und ausgeschrägten Backen, damit die Kanone herumschwenken und in einem Bogen feuern konnte. Schießscharten hatten jedoch ihre Nachteile, denn sie schützten zwar die Kanonen, beschränkten aber ihre Verwendungsmöglichkeiten und bildeten außerdem eine Art Trichter, durch die der feindliche Beschuß eindringen konnte. Auch schwächten diese Einschnitte die Brustwehr als Ganzes, so daß sie durch feindliches Feuer oder durch die Erschütterung der Geschütze der Verteidiger leichter Schaden nahmen. Endlich gaben sie natürlich auch dem Feind die genaue Stellung der Geschütze an.

Das Muster, nach dem die Befestigungen auf dem Gelände angelegt wurden, hieß der Riß oder die Trace und entwickelte sich auf Grund einer fortgeschrittenen Kenntnis der Geometrie. Man kann zuweilen die Vermutung nicht unterdrücken, daß einige der Entwerfer sich von der reinen geometrischen Schönheit ihrer Linienführung hinreißen ließen, aber man muß sich darüber im klaren sein, daß das Ganze um einiges mehr war als eine geometrische Zeichenübung. Eine falsche Entscheidung, eine fehlerhafte Linienführung bedeutete zumindest den Tod kostbarer Soldaten und – was noch wahrscheinlicher war – ein schwaches Glied in der Befestigungskette, durch das, wenn es riß, der Feind eindringen und die Verteidiger überwältigen konnte. Die Geschichte des Krieges ist die Geschichte von Fehlberechnungen, von ganzen Städten, die über die Klinge springen mußten, von niedergemetzelten Frauen und Kindern. Man kann sich keine Fehler gestatten, und die Ritter taten alles Erdenkliche, um sich die besten Köpfe zu verschaffen, damit sie ihre Probleme lösten. Alle wichtigen Abhandlungen über die Festungsbaukunst wurden sorgfältig studiert, und viele der hervorragendsten Festungsbaumeister kamen nach Malta, um die Ritter zu beraten.

Im sechzehnten Jahrhundert standen die italienischen Festungsbaumeister, die ihre Kunst aus den Abhandlungen von Alberti und Francesco di Giorgio gelernt hatten, an der Spitze, und alle Fürsten Europas bemühten sich um ihre Dienste. Obwohl einiges von ihren Kenntnissen die Frucht von Bücherweisheit war, hatten sie ihre Erfahrung doch zum größten Teil auf praktischem Wege, auf dem Schlachtfeld und häufig unter gefahrvollen Umständen gewonnen. Die italienischen Kriegsfronten, der Krieg in Mitteleuropa, in dem das Heilige Römische Reich dem Ansturm der Türken gegenüberstand, die Feldzüge der spanischen Truppen Karls v. in Nordafrika und Albas eiserne Gewaltherrschaft in den spanischen Niederlanden – sie alle hatten Kriegsbaumeistern und Festungsingenieuren reiche Gelegenheit zur Betätigung geboten. Die meisten dieser Kämpfe waren überaus blutig und erbarmungslos gewesen; sie hatten gezeigt, wie groß das Risiko, wie überragend wichtig die Notwendigkeit ausreichender Verteidigungswerke war. Die Aussagen von Männern wie dem Herzog von Alba lassen uns erkennen, wie sehr es um Leib und Leben ging und daß an Befestigungswerken rings um die Städte Europas nicht gespart werden durfte. Im Jahr 1573, als der Bau der Befestigungen von Valletta mit größtem Eifer vorangetrieben wurde, erklärte Alba: »Ich bin fest entschlossen, wenn ich Alkmaar nehme, nicht einen einzigen Menschen am Leben zu lassen; wir werden jede Kehle ans Messer liefern.«

Die Federn der italienischen Theoretiker – Machiavelli, Nicola Tarteglia, Francesco de Marchi, Jacopo Castriotto, Gerolamo Maggi – lieferten ein Handbuch nach dem anderen und bezeugten, wie groß der Bedarf war. Es hieß, Francesco de Marchis ›Dell' architettura militare libri tre‹, das 1546 erschien, sei deshalb so besonders selten geworden, weil ausländische Festungsbaumeister – wie die Italiener behaupteten – Exemplare dieses Buches vernichteten, damit ihre eigenen Plagiate nicht enthüllt wurden. Gerolamo Maggi ist ein typischer Kriegsbaumeister jener Zeit. Er wurde in Anghiari in Mittelitalien geboren und arbeitete 1571 an den Verteidigungswerken von Famagusta auf Zypern, auf das die Türken unter Suleiman II. nach der erfolglosen Belagerung von Malta ihren Angriff verlegt hatten. Die Besatzung unter dem Befehl von Marco Antonio Bragadino bestand aus etwa siebentausend Mann, zur Hälfte Italienern, zur Hälfte Griechen. Der Angriff erfolgte mit der ganzen grausamen Wildheit, die man von den Türken zu erwarten hatte, und erst als die Magazine leer und die Wälle ein einziger Trümmerhaufen waren, fand sich der Befehlshaber bereit, sich mit dem Rest seiner Truppen zu ergeben. Der türkische General Mustafa Pascha, eben jener, der in Malta gewesen war und den sein Rückschlag dort noch immer wurmte, gewährte Bragadino ehrenvolle Übergabe-Bedingungen, aber die Garnison hatte noch kaum die Waffen niedergelegt, als die Türken die Bedingungen bereits mit entfesselter Grausamkeit verletzten. Bragadino wurde verstümmelt und dann umgebracht, Maggi gefangengenommen und als Sklave nach Konstantinopel verkauft. Dort machte er einen Fluchtversuch, wurde wieder eingefangen und im Mai 1572 in seinem Gefängnis erdrosselt. Was Maggi zustieß, war keine Ausnahme. Viele Festungsbaumeister und Kriegsingenieure wurden auf der Höhe ihres Lebens und Schaffens auf dem Schlachtfeld getötet oder starben in irgendeinem fernen Kerker.

Im siebzehnten Jahrhundert standen die französischen Festungsbaumeister an erster Stelle; die Kriege Ludwigs XIV. gaben ihnen reichlich Beschäftigung: Männer wie Errard von Bar-le-Duc, de Ville, Fabré, der Graf von Pagan, der auch nach Malta kam, und allen voran Sébastien le Prestre de Vauban, der in Anerkennung seiner Verdienste 1703 zum Marschall von Frankreich erhoben wurde.

Doch kehren wir zu Malta zurück. In den siebziger Jahren des sechzehnten Jahrhunderts näherten die Verteidigungswerke von Valletta sich der Vollendung. Ein Ring hoher Mauern stand rund um die Stadt und war auf der Landseite verstärkt durch vier sternförmige Bastionen, deren Spitzen ins dahinter liegende Land hinausstachen. Zwischen den Bastionen lagen drei Kurtine-Mauern, in deren mittlere das Haupttor der Stadt, der Porto San Giorgio, später Kingsgate genannt, eingelassen war. Oberhalb der Bastionen standen Kavaliere, von denen vier geplant und zwei fertiggestellt waren – erhöhte polygonale Forts, die das Gelände, welches andernfalls von den Wällen aus nur schlecht zu überblicken gewesen wäre, vollständig beherrschten und außerdem den Geschützen der Verteidiger Vallettas eine zusätzliche Reichweite lieferten. Francesco Laparelli hatte gute Arbeit geleistet, und während nahezu siebzig Jahren brauchten auf Malta keine weiteren Befestigungswerke errichtet zu werden.

Im Jahr 1632 wurde Pietro Paolo Floriani nach Malta geholt, um die Möglichkeit zu erörtern, die Landfront von Valletta zu verstärken, indem man sie in Richtung auf die Marsa weiter vertiefte. Sein Name war auf der Insel gut bekannt. Sein Vater Pompeii Floriani war ein bekannter Fachschriftsteller über Festungsbau und hatte 1576 ein Buch veröffentlicht, in dem er Laparellis Befestigungen in Valletta kritisiert hatte: ›Discorso intorno all' isola di Malta e di ciò che potrà succedere tentando il Turco tal impresa etc‹. Der Vater war gestorben, als der junge Floriani erst fünfzehn Jahre alt war, aber seine Umwelt hatte sich auf den Sohn bereits ausgewirkt, und der junge Floriani zog Gewinn aus den Erkenntnissen seines Vaters, seiner in der Schlacht von Lepanto gewonnenen Erfahrung und dem praktischen Können, das er beim Bau zahlreicher Festungen erworben hatte. Umgeben vom Ruhm und Erfolg seines Vaters, stürzte der junge Floriani sich alsbald selbst ins Studium der Kampftaktik und insbesondere der Festungsbaukunst. Er ging bei Männern in die Lehre, die sich in den Kriegen in Flandern, Ungarn und der Levante einen Ruf erworben hatten. Schon bald machte er sich selbständig und baute Befestigungswerke in Italien. Er trat in die Dienste des Königs von Spanien und führte für ihn eine geheime Mission durch, um festzustellen, ob die Einnahme der türkischen Städte Algier und Tunis ein durchführbares Vorhaben sei. 1620 nahm er mit dem kaiserlichen Heer an der Belagerung von Rosenburg teil und im folgenden Jahr am Sturm auf Neuhäusel. Er stürmte höchstpersönlich an der Spitze von zweihundert Mann die Städte Valcodero, la Cola und San Giorgio und schuf sich einen so großen Ruf der Tapferkeit, daß Sonette zu seinen Ehren verfaßt wurden. 1627 war er Kastellan der Engelsburg in Rom und Gouverneur der Heere von Umbrien. Um diese Zeit begann er, seine Erfahrungen in einem großen Buch über das Festungswesen zusammenzutragen; es erschien 1630 unter dem umfänglichen Titel ›Difese et Ofesa delle piazze di Pietro Paolo Floriani, Opera non solo utile e necessaria a capitani e governatori di fortezza, manco di sommo profitto a studiosi dell' historia militari cosi antichi come moderne‹. Kein Wunder bei diesem Ruf, daß die Ritter auf seine Arbeit aufmerksam wurden.

Floriani kam nach Malta und fand an Laparellis Befestigungen in fünf Punkten etwas auszusetzen. Auf der Landseite waren sie nicht geräumig genug, um den Feind in gebührender Entfernung zu halten. Vor dem Haupttor war nicht genug Gelände, das abgeschirmt war und vom Feind nicht eingesehen werden konnte, und auch der Graben war nicht breit genug, um dort eine ausreichende Truppe zum Gegenangriff zusammenzuziehen. Die Flanken der Front waren schwach. Der Graben war zu tief und zu schmal, und die Brustwehren darüber waren zu breit, um es den Geschützen zu gestatten, in den Graben hinabzufeuern. Schließlich mangelte es in den Bastionen an Munitionskammern, so daß die Geschütze nicht rasch genug neu geladen werden konnten. Dies alles hatte Floriani 1632 in einer in den Archiven von Malta erhaltenen Denkschrift ›Parere e considerazione sopra le fortificazioni della Città di Valletta, e sopra il sito da edificarsi per il sign. Pietro Paolo Floriani‹ niedergelegt. Im Jahr 1635 kam Floriani nach Malta und empfahl den Bau einer komplizierten und vielfältigen Trace von Befestigungen, die sich in einer Entfernung von 800 Canne vom Fort St. Elmo über die Halbinsel erstrecken sollte.

Wie erinnerlich, war dies die dritte von Laparelli

empfohlene Landfrontlinie, die man seinerzeit verworfen hatte, weil sie ein zu großes Stadtgebiet einschloß. Floriani verfolgte jedoch eine andere Absicht; seine Vorschläge zielten darauf ab, die Angriffsspitzen der Türken durch einen Aufprall abzustumpfen und einen Sturmangriff auf Laparellis Landfront aufzuhalten oder zu verzögern. Da im siebzehnten Jahrhundert die Wirksamkeit der Geschütze wesentlich verbessert worden war, sollten die Befestigungen am Rand des Plateaus liegen, das über das tieferliegende Gelände an der Marsa hinwegsah. Sie bestanden im wesentlichen in drei Verteidigungslinien.

Die innerste Linie setzte sich aus drei spitz oder scharfwinklig zulaufenden Hauptbauten, den sogenannten Bastionen zusammen, zwischen denen jeweils eine Kurtine-Mauer stand, in die ein Tor eingelassen war. Das Nordtor, genannt das Tor Unserer Lieben Frauen, ist inzwischen zerstört worden. Das Südtor, die Porte des Bombes, wurde später erweitert, indem man den Bogen verdoppelte und die anstoßenden Kurtine-Mauern wegschnitt, damit der moderne Verkehr beiderseits durchfahren konnte. Der mittlere Winkel ist unterteilt: die St. Philipps-Bastion steht an der vorspringenden Spitze und wird beiderseits von den ein wenig höheren Bastionen St. Jakob und St. Lukas gestützt. Am Nordende, anstoßend an den Marsamxett-Hafen, ist der Winkel aus drei Bastionen errichtet, die terrassenförmig zum Wasser hinabsteigen, und auf der Seite des Großen Hafens ist der vorspringende Punkt von der Halbbastion St. Franziskus und der Magazin-Bastion besetzt, die über den Hafen hinausblickt. Bei der Anlage der Bastionen mußte der Baumeister sie stets in der Weise angleichen, daß die Gesamtlänge der Fassade der Bastion und die Länge der Kurtine-Mauer sich in effektiver Reichweite der Verteidiger-Geschütze befanden, die auf der Flanke der anstoßenden Bastion plaziert waren. Auch durften die Bastionen nicht in zu spitzem Winkel zulaufen, weil ihre Vorsprungspitzen sonst vom Feindfeuer allzu leicht weggeschossen werden konnten. Spitzwinklig zulaufende Bastionen ließen im Innern sehr wenig Platz für die Versammlung von Truppen und für die Artillerie.

Die zweite Linie dieser koordinierten Abwehr wurde durch zwei Ravelins gedeckt, die in spitzerem Winkel vorstießen, aber nach rückwärts offen waren, so daß sie, wenn sie fallen sollten, von den Bastionen aus noch unter Feuer genommen und von den Türken nicht zu Forts umgewandelt werden konnten.

Die Frontlinie schließlich bestand aus zwei Lünetten, offenen Forts, deren Grundriß einwärts drei stumpfe Winkel zeigt; sie konnten notfalls geräumt werden und deckten die einspringenden Winkel zwischen den Ravelins.

Endlich noch ein gigantischer Bau, eine rechteckige Befestigung, die auf der Seite des Großen Hafens vorsprang. Dies war Florianis Hornwerk, ein kompliziert konstruierter und ausgedehnter Vorwall mit Brustwehr, der seinerseits durch ein Kronwerk, eine raffinierte Dreispitz-Befestigung mit ihrem eigenen Lünette-Fort geschützt war. Dies ist der Gipfel der barocken Befestigungskunst. Ein britischer Pionieroffizier, Henry Yule, schrieb darüber 1851: »Weiter könnte die Macht der Außenwerke nicht gehen! Und dabei ist dieses ganze System an sich nur ein Vorwerk für Valletta, das sich rückwärts davon mit seinem eigenen gedeckten Umgang, Ravelin, Vorwall, gigantschen Bastionen und Kavalieren erhebt!«

Florianis Vorschläge stießen auf beträchtliche Kritik seitens der Ritter, und es mußte eine besondere Kommission ernannt werden, die das Gesamtbild der Verteidigungswerke von Valletta studieren sollte. Diese erstattete dem Ordensgroßmeister 1636 ihren Bericht, und ihre Schlußfolgerungen waren das genaue Gegenteil der Vorschläge Florianis. Valletta, so erklärte die Kommission, sei bereits vorzüglich befestigt und benötige lediglich kleine zusätzliche Werke, die an die vorhandenen Linien anzufügen seien, um diese uneinnehmbar zu machen. Florianis Pläne schienen ihr zu stark auf der Landseite und zu schwach entlang den Flanken gegenüber den beiden Häfen. Die Kommission suchte nunmehr verschiedene Festungsbaumeister in unterschiedlichen Gegenden Europas auf, um ihre Meinung zu hören, und viele von ihnen äußerten sich zugunsten des Kommissionsberichts. Dessen ungeachtet, wenn auch mit einigem Zaudern, wurde Florianis Plan angenommen, und man begann mit der Arbeit an der Kette von Bastionen, die aus dem gewachsenen Felsen herausgeschnitten wurden. Floriani selbst überwachte die Anlage der Trace und die Anfangsdetails des Planes, aber er war schlecht gelaunt und übler Stimmung und voller Verachtung für jene, die sich seinen Plänen widersetzt hatten. Er hatte den Eindruck, gewisse Personen, die auf seinen Ruf und Ruhm eifersüchtig seien, hätten ihn verleumdet und schlecht gemacht, so daß er schließlich, zutiefst angewidert, Malta verließ. Er übernahm wieder seinen vormaligen Posten als Kommandeur der Zitadelle von Ferrara und starb kurz darauf, vielleicht an gebrochenem Herzen, denn er war erst dreiundfünfzig Jahre alt.

Um diese Zeit schwirrte und dröhnte Malta unter der Tätigkeit zahlreicher berühmter Festungsbaumeister, die unablässig miteinander diskutierten, zuweilen einer Meinung waren, zuweilen sich wechselseitig in ihren Vorschlägen und Plänen widersprachen. Außer Floriani ragen zwei Namen hervor, die für die Geschichte der Befestigungen auf der Insel von besonderer Bedeutung waren – Firenzuola und Valperga. Ihnen ist der Hauptanteil an dem Befestigungswerk zuzuschreiben.

Das nächste Problem bestand darin, ausreichende Abwehrbefestigungen für die Drei Städte auf der gegenüberliegenden Seite des Großen Hafens zu ersinnen. Vittoriosa und Senglea standen auf zwei schmalen Halbinseln, und die Stadt Cospicua schloß sich ihnen in einem großen Halbkreis an. Es war ein dreifaches Problem. Die erste Sorge bestand darin, daß ein feindliches Schiff zur Nachtzeit, ohne daß es von Fort Elmo gesehen wurde, in den Großen Hafen einschlüpfte. Es konnte dann unter den dort vertäuten Schiffen, die von den Geschützen des Forts nicht berührt worden waren, weil diese nicht zum Großen Hafen herumschwenken konnten, das größte Unheil anrichten. Zweitens waren verbündete Schiffe im sogenannten Port of Vessels oder Schiffshafen dem Be-

L SOCCORSO
TE TEMPO.

O AL BORGO DI NOT=
LUGLIO 1565.

Unter Führung von Don Melchior de Robles war eine Gruppe von Ordensrittern auf vier Schiffen von Sizilien aus den Belagerten zu Hilfe geeilt. Unbemerkt von den Türken, erreichten sie am 5. Juli 1565 Malta und verstärkten die Besatzung von Il Borgo.
Fresko im Großmeisterpalast von Valletta von Matteo Perez d'Aleccio, um 1576

schuß vom umliegenden höheren Gelände ausgesetzt. Drittens waren die vorhandenen Befestigungswerke von Vittoriosa und Senglea inzwischen veraltet. Die Posten von Kastilien und Auvergne, die früher einmal starke Stützpunkte gewesen waren, reichten gegen die verstärkte Angriffskraft der Türken nicht mehr aus, und Cospicua selbst war exponiert und ungeschützt.

Vincenzo Masculano da Firenzuola war ein Italiener und 1578 geboren. Er stieg zum Dominikaner-Kardinal und später zum Generalvikar seines Ordens auf, war ein persönlicher Freund Galileo Galileis und einer der hervorragendsten Festungsbaumeister seiner Zeit. Im Jahr 1638 wurde er auf Ersuchen des Großmeisters Jean Paul Lascaris Castellar aufgefordert, nach Malta zu kommen und ein Gutachten über die Befestigungen der Insel abzugeben. Am 28. September jenes Jahres unterbreitete er dem Rat der Ritter seine Vorschläge und empfahl die Einfassung von Cospicua mit einer Linie von offenen Forts. Sie sollten offen sein, damit die Türken, falls sie sie angreifen und besetzen sollten, sie nicht ausnützen und gegen die Ritter verwenden konnten. Dieser Ring von Bastionen hieß anfänglich die Margherita-Linie und wurde später nach seinem Schöpfer Firenzuola genannt. Die meisten dieser Befestigungen stehen noch heute, mit Ausnahme der westlichen Bastion und ihrer Kurtine, die von der britischen Admiralität abgerissen wurden, um für eine Erweiterung der Marinewerft Platz zu schaffen. Firenzuola war einer von jenen gewesen, die Florianis Pläne kritisiert hatten, und jetzt widerfuhr seinem eigenen Projekt dasselbe. Einige Leute erklärten, es sei zu kostspielig, und die Ritter könnten sich diese zusätzliche finanzielle Bürde nicht leisten. Firenzuola indessen verfocht seine Pläne und wies darauf hin, daß die Hauptkosten nicht in der Erbauung der Forts, sondern in ihrer Bemannung bestünden. Die Kosten guter Befestigungen könnten die einer größeren Garnison aufwiegen, die andernfalls für die Verteidigung Maltas benötigt werde. Der Meinungsstreit tobte hin und her. Im Jahr 1640 suchte Giovanni Medici Malta auf und empfahl die Durchführung eines Teils von Firenzuolas Vorschlägen betreffend die Cospicua-Front, erklärte jedoch, die westliche Linie, die über die Corradino-Anhöhe verlaufen sollte, sei eine unnötige Verschwendung. Fünf Jahre später lieh Bandinelli Pallavicino diesem Argument weitere Unterstützung, indem er darauf verwies, daß im Fall einer neuerlichen Belagerung Maltas die christlichen Fürsten schwerlich ihre Schiffe zu Hilfe schicken würden, wenn man ihnen keinen sicheren Ankerplatz im Großen Hafen und den nötigen Schutz gegen Beschuß aus großer Entfernung bieten könne, den die Firenzuola-Linien liefern würden. Diese Auffassung wurde von dem berühmten französischen Festungsbaumeister Comte de Pagan unterstützt, und also wurde die Arbeit in Angriff genommen.

Lascaris starb 1657, und es folgte eine kurze Zeit gestörter Regierungsverhältnisse, als drei Ritter rasch hintereinander die Großmeisterschaft innehatten. 1663 jedoch wurde Fra Nicolas Cotoner Großmeister des Ordens. Er war Spanier und aus anderem Holz geschnitzt. Er hatte den Kopf voller großartiger Pläne und war überdies vom dringlichen Wunsch beseelt, seinen Namen durch die Schaffung einer monumentalen Befestigungslinie zu verewigen, die ein für alle Mal die Drei Städte gegen einen Angriff von der Landseite her abriegeln würde. Als Werkzeug zur Verherrlichung seiner Berufung wählte er den italienischen Festungsbaumeister Antonio Maurizio Grafen von Valperga. Als Valperga 1670 in Malta eintraf, hatte er bereits mehrere Bücher über die Festungsbaukunst verfaßt. Er schlug mit Zustimmung und Ermutigung Nicolas Cotoners den Bau eines großen halbkreisförmigen Rings von Forts vor, der sich von der Kalkara-Bucht am Nordrand der Stadt Vittoriosa bis zur Franzosen-Bucht am Westrand von Cospicua erstrecken sollte, eine Landlinie von acht regelmäßigen Bastionen, die zwischen Kurtine-Mauern hervorstießen, von einer Gesamtlänge von etwa viereinhalb Kilometern.

Valperga hatte anfänglich, als er im Februar 1670 eintraf, vorgeschlagen, Firenzuolas Befestigungswerke zu verstärken, aber dieser Plan war dem Großmeister nicht großartig genug, und folglich wurde jetzt, kaum sechs Monate darauf, dieser neue, grandiose Plan ausgearbeitet und erweitert und der Grundstein gelegt. Die Arbeit an den Firenzuola-Linien wurde eingestellt, damit Geld und Arbeitskräfte auf die neuen Befestigungen verwendet werden konnten. Sie wurden, wie zu erwarten, nach dem Großmeister die Cottonera-Linien genannt. Das Vorhaben wurde von nahezu jedermann mißbilligt, da es zu riesig und zu kostpsielig sei, aber Cotoner ließ sich nicht irremachen und blieb entschlossen, seine Absicht zu verwirklichen. Die Bauarbeiten wurden zehn Jahre lang mit großem Nachdruck weitergeführt, bis schließlich die Geldmittel versiegten. Der Bau der Ravelins, die man zwischen die Bastionen hatte setzen wollen, um den Kurtine-Mauern zusätzliche Deckung zu verschaffen, mußte aufgegeben werden. Dem heutigen Betrachter erscheinen die Cottonera-Linien in der Tat überaus eindrucksvoll, und es kann durchaus sein, daß sie die Türken wirklich abgeschreckt hätten. Aber die Gefahr einer türkischen Invasion wurde stetig geringer, die Macht und Schlagkraft der türkischen Streitkräfte nahmen ab.

In der Mitte einer jeden Kurtine befindet sich ein stattliches Tor. Alberti hatte vor langer Zeit bereits geschrieben, die »Tore sollten nach Art der Triumphbögen verziert sein«, und diese Tore sind wahrhaftig triumphal. Verschwenderisch modelliert, schwer rustiziert und mit sämtlichen Paraphernalien des Krieges in Steinmetzarbeit geschmückt, gehören sie unzweifelhaft zu den Meisterwerken der Barock-Architektur in Malta. Das Zabbar-Tor ist das prachtvollste. Über seinem Torbogen befindet sich eine Inschrift, die verzeichnet, die Werke seien das Geschenk des Großmeisters Nicolas Cotoner, darüber sieht man eine Bronzebüste des Stifters, umgeben von verschwenderisch in Stein gearbeiteten Engeln, Lanzen, Bannern und Trompeten, und das ganze Mittelstück ist eine triumphale Huldigung an den Mann, der so dringlich nach der Unsterblichkeit seines Namens verlangte. Man erklärte, Cotoners Vorhaben mache die Vollendung der Firenzuola-Linien unnötig, die jetzt nur noch ein akademisches Übungsstück seien. Dessen ungeachtet waren die Festungsbaumeister, unter ihnen der Franzose de Tigné, nach wie vor dafür, den Ring vor Cospicua zu vollenden. Das war vielleicht begreiflich – schließlich verdienten sie sich damit ihren Lebensunterhalt. Im Jahr 1733 wurde die Genehmigung zur Fortführung der Befestigungen erteilt, und in den folgenden Jahren wurden sie in abgewandelter Form vollendet.

Im Großen Hafen bestand noch die Notwendigkeit, die Hafeneinfahrt zu verriegeln. 1670 wurde nach Entwürfen von Valperga mit dem Bau des Forts Ricasoli begonnen. Es wurde gegenüber von St. Elmo errichtet und nahm die ganze Landzunge ein, ein langgestrecktes Fort, dessen Bastionen und Kurtine sich direkt vom Rand des Wassers erhoben und das auf der Landseite durch drei mächtige Bastionen geschützt war, aus denen zwei lange, spitz zulaufende Ravelins vorstießen, wodurch es die Form eines Kronwerks erhielt. Sein schönes Barocktor mit den Spiralsäulen blickt auf das Gewässer der Kalkara-Bucht hinaus. Das Tor wurde durch die Luftangriffe von 1941 schwer beschädigt und ist seither recht ungenau restauriert worden.

Valperga entwarf auch Pläne für die Vorstadt Floriana, die seinem Landsmann zu Ehren so genannt wurde und vielleicht eine Wiedergutmachung für die Schmähungen sein sollte, die Floriani während seines Aufenthaltes auf Malta hatte erdulden müssen. Der Anlageplan von Floriana war sorgfältig durchdacht. Die Häuser durften nicht unterkellert werden, und die Höhe der Gebäude war genau festgesetzt, so daß die Geschütze auf den Wällen von Valletta sie erfassen konnten, für den Fall, daß die Türken sie erobern sollten. Die Straßen der Stadt waren nach einem regelmäßigen geometrischen Muster angelegt, damit die Kanonen von Valletta sie der Länge nach bestreichen konnten.

Die Verteidigung des Großen Hafens war nunmehr gesichert: auf der Valletta-Seite durch die Verlängerung der Landfront bis Floriana und vor den Drei Städten durch fünf Befestigungslinien: die innere Zitadelle des Forts St. Angelo, die vom Festland durch einen Wasserstreifen getrennt war, den man während der großen Belagerung von 1565 eingeschnitten hatte, um den Galeeren des Ordens einen sicheren Ankerplatz zu schaffen; sodann die alten Landfronten von Vittoriosa und Senglea, die nach der Belagerung neu aufgebaut und verstärkt worden waren; die Firenzuola-Linien, die Cospicua einschlossen; die Cottonera-Linien, welche die ganze Gruppe von Städten umfaßten, und endlich meerwärts das Fort Ricasoli.

Nunmehr wurden noch Vorkehrungen gegen einen möglichen Angriff über das Gewässer von Marsamxett benötigt, wo die Nordflanke von Valletta und Floriana der Beschießung ausgesetzt war und die einzige Abschreckung gegen Eindringlinge in diesen Hafen die Wirksamkeit der Geschütze im Fort St. Elmo war. Schon im sechzehnten Jahrhundert war man sich darüber klar gewesen, daß die Insel, die unverteidigt im Hafen von Marsamxett lag, eine mögliche Gefahrenquelle darstellte, und hatte vorgeschlagen, dort ein Fort zu erbauen, aber dieser Plan stand auf der Vordringlichkeitsliste sehr tief unten, denn damals war wenig Zeit zur Verfügung und das Geld war knapp. Ende

Januar 1681 traf Don Carlos de Grunenberg, Festungsbaumeister des Königs von Spanien in Sizilien, auf Malta ein. Er griff die Frage der unbefestigten Flanke von Valletta wieder auf und brachte den Plan, auf der Insel ein Fort zu bauen, erneut zur Sprache. Aber wieder veranlaßte die Dringlichkeit ihrer anderen Vorhaben die Ritter, diese Lösung beiseite zu schieben. Die Floriana-Linien hatten ein Vermögen gekostet, und das noch größere Vorhaben Nicolas Cotoners hatte die Kassen erschöpft. Grunenberg stellte indessen eine Anzahl von Steinmodellen für die neuen Geschützbatterien in den Forts Ricasoli, St. Elmo, St. Angelo und St. Michael her, und diese faszinierenden Modelle sind noch im Zeughaus von Valletta aufbewahrt. Beim Modell des Forts St. Angelo läßt sich ein Teilstück herausnehmen, das einen Alternativ-Entwurf enthüllt, und Grunenbergs Vorschläge sind gelb eingefärbt. Er befürwortete sogenannte *fausse-brayes* oder abgesonderte Unterwälle. Dies sind Batterien, die praktisch auf der Höhe des Wasserspiegels stehen, so daß ihre Geschütze die Wasserfläche der Häfen bestreichen und jedes angreifende Schiff unter vernichtendes Feuer nehmen können.

Zu Beginn des achtzehnten Jahrhunderts wurde der Plan, die Insel im Marsamxett-Hafen zu befestigen, vom Großmeister Ramon Perellos wieder aufgegriffen; er berief zwei Baumeister nach Malta, aber es ergaben sich weitere Verzögerungen, und der Bau wurde erst in Auftrag gegeben, als ein portugiesischer Ritter, Don Antonio Manoel de Vilhena 1722 Ordensgroßmeister wurde. Das Fort Manoel ist das klassische Beispiel einer Barockfestung – kühn und doch präzis, elegant und doch eine harte, zweckdienliche Maschine. Es wurde von de Tigné entworfen, der nach Art der französischen Schule arbeitete, die zu dieser Zeit in der Festungsbaukunst die Führung übernommen hatte. Die Festung nahm sich die Arbeiten von Vauban zum Vorbild, jenes Meisters der Theorie und Praxis, dessen Name alle anderen auf diesem Gebiet überragt.

Während des ganzen siebzehnten Jahrhunderts waren die Türken noch immer unternehmungslustig gewesen, und die Ritter konnten es sich nicht erlauben, auf ihren Lorbeern auszuruhen. 1641 waren überraschend etwa fünftausend Türken in der Marsaskala-Bucht gelandet, aber von einer starken Abteilung maltesischer Reiterei zum Stehen gebracht und zurückgetrieben worden. Ein wenig später erschienen sechzig türkische Galeeren vor der Küste bei Marsaxlokk, aber die Geschütze des Forts St. Lucian hielten sie davon ab, Truppen an Land zu setzen. 1645 drohten die Türken neuerlich mit Invasion, aber ihre Aufmerksamkeit verlagerte sich auf die venezianischen Inseln, denen sie den Krieg erklärten. Sie eroberten die Morea zurück, und die venezianischen Festungen auf der Insel Kreta mußten sich abermals den osmanischen Streitkräften ergeben. 1672 eroberten die Türken Lemberg und Lublin in Polen, und neun Jahre später hämmerten ihre Truppen gegen die Tore von Wien, das ernstlich bedroht war, bis es von dem gerade noch rechtzeitig eingetroffenen Heer Johann Sobieskis entsetzt wurde. Der Blick der Türken richtete sich mehr und mehr nach Nordosten, und der Druck gegen Rußland nahm zu.

Die neue Festung wurde nach dem portugiesischen Großmeister genannt. Das Fort Manoel ist eine quadratische Festung, deren stärkste Seite nach Norden blickt. De Tigné hatte ursprünglich beabsichtigt, die ganze Manoel-Insel mit Befestigungen zu bedecken und auf dieser Nordfront eine Batterie weit hinausragen zu lassen, damit sie den ersten Anprall eines Angriffs auffange. Auf halbem Weg zwischen dieser Batterie und dem Hauptfort wollte er eine Lünette einsetzen, die den vorgeschobenen Geschützen Unterstützung geben und zugleich einen Zwischenstützpunkt für Truppen bilden konnte, die eventuell aus der vorgeschobenen Batterie zurückgenommen werden mußten. Fort Manoel ist ein wundervolles Stück strenger Geometrie, in das alle Verfeinerungen von Vaubans Festungsbaukunst aufgenommen sind. Die vier Eckbastionen sind von dem umliegenden Gelände durch einen breiten Graben getrennt und an der Nordfront durch einen Ravelin verstärkt, eine dreieckige Befestigung, welche die Kurtine-Mauer deckt. Zwischen dem Ravelin und der Kurtine liegen eine Tenaille und eine Caponière. Die Tenaille ist ein Zangen- oder Scherenwerk, das in den Graben eingeschnitten ist, um Platz für Soldaten mit Musketen zu schaffen, die die Rückseite des Ravelins und den Graben auf beiden Seiten zu decken haben. Die Caponière ist ein von Brustwehren geschützter Graben, der es den Soldaten ermöglicht, sich unbehindert zwischen dem vorstoßenden Ravelin und der Hauptmasse des Forts zu bewegen. Jenseits des Grabens befindet sich ein gedeckter Umgang, der die Festung umschließt. Er wird als ›gedeckt‹ bezeichnet, weil er durch eine erhöhte Brustwehr dem Blick des Feindes entzogen ist.

Entlang dieses gedeckten Umgangs sind in regelmäßigen Abständen Vertiefungen angebracht, sogenannte Places d'Armes, an denen Truppen versammelt werden können, entweder um zu einem Gegenangriff auszufallen oder um einem plötzlichen Angriff von einer bestimmten Seite standzuhalten. Hinter diesen liegt wie lange, ausgestreckte und spitz zulaufende Finger das Glacis, nämlich glatte Steinflächen, deren Ecken und Winkel so abgestimmt sind, daß die Geschütze auf der Brustwehr jeden Feind, der sich so weit wagen sollte, mit vernichtendem Feuer überschütten können. Ein Vergleich zwischen Fort Manoel und dem im sechzehnten Jahrhundert erbauten sternenförmigen Fort St. Elmo läßt die erstaunliche Entwicklung der Festungsbaukunst erkennen. Bei St. Elmo sind die Bastionen spitzwinklig mit langen Spitzen, und die Kurtine-Mauern sind kurz oder überhaupt nicht vorhanden. Bei Manoel sind die Kurtine-Mauern beträchtlich vergrößert, um den größtmöglichen Unterbringungsraum innerhalb des Forts selbst zu schaffen, aber die Kurtinen sind durch Ravelins gedeckt, die wie getrennte Festungen vom Hauptwerk abgesetzt stehen. Die Trace ist unvergleichlich viel komplizierter geworden, und das Zusammenspiel eines jeden Winkels und einer jeden Ecke mit der Länge des Mauerabschnitts viel genauer errechnet, was von den Festungsbaumeistern sehr viel größere mathematische Kenntnisse verlangte. Die Männer, die diese Kenntnisse besaßen, konnten der Gelegenheit und Versuchung nicht widerstehen, komplizierte baukünstlerische Verschönerungen zu ersinnen.

Das Haupttor des Forts Manoel ist denn auch eine prachtvolle, in verschwenderischer Steinmetzarbeit ausgeführte barocke Komposition. Die Gebäude des Forts, Kasernen und eine Kapelle, sind schön proportionierte und durchweg den höchsten Ansprüchen genügende Bauten. Obwohl Fort Manoel im Zweiten Weltkrieg einen Volltreffer erhielt, ist seine Gesamtanlage erhalten. Mit ihm haben die Festungsbauer von Malta sich ein würdiges Denkmal errichtet.

Die Lücke im Norden wurde schließlich geschlossen und der Marsamxett-Hafen gegen den Feind verriegelt durch den Bau eines weiteren Forts auf der Landzunge gegenüber St. Elmo. Dieses Fort Tigné ist nicht nach dem französischen Festungsbaumeister genannt, der Fort Manoel entworfen hatte, sondern nach dem Chevalier Tigné, der 1792 auf Kosten des Großmeisters de Rohan diese kleine, mit Kasematten versehene Festung entwarf und errichtete. Sie ist eine vorgeschobene Bastion, deren einzige Aufgabe darin besteht, der Besatzung von Fort St. Elmo beim Schutz der Einfahrt zum Marsamxett-Hafen behilflich zu sein. Es war die letzte wichtige Verteidigungsstellung, die von dem Orden errichtet wurde, ehe er vor Napoleons Truppen die Waffen streckte.

Die ursprüngliche Strategie der Johanniter-Ritter beruhte auf der Verteidigung des Großen Hafens und seiner kleinen Buchten. Das Hauptverteidigungssystem war so angelegt, daß es zuerst die alte Stadt Il Borgo und die Burg St. Angelo umringte; sodann, mit dem

Bau der neuen Stadt Valletta, weiteten die Befestigungslinien sich in einem großen Kreis aus, um für die Verteidigung des Großen Hafens und des Marsamxett-Hafens eine in die Tiefe gestaffelte Verteidigung zu schaffen, und die neue Hauptstadt Valletta saß behaglich in der Mitte. Die Dörfer, welche die Ritter auf Malta vorgefunden hatten, sowie jene, die später entstanden, wurden unverteidigt und unbefestigt sich selbst überlassen und wären notfalls den Eindringlingen geopfert worden. Nur die beiden alten Hauptstädte Mdina auf Malta und Rabat auf Gozo, besaßen befestigte Umwallungen; sie waren zwar nicht sehr stark, aber die hohe Lage der beiden Städte kam ihnen zu Hilfe. Die Zitadelle in Rabat war der Zufluchtsort der Bauern auf Gozo. Die befestigte Stadt Mdina erwies ihren Wert während der Großen Belagerung von 1565, als sie den türkischen General Mustafa Pascha um seine erste Siegeschance brachte.

Der Bau einer neuen befestigten Stadt, Fort Chambray, an der Schiffslände in Gozo wurde erst gegen Ende der Regierungszeit der Ritter auf Malta erwogen. Die Verteidigungswerke wurden gebaut, aber der Gesamtplan wurde nicht verwirklicht.

Die Ritter waren sich darüber im klaren, daß die Stärke ihrer Besatzungstruppen für die langen Küstenlinien von Malta und Gozo nicht ausreichte, und unternahmen bis zur Mitte des achtzehnten Jahrhunderts nicht einmal den Versuch, eine Landung großen Ausmaßes auf Malta zu verhindern. Das Äußerste, was sie zu vollbringen hoffen konnten, war, daß sie hinter ihren starken Befestigungslinien aushielten, bis eine

Entsatztruppe in Sizilien zusammengezogen war und ihnen zu Hilfe geschickt wurde. Die Befestigungen von Valletta und den Drei Städten wurden jedoch auf zweierlei Art ergänzt. Erstens baute man eine Anzahl von Wachttürmen, die stark genug waren, um Musketenfeuer und plötzlichen Angriffen kleiner Gruppen von Marodeuren zu widerstehen, aber eine lange Belagerung nicht durchhalten konnten. Diese Türme wurden hauptsächlich entlang der Küste errichtet und konnten einander im Fall der Gefahr Signale geben. Als Warnung vor einer Invasion wurden auf ihren flachen Dächern Feuer angezündet und außerdem ein kompliziertes Signalisierungssystem ersonnen, das hauptsächlich dazu bestimmt war, von Schiff zu Land Zeichen zu geben, und das aus verschiedenen Kombinationen von Geschützfeuer und Flaggen bestand. Wachttürme hatte es bereits seit frühester Zeit auf Malta gegeben, aber die heute noch stehenden stammen aus der Besatzungszeit der Johanniterritter und von den alliierten Streitkräften des Zweiten Weltkrieges. Einige waren dazu bestimmt, die kleinen Buchten und ungeschützten Landeplätze zu bewachen, und mußten folglich einen unbehinderten Rundblick haben; andere waren Zufluchtsorte für die Dorfbewohner beim Angriff von Korsaren und Seeräubern, wie zum Beispiel der 1727 bei Mqabba erbaute Turm; wieder andere waren als Ausguck gebaut mit dem Blick über die tieferliegenden Befestigungslinien. Von einem solchen Turm aus, dem Torre dell' Orlogio in Vittoriosa, leitete der Großmeister la Valette die Verteidigung während der Belagerung von 1565 und konnte sich Auskunft über die Aufstellung der türkischen Streitkräfte verschaffen. Dies war ein alter, sikulisch-normannischer Turm mit sechs Stockwerken, der von den Rittern 1549 umgebaut worden war. Er wurde im Zweiten Weltkrieg zerstört.

Die Ausguck-Türme an der Küste waren von verschiedener Größe. Die kleinen bestanden im allgemeinen aus einem einzigen Raum auf jedem Stockwerk, zu dem man über eine Leiter gelangte. Der Unterbau des Turms war aus dicken Steinmauern, die einwärts geneigt waren, und das Dach hatte für gewöhnlich Zinnen zum Schutz der Späher. Die Verzierung beschränkte sich auf eine Roll-Leiste am Ende des sich verjüngenden Sockels und zuweilen einem in Stein gemeißelten Wappenschild über dem Eingang. Der 1649 erbaute Rote Turm in Mellieha, der auf der letzten Höhe vor der Comino-Enge einsam hochaufragt, ist eines der eindrucksvollsten Beispiele. Sein etwa drei Meter hoher Unterbau fällt von einer stark hervortretenden Wulstleiste auf der Höhe des Hauptstocks breit ab. Man gelangt über eine Reihe von Steinstufen zur Eingangstür, die ursprünglich wahrscheinlich durch eine kleine Zugbrücke abgetrennt war. Das Innere besteht aus einem Geschoß mit einer doppelten Tonnengewölbe-Decke und bietet etwa dreißig Quadratmeter Platz; die Außenmauern sind annähernd fünf Meter dick. In diese Mauern sind kleine Fenster eingeschnitten, und in einer Ecke führt eine steinerne Wendeltreppe zum flachen Dach hinauf. Das Dach hat eine sechzig Zentimeter hohe Brustwehr und trägt vier Ecktürme, die nochmals drei Meter hoch aufragen. Das

Ganze ist also mehr eine Miniatur-Festung als ein Wachtturm.

Zweitens wurden an ungeschützten Stellen eine Anzahl kleiner Forts erbaut, die die Buchten und möglichen Landestellen unter Feuer nehmen konnten. Diese Forts waren groß genug, um einer kleinen Garnison Schutz zu bieten, und stark genug, um den Feind zu veranlassen, sie zu umgehen, anstatt Zeit auf ihre Zerstörung zu vergeuden. Gerolamo Cassars Sohn Vittorio erbaute 1618 das prachtvoll starke Fort auf der Comino-Höhe, die die beiden Meerengen zwischen Gozo und Malta beherrscht. Von robuster, quadratischer Form, erhebt sich sein Sockel senkrecht zu einem Sims, auf welches die vier Ecktürme aufgesetzt sind. Zwischen ihnen springen die Kurtine-Mauern zurück und erheben sich zu derselben Gesamthöhe.

Etwa um diese Zeit wurden zwei mächtige alleinstehende Forts auf dem Gelände südlich des Großen Hafens erbaut. Das 1610 erbaute Fort St. Lucian blickt auf die breite Bucht von Marsaxlokk hinaus, wo die türkischen Truppen 1565 landeten. Das Fort ist ein mächtiger quadratischer Block, der sich über einem breiten Graben erhebt, und scheint früher eine Zugbrücke und eine Ausfallspforte gehabt zu haben. Die Bauart ist dem Comino-Fort insofern ähnlich, als die Kurtine-Mauern abfallen, aber in diesem Fall verlängern sie lediglich die abfallende Fassade des Untergeschosses. Das Fort St. Thomas beherrscht die Einfahrt zur Marsaskala-Bucht und zur breiten St. Thomas-Bucht. Es ist ein quadratisches Fort mit vier Eckbastionen, Ausfallspforte und Zugbrücke. Sein düsteres und

5 *Das Haupttor der alten Hauptstadt Maltas, Mdina, erbaut 1724*

4
Portal des Großmeisterpalasts in Mdina
erbaut von Giovanni Barbara 173

46 *Fassade der Kathedrale von Mdina, erbaut von Lorenzo Gafà, um 1700*

48 Die alte Hauptstadt Mdina

Normannisches Haus in Mdina 49 →

50 Der von den Rittern umgebaute Standartenturm
← in Mdina

51 Die Kathedrale von Mdina über der Befestigungsmauer

strenges Aussehen muß eine abschreckende Wirkung gehabt haben, und folglich wurde es passenderweise während des Zweiten Weltkrieges als Haftkaserne verwendet.

Erst um die Mitte des achtzehnten Jahrhunderts fühlten die Ritter sich genügend sicher und zuversichtlich, um dem Feind auch am Meeresstrand entgegenzutreten. Um diese Zeit hatte man eine schlagkräftige maltesische Miliz oder Einwohnerwehr aufgestellt und ausgebildet und entwarf Pläne, um die Perimeter von Malta und Gozo mit einem steinernen Wall einzufassen. Wo die Felsklippen steil abfielen und man sie nicht erklimmen konnte, bot der gewachsene Felsen allein ausreichend Befestigung; aber wo sich das Gelände sanft zu einem Sandstrand oder zu einer steinigen Küste senkte, sollten Verteidigungswälle errichtet werden, welche die bestehenden Städte und Forts mit neuen Stein-Redouten verbanden. Es wurde jedoch nur ein Teil dieses großen Vorhabens verwirklicht.

Schließlich gab es das teilweise befestigte Haus, das begrenzten Schutz gegen kleine Banden von Räubern bot. Diese Häuser waren von unterschiedlicher Größe, vom kleinen Bauernhof mit seinem befestigten Turm, in dem der Bauer und seine Familie Zuflucht suchen konnten, bis zu großen, stattlichen Steinhaufen wie dem Verdala-Palast. Das Problem bestand darin, wie man sich den Freuden eines Landhauses, der Erholung von Gepränge und zeremonieller Prachtentfaltung, dem Genuß schattiger Haine, kurzum allen Wohltaten des Landlebens hingeben und die Gefahren, die beim Aufenthalt außerhalb der Festungsmauern der Zitadelle lauerten, vermeiden konnte. Der Großmeister und seine Amtsbrüder brauchten gelegentliche Erholung von ihren Pflichten im Hauptquartier des Ordens, und die halb-befestigte Villa war die Lösung. Welcher Triumph es für die Türken gewesen wäre, wenn sie den Großmeister erwischt und entführt hätten! Der Großmeister Fra Hughes de Verdale baute sich unweit Mdina und jenseits der letzten Häuser von Rabat auf hochgelegenem Gelände einen Sommerpalast, um sich der Segnungen kühler Sommerwinde zu erfreuen. Der Palast steht inmitten des dunkelgrünen Blattwerks des Boschetto. Sein Baumeister war Gerolamo Cassar, und der Bau wurde 1586 begonnen. Das Gebäude, halb Festung, halb Villa, ist der Villa Farnese in Caprarola nachgebildet, aber ohne den kreisrunden Mittelraum. Es kann durchaus sein, daß Cassar diese Villa gesehen hat, als er sich in Rom aufhielt, denn die Bauten Vignolas waren ihm bestimmt geläufig. Die vier mageren Eckbastionen erinnern an Festungs-Architektur, und ihre Fassaden bilden eine Fluchtlinie, so daß sie aus Bullaugen in den gegenüberliegenden Flanken mit Musketenfeuer bestrichen werden konnten. Aber die Villa hätte weder einer Belagerung noch einem heftigen Sturmangriff standhalten können, und die Bastionen sind nicht sehr viel mehr als Wahrzeichen eines militärischen Erbgutes und passende Attribute für die Residenz des Großmeisters der Ritter.

Es gibt in Europa zahlreiche Beispiele von Landhäusern, die das Drum und Dran der Militär-Architektur beibehalten haben, wo die Gefahr eines Angriffs längst der Vergangenheit angehörte – eine Art Trostpreis für die Tradition. Festungsgraben, Zugbrücke und Bastionen mögen für die Residenz des Großmeisters alle durchaus notwendig gewesen sein, aber sie besaßen im achtzehnten Jahrhundert schwerlich mehr praktische Berechtigung.

Der Selmun-Palast, der auf der Anhöhe jenseits der St.Pauls-Bucht steht, ist offensichtlich vom Verdala-Palast angeregt, aber verschwenderischer, gröber und überladener. Sowohl der Grundriß wie der Aufriß weisen Ähnlichkeiten mit Cassars Palast auf. Der Selmun-Palast wurde von dem maltesischen Architekten Giuseppe Cachia entworfen. Das Erdgeschoß hat einen schrägen, geböschten Unterbau, aber dessen ungeachtet befindet sich in ihm der Haupteingang. Der erste Stock hat den Charakter des Piano nobile mit einem vollständig außen umlaufenden Balkon, auf den reich mit Leisten verzierte Fenster hinausblicken. Das Gelände rings um den Palast war ein ausgezeichnetes Jagdgefilde, und im Jahr 1649 wurde ein Teil von ihm mitsamt dem daneben liegenden Inselchen dem Ritter Miguel Torrellos y Semenat, Prior von Katalanien, als Gehege für die Kaninchenjagd eingeräumt. Heute ist der Bau ein hübsches und angenehmes Landhotel, was zu seiner ursprünglichen Verwendung als Herrschaftsvilla gut paßt.

Die Hauptverteidigungsgarnisonen waren in den Städten konzentriert. Im Jahr 1716 schätzte man, daß 8000 Mann Infanterie und 150 Berittene in Valletta und Floriana stationiert waren, von denen 3000 Mann reguläre Truppen und 5000 Mann Miliz waren. Eine ähnliche Anzahl war in den Drei Städten stationiert, um die Cottonera- und Firenzuola-Linien zu verteidigen, und 2000 Mann im Fort Ricasoli zur Bewachung des Eingangs zum Großen Hafen. Alles in allem keine sehr große Truppenmenge, wenn man die strategische Bedeutung Maltas bedenkt, und nur möglich angesichts der ungeheuren Widerstandskraft der steinernen Befestigungswerke, welche die Ritter aufgetürmt hatten.

Die alte Hauptstadt

Mdina liegt hoch auf dem mittleren Felssims, das am Südwestrand der Insel entlangläuft und sanft gegen die Häfen und das Schwemmland der Nordostküste abfällt. Malta ist ein schräg angekippter Schelf oder Küstensockel mit hohen Steilklippen auf der einen und einem allmählichen Abhang zum seichten Meer auf der anderen Seite. Mdina liegt hundertsiebzig Meter hoch; es nimmt eine beherrschende Stellung ein und war seit frühester Zeit besiedelt. Es ist die ursprüngliche Hauptstadt der Insel und wurde von den Griechen, ebenso wie die Insel selbst, Melita genannt. Es war der Sitz des römischen Statthalters Publius, der Paulus so gastfrei bei sich aufnahm, und wurde von den Arabern befestigt, deren Mauern über die heute noch stehenden beträchtlich hinausreichten. Eine frühe und eingestandenermaßen ungenaue Karte zeigt die ganze Stadt von Mauern und Türmen eingeschlossen, die dem Steilrand des Felsenkliffs folgen, außer an der Südseite, wo der Höhenzug sich nach dem heutigen Verdala hin fortsetzt und wo man Ausschachtungen vornehmen mußte, um einen Verteidigungsgraben zu schaffen. Die Umwallung hat sechsundzwanzig Türme, und zwei Hauptzugänge überbrücken den Burggraben. Ein kleineres Tor steht am Ostrand als Ausfallspforte, die zum Steilhang des Kliffs hinabführt. Die alte Zeichnung zeigt ein mittelalterliches Befestigungssystem ohne Bastionen; die eng beieinanderstehenden Türme sind durch Kurtine-Mauern miteinander verbunden. Die Araber nannten die Stadt Mdina und ihre Vorstadt Rabat.

Die Normannen kamen im Jahr 1090 und erbauten hier eine romanische Kathedrale mit einem freistehenden Glockenturm. Diese Kathedrale wurde an der Stelle eines kleinen, verfallenen Sanktuariums errichtet, das auf dem Platz stand, wo sich einst das Haus des Publius befunden hatte, der nach seiner Bekehrung zum Christentum und seiner Taufe durch den Apostel Paulus der erste Bischof von Malta wurde. Die Stadt blickt also auf eine lange und noble Geschichte zurück. 1422 wurde sie von einer ansehnlichen Streitmacht von 18 000 türkischen Soldaten angegriffen, die von der nordafrikanischen Küste herüberkamen. Sie verwüsteten zwar den größten Teil der Insel, drangen aber in die Hauptstadt nicht ein. Die Legende erzählt, eine Erscheinung des Apostels Paulus auf einem weißen Roß, ein riesiges Schwert schwingend, habe den Verteidigern rechtzeitig neuen Mut eingeflößt. Das war ihr Glück, denn die Befestigungen können nicht sonderlich stark gewesen sein. 1427 wurde die Stadt von König Alfonso von Aragon in Anerkennung der Leistungen ihrer Bürger Città Notabile getauft.

Als die Johanniter-Ritter eintrafen, suchte ihr Großmeister Philippe Villiers de l'Isle Adam zwar Notabile auf, wählte aber dann den kleinen Hafen Il Borgo zu seinem Hauptquartier. Während der großen Belagerung spielte Notabile im Rücken der türkischen Linien eine tatkräftige Rolle; seine Reiterei führte die Wende des Krieges herbei, indem sie plötzlich das rückwärtige türkische Lager angriff und Mustafa Pascha veranlaßte, seine Hauptstreitkräfte im Augenblick, da ihnen der Sieg zum Greifen nah war, zurückzunehmen.

Die Ritter hatten bereits vor der Belagerung die Mauern von Notabile verstärkt und an den äußersten Enden der Landfront zwei Bastionen erbaut. Perez Aleccios Stich vom Rückzug der türkischen Streitkräfte bildet zwar ein sehr ungenaues, von einem Graben umgebenes Notabile ab, zeigt jedoch die beiden Landbastionen und die alte romanische Kathedrale, die später durch ein Erdbeben zerstört wurde. Auf einem anderen Blatt bildet Aleccio einen sehr genauen Plan der Befestigungen von Notabile ab und zeichnet in ihn hinein Andeutungen und Vorschläge, wie der Perimeter der Stadt zu verringern sei, sowie zwei mächtige, nach Süden gekehrte Bastionen, ein neues Mitteltor in der Kurtine-Mauer zwischen den Bastionen, durch das man in die Stadt gelangt und das durch einen kleinen Ravelin geschützt wird. Diese hier skizzierten Verteidigungswerke wurden glücklicherweise nie gebaut, denn sie hätten die Zerstörung vieler der schönen alten Gebäude nach sich gezogen, die in der Stadt heute noch erhalten sind. Nach dem Bau von Valletta und der Übersiedlung des Hauptquartiers der Ritter aus Il Borgo nach dieser neuen Hauptstadt hieß Notabile hinfort die Alte Stadt – Città Vecchia. Es ist erst in neuerer Zeit zu seinem arabischen Namen Mdina zurückgekehrt.

1645 herrschte auf Malta fieberhafte Tätigkeit; man trieb die Arbeit an den Befestigungen so rasch wie möglich voran, um einen bevorstehenden türkischen Angriff abschlagen zu können. Hervorragende Festungsbaumeister empfahlen, man solle sich nachdrücklichst auf die Befestigungen von Valletta und der Drei Städte konzentrieren, und einige von ihnen meinten, Notabile lasse sich überhaupt nicht verteidigen; anstatt es in die Hände der Türken fallen zu lassen und ihnen damit ein gut ausgestattetes rückwärtiges Versorgungslager zu schenken, solle man lieber seine Wälle niederreißen und seine Geschütze entfernen. Dieser Vorschlag führte zu ernstem Volksaufruhr in der Stadt und mußte fallengelassen werden. Glücklicherweise ließ der Druck nach, als die Türken in jenem Jahr sich der Insel Kreta zuwandten, die sie mit äußerstem Ingrimm angriffen.

Ein im Jahr 1724 gezeichneter genauer Stadtplan zeigt die Landseite durch eine große Mittelbastion und eine zweite Bastion verstärkt, die hinter der Kathedrale oberhalb des Felsensteilhangs erbaut wurde. Von den drei alten Toren sind zwei noch vorhanden; das dritte wurde in jenem Jahr zugemauert, als man einen großen Triumphbogen-Eingang baute, zu dem man auf einer Zugbrücke über den Graben gelangte. Dies ist eine schöne Barock-Schöpfung aus rustizierten Pfeilern und reichen Steinmetzarbeiten mit einem eleganten, geschwungenen Aufsatz darüber, der links und rechts zwei Wappenkartuschen trägt, eine imposante Einfahrt in die alte Stadt. Innen ist ein kleiner Platz ausgespart, auf dessen einer Seite der alte Standarten-

Signalturm steht, der schon vor den Rittern da war, von ihnen aber modernisiert wurde, und gegenüber dem Turm steht der Palast des Großmeisters.

Dieser Palast ist eine späte Arbeit des Giovanni Barbara, eines der besten maltesischen Architekten. Obwohl Barbara in Rom studierte, ist hier französischer Einfluß zu verspüren. Man betritt den offenen Hof, der von den beiden Seiten- und dem Hauptflügel gebildet wird, durch das mit reichen Steinmetzarbeiten versehene Haupttor. Die ganze Anlage erinnert an zahlreiche Pariser Palais; die mit Girlanden geschmückten Pilaster gemahnen von fernher an die Arbeiten des Philibert de l'Orme. Gleichfalls französisch sind die mit Segmentbogen eingefaßten Fenster im Untergeschoß beiderseits des Hauptportals. Der Entwurf des Großmeister-Palastes stammt wahrscheinlich aus dem Jahr 1730, in dem Barbara starb. Barbara entwarf außerdem für Mdina, nahe der Kathedrale, das schöne 1733 erbaute barocke Seminar. Es hat einen völlig anderen Charakter und ist wesentlich italienischer. Beiderseits des Haupttors tragen mächtige Rumpfsäulen das Hauptgesims des Balkons am ersten Stock. Der Bau ist so völlig anders, daß es schwer fällt zu glauben, die beiden stammten vom gleichen Architekten.

An der dritten Seite des Platzes gegenüber dem Stadttor steht das Nonnenkloster des Heiligen Benedikt. Es stammt aus dem Jahr 1418, aber der größte Teil seines Äußeren wurde im siebzehnten Jahrhundert neu gestaltet. Dieses Kloster hält sich bis heute an die strengsten Regeln; die einzigen Männer, die hier Einlaß finden, sind der Arzt und der Tüncher. Sowohl als baukünstlerisches Schlußstück des kleinen Platzes wie als Klause ist es ein hartes, kahles und abschrekkendes Gebäude. Seine strengen, schmucklosen Mauern und die kleinen, hoch oben angebrachten Fenster erinnern an die Worte, die Alberti im gleichen Jahrhundert schrieb, in dem das Kloster gegründet wurde: »Es ist an uns, dafür Sorge zu tragen, daß sie nicht nur keine Neigungen zur Unkeuschheit empfinden, sondern auch nicht die Mittel dazu haben. Zu diesem Zweck muß jeglicher Eingang fest verschlossen sein, damit unmöglich jemand hinein gelangen, und dazu so gut bewacht, daß niemand herumlungern kann, um es ohne sofortigen Verdacht und Schande auch nur zu versuchen. Kein Heerlager sollte von Gräben und Palisaden so gut bewacht und geschützt sein wie ein Kloster von hohen Mauern ohne Türen oder Fenster darin oder auch nur dem geringsten Loch, durch welches nicht nur kein Verletzer der Keuschheit hinein gelangen kann, sondern auch nicht einmal die allergeringste Versuchung durch Auge oder Ohr, auf daß sie Geist und Seele des Klausners beflecke.« Hundert Jahre später verstärkte Cataneo die Argumente Albertis noch. »In alten Zeiten,« schrieb er, »hatte man die Gewohnheit, Mönchs- und Nonnenklöster außerhalb der Stadtmauer zu erbauen. Das sollte man aber durchaus nicht tun, denn in Kriegszeiten kann ein Kloster dem Feind sehr nützlich sein...«

Einige der ältesten Paläste Mdinas stehen noch. Man bezeichnet ihren Stil als sikulo-normannisch, was jedoch irreführend ist, denn sie haben weder mit den Sikulern, den ältesten Einwohnern Siziliens, noch mit den Normannen etwas zu tun und stammen nahezu alle aus der Zeit der aragonesischen Besetzung. Es sind dies Stadthäuser, die um Innenhöfe mit einem steinernen Treppenaufgang herum gebaut sind. Die Bauten sind von bescheidenem Ausmaß und ihr Äußeres streng mit nur wenig Verzierung. Ihr unterer Teil wirkt kraftvoll, als sei er für begrenzte Verteidigung gedacht, und ist nur gelegentlich durch einfache, unverzierte gotische Türen unterbrochen. Diese unprätentiösen Paläste sind ein Amalgam ausländischer Stilformen, wenngleich natürlich am stärksten vom nahen Sizilien beeinflußt. Das ist zum Beispiel an der Gestaltung des doppelten Zachenbandes zu sehen, das als Bortensims auf der Höhe des ersten Stocks verwendet wird, sowie an den kleinen verzierten gotischen Fenstern der Obergeschosse. Einige dieser Stadtpalais gehen ins dreizehnte Jahrhundert zurück, aber das meiste noch Erhaltene ist aus dem fünfzehnten Jahrhundert mit beträchtlichen Abänderungen, die nach dem Eintreffen der Ritter im Jahr 1530 an Gebäuden wie dem Normannen-Haus vorgenommen wurden. In jenen Jahren wurden viele der bisher eingeschossigen Gebäude aufgestockt und erhielten zusätzliche Räume. Sie sind heute stille und würdevolle Häuser, die meisten von ihnen noch bewohnt, von den alteingesessenen Familien Maltas gut instand gehalten und mit Kunstschätzen angefüllt wie Museen.

Die Stadt ist sowohl bei Tag wie bei Nacht sehr still; nur wenige Autos stören den Frieden ihrer engen, gewundenen Straßen, und auch der Fußgänger scheint sich genötigt zu fühlen, nüchternes Schweigen zu bewahren. Zur Nachtzeit wird man die wahre heitere Schönheit der Stadt gewahr, wenn die Straßenlaternen warme Lichtflecken auf die cremefarbenen Steinflächen der Mauern und des Pflasters werfen. Dann spürt man, welch bemerkenswerte Einheit und Geschlossenheit sich hier aus einer anderen Zeit unversehrt erhalten hat.

Die Kathedrale beherrscht alle anderen Gebäude der Stadt. Sie ist die bedeutendste Arbeit des maltesischen Architekten Lorenzo Gafà und wohl die schönste Kuppelkirche auf der Insel. Lorenzo wurde von den Rittern nach Rom geschickt, wo sein Bruder Melchiore sich bereits als Bildhauer einen Namen machte. Er traf um das Jahr 1700 dort ein, um die neusten Baustilformen zu studieren, und geriet bald in den Bann des Francesco Borromini, des originellsten der römischen Barock-Architekten und Meisters des Kuppelbaus. Seine Kuppel der Santa Agnese-Kirche an der Piazza Navona muß auf Lorenzo einen tiefen Eindruck gemacht haben; sie beflügelte seine Laufbahn in Malta, deren Ergebnis der Bau einer ganzen Anzahl prachtvoller Kuppelkirchen war. Die größte und eindrucksvollste von ihnen ist die Kathedrale in Mdina. Die alte normannische Basilika wurde mitsamt vielen anderen Bauwerken auf der Insel durch das verheerende Erdbeben von 1693 zerstört, das auch die Stadt Catania in Sizilien nahezu vernichtete. Die Kuppel in Mdina ist Gafàs Meisterwerk, unvergleichlich viel kühner und dynamischer als alles, was er bis dahin unternommen hatte: Gafà setzt große plastische Voluten auf die Kuppel und stellt die acht Ecken des Oktogons mit eng zusammengedrängten Reihen von Doppelpilastern heraus. Diese Kuppel und der reiche Innenraum stehen nicht weit vom Höhepunkt der Barockkunst, und im Unterschied zur Konventskirche in Valletta stammt das ganze Werk aus einer einzigen Stilperiode. Die Kathedrale wurde binnen fünf Jahren vollendet und 1702 geweiht.

Sie war ein kostspieliges Unternehmen gewesen, denn außer dem Bau der großen Kirche selbst mußten auch die Gebäude davor angekauft und weggeräumt werden, um der Kathedrale einen angemessenen Vorplatz zu geben. Während der Abbrucharbeiten vor der Kathedrale entdeckten Arbeiter im April 1698 unter dem Fußboden eines der Häuser eine Vase voller Goldstücke. Jedermann erklärte, dies sei »eine Wundertat des heiligen Paulus, um für die Vollendung des Tempels zu sorgen«, aber es kam zu einem Streit darüber, wie das Geld zu verwenden sei, und man mußte sich an Papst Innozenz XII. als Schiedsrichter wenden. Er entschied, die Hälfte solle für den Bau der Kirche verwendet, die andere Hälfte zu treuen Händen in Verwahrung gegeben werden. Lorenzo Gafà lehnte es ab, sich für seine Arbeit bezahlen zu lassen, und folglich beschloß man, ihm nach seinem Tod eine alljährliche Bestattungsfeier zu stiften – in dankbarer Anerkennung der Dienste, die er Malta geleistet hatte.

Als die französischen Truppen unter Napoleon die Insel besetzten und sich so überaus unbeliebt machten, entzündete sich der Funke, der die maltesische Revolte entfachte, in Mdina. Hauptmann Masson, der Kommandeur der französischen Garnison in Mdina, wurde im Haus des Notars Bezzina in der Villagaignon-Straße aus dem Fenster geworfen und von der wütenden Bevölkerung umgebracht. Das geschah im Jahr 1798 und war das Signal für den entscheidenden Ansturm auf die Zitadelle. Die Malteser erstürmten sie von zwei Seiten her; die Hauptgruppe griff von der Vorstadt Rabat her an, und eine praktisch unbewaffnete zweite Gruppe erklomm die steile Felswand und die De Redin-Bastion hinter der Kathedrale, erwischte die französische Garnison in der Zange und machte sie nieder.

Heute ist die Stadt still und ruhig; ihre würdevollen Bauten sind erhalten und ihre bauliche Atmosphäre unversehrt. Änderungen und Umbauten werden nicht gefördert und ungeeignete Hinzufügungen schlichtweg verboten. Sie ist und bleibt eines der vollkommensten Beispiele einer alten europäischen Stadt.

Die Dörfer und ihre Kirchen

Vor dem Eintreffen der Johanniter-Ritter im Jahr 1530 waren Malta und Gozo spärlich besiedelt. Ihre Bevölkerung drängte sich in den beiden, auf Anhöhen gelegenen Zitadellen und dem kleinen Dorf Il Borgo zusammen, das auf den Großen Hafen hinausblickte. Anderwärts lebten Bauern auf ihren Gehöften, und im Süden der Insel Malta gab es einige kleine Weiler. Die wenigen Kirchen waren zumeist unterirdisch, in den gewachsenen Felsen gehauen; sie waren vor spähenden Blicken und räuberischen Korsaren sicherer als gewöhnliche Bauten über der Erde. Die wenigen existierenden Dorfkirchen waren einfache, unverzierte Rechtecke, zuweilen nahezu quadratisch, die einen einzigen Innenraum umschlossen. Eine Anzahl dieser kleinen Kirchen wurde gebaut, als 1436 die Pfarrsprengel neu eingeteilt und zu insgesamt zehn zusammengefaßt wurden. Die kleine Kirche Unserer Lieben Frau in Ta Kali ist charakteristisch für sie; desgleichen die Kirche der heiligen Dominica in Zabbar, in der man ein erstaunliches frühes Fresko entdeckt hat. Es zeigt die Muttergottes zwischen der heiligen Dominica und der heiligen Katharina von Alexandrien. Das ursprüngliche Fresko war in weißer, gelber, roter und schwarzer Farbe ausgeführt und offensichtlich von einem zeitgenössischen Werk in Italien angeregt. Die Kirche in Zabbar bestand aus einem einzigen, sechs Meter breiten und sieben Meter langen Raum, der der Länge nach von zwei gotischen Bogen unterteilt war, auf denen die Steinplatten des Dachs ruhten. Das beidseitig flach abfallende Dach verlieh diesen eine rudimentäre Gestalt, die einem klassischen Tempel nicht unähnlich war. Die Eingangstür war ein unverzierter gotischer Bogen. Darüber war ein kleines rechteckiges Fenster eingelassen, auf das ein aus späterer Zeit, wahrscheinlich aus dem sechzehnten Jahrhundert stammender Glockenturm aufgesetzt war. Hoch oben auf der Mauer, beiderseits der Tür, waren zwei Flaggenmasten angebracht. Das Regenwasser wurde durch zwei Wasserspeier in Form von Kanonenrohren auf beiden Seiten der Mauer in hohem Bogen von dem Gebäude abgeleitet.

Die Kirche von Ta Bir Miftuh bei Gudja stammt aus derselben Zeit und ist im Stil sehr ähnlich. Die Neigung des Daches ist hier hinter der niedrigen Brüstungsmauer verborgen, und dies verleiht der Kirche ein schachtelartiges Aussehen. Sie ist größer als die beiden anderen, besitzt fünf Wasserspeier an jeder Seitenwand und einen kunstvolleren Glockenturm, der 1578 hinzugefügt wurde. Vor der Kirche befindet sich eine Terrasse, die Teil des geweihten Bodens ist und früher als Sanktuarium oder Zufluchtsort diente. Die gegenwärtige Terrasse wurde gegen Ende des neunzehnten Jahrhunderts gebaut. Ta Bir Miftuh war die Pfarrkirche einer ganzen Gruppe von kleinen Dörfern, die sich später ausdehnten und entwickelten, so daß

53 Rabat, St. Augustin, Blick zum Hauptaltar

52
Rabat, St. Augustin, erbaut von Gerolamo Cassar, 1571
←

4 *Rabat, St. Paul, begonnen 1575, vollständig erneuert von Lorenzo Gafà, 1692*

55 *Qormi, St. Peter, Ende 16. Jahrhundert*

6 *Lija, St. Peter, erbaut 1728*

57 *Hamrun, Our Lady of Sorrows (Pietà), erbaut 1590, Portal und Figuren 17. Jahrhundert*

·8 *Balzan, Verkündigungskirche (Parish Church of the Annunciation), 1669–95*

59 Zebbug, St. Philipp, erbaut von Gerolamo Cassar, 1599

60 Tarxien, Pfarrkirche

62
Attard, Marienkirche,
Eingang zum südlichen Seitenschiff

61 Attard, Marienkirche, erbaut von Tommaso Dingli, 1613

Birkirkara, Fassade der unvollendeten Pfarrkirche, begonnen von Tommaso Dingli (1617)

Birkirkara, Fassadendetail der unvollendeten Pfarrkirche von Tommaso Dingli

65 *Birkirkara, St. Helena,*
erbaut von Domenico Cachia, 1727–45

66 *Mosta (Rotunda), erbaut von George Grognet, 1833*

67 *Wie St. Nicholas in Sieggiewi beherrschen stolze Kuppelkirchen die Silhouette auch kleiner Ortschaften von Malta*

die Kirche für sie zu klein wurde. Die Dörfer verlangten nach Selbständigkeit; 1592 wurde Tarxien von dem Sprengel abgetrennt, 1634 Luqa eine selbständige Pfarrgemeinde, und 1656 baute Gudja selbst sich eine neue Pfarrkirche, so daß Ta Bir Miftuh überflüssig wurde.

Die Ritter brachten Wohlstand, und schon bald nach ihrer Ankunft begann die Bevölkerung zu wachsen; neue Dörfer entstanden, und die alten dehnten sich aus. Die von Jean Quentin 1536 angefertigte Karte weist noch sehr wenige Dörfer auf, die im Südosten von Malta konzentriert waren, während die von Lafrery 1551 angelegte Karte bereits über dreißig Dörfer zeigt, die schon vor der Großen Belagerung fest gegründete Siedlungen waren. Die Ritter brachten der Insel nicht nur Aussicht auf Sicherheit, sondern auch ein gewisses, vom italienischen Festland stammendes Maß von klassischem Geschmack und Formgefühl. Eleganz und Anmut beginnen an den kleinen, einfachen, rechteckigen Dorfkirchen sichtbar zu werden. Pfarrkirchen aus dem fünfzehnten Jahrhundert wurden jetzt häufig modernisiert und vergrößert. St. Gregor in Zejtun hat Querschiffe und eine flache Schüsselkuppel, die quer auf das Ostende der alten Kirche aufgesetzt ist, wobei die Ausmaße des neuen Teils freilich erheblich größer sind als die seines Vorgängers. Eine in Malta ungewöhnliche Eigentümlichkeit sind die mit vierteiligen gotischen Gewölben überdachten Querschiffe. Außerdem sind die einfachen Steinmauern der Querschiffe von außen durch Strebepfeiler verstärkt und werden von einem sich verjüngenden Unterbau gestützt, der an ein Befestigungswerk erinnert. An der Westfront wurden ein kleiner Glockenturm und ein bezauberndes Renaissance-Eingangstor hinzugefügt.

In Pietà wurde 1590 die Kirche der Leiden Unserer Lieben Frau erbaut, die im siebzehnten Jahrhundert mit Skulpturen und einem reichen Barockportal verschönert wurde.

Es gibt auf der Insel eine Fülle dieser kleinen Kirchen. Sie sind sich im wesentlichen alle ähnlich und unterscheiden sich nur in ihren Einzelheiten. Die Tal Ingrau-Kirche in Zejtun von 1597 hat die denkbar einfachste architektonische Form und ist sehr schön proportioniert. Die St. Roque-Kirche in Balzan andererseits ist elegant und mit ihrem hervortretenden Giebelsims, ihrer leistenverzierten Tür und der Steinmetzarbeit des durchbrochenen Fensters geradezu raffiniert. St. Roque in Zebbug hingegen ist naiv und dennoch infolge ihrer Einfachheit außerordentlich gelungen. Das vorgewölbte Leistenwerk des Giebels ist an den Ecken leicht abgeschrägt, das Fenster über der Tür ist zu einem Auge geworden, und das Zierwerk tritt plastisch hervor, um die Sonne abzufangen und einen Schatten über die Fassade zu werfen. Der Glockenturm ist schlank und anmutig, und ein winziger Vorhof dient als eine Art Atrium. Die St. Peter-Kirche in Qormi ist komplizierter. Zwei Hauptpilaster fassen die Fassade an den Rändern ein, und das abgeflachte Giebelsims ist ihnen wie eine Haube aufgesetzt. Am oberen Ende der Pilaster ragen Kanonenrohr-Wasserspeier heraus. Die Tür ist in elegantem Renaissancestil und ihr Zierat von einem Bildhauer geschaffen, der über eine gewisse klassische Schulung verfügte.

Die Katharinenkirche ›Tat Torba‹ ist die seltsamste Variation dieses Themas. Im Jahr 1662 wurde ihr eine neue Front als Scheinfassade aufgesetzt, welche die einfache, unverzierte Kirche dahinter praktisch verdeckt. Diese Scheinfassade, deren Abschlußlinie von Steinmetzarbeiten und falschen Zinnen durchbrochen ist, ist in rechteckige Felder aufgeteilt, aus der die quadratischen Fenster des Untergeschosses und drei dekorative Quadrate im Obergeschoß hervortreten. Sie wirkt abstrakt und grob und bildet einen scharfen Kontrast zu den sehr zart gehauenen Zierleisten, der leicht ausgeschrägten Türöffnung und der feinen Ausführung ihres Gesimses.

Mittlerweile hatten die Dörfer an Größe und Bedeutung zugenommen. Die neue Stadt Valletta hatte sich anfänglich so rasch ausgedehnt, daß sie die Bevölkerung der umliegenden ländlichen Gegenden, besonders der Drei Städte, aufzusaugen begann; aber schon bald erholten sich die städtischen Siedlungen wieder zu neuem Leben. Die Hafenstädte waren günstig gelegen, um an der Flotten- und Handelstätigkeit der Ritter teilzuhaben, und waren durch Befestigungen gegen Angriffe geschützt. Der Wohlstand breitete sich wie Wellengekräusel auf einem Teich aus, erstreckte sich bis in die entlegensten Dörfer und erhöhte den Bedarf an Häusern.

Um diesem Druck abzuhelfen, wurde auf Veranlassung des Großmeisters Antoine de Paule auf der Anhöhe südwestlich der Drei Städte eine neue Stadt namens Paola gegründet. Sie ist im Unterschied zu den traditionellen maltesischen Dörfern nach einem rechtwinkligen Gitterplan angelegt. Sinnreich und geschickt geführte Längsstraßen sind auf die Kavaliere der Befestigungen von Valletta ausgerichtet, und die Querstraßen weisen direkt auf die Kuppel der Kathedrale von Mdina. Hier war nichts mehr von Laparellis ›angenehmen und lieblichen Schlängelstraßen‹ zu verspüren; der Johanniter-Orden hatte sich inzwischen auf den in ganz Europa eingeführten vierseitig-rechtwinkligen Stadtgrundriß festgelegt. Seit den Tagen des römischen Architektur-Schriftstellers und Theoretikers Vitruvius hatten die Städteplaner sich intensiv damit beschäftigt, ihre Städte im rechten Verhältnis zur Richtung der Winde anzulegen. In Paola sind die Straßen dementsprechend so ausgerichtet, daß die Hauptstraßen aus Nord-Nordwesten verlaufen, damit die auf der Hügelhöhe erbaute Stadt die kühlen, gesunden Winde aus dieser Himmelsrichtung einströmen läßt. Ungeachtet all dieser Sorgfalt und Mühe war der Stadt jedoch kein Erfolg beschieden, und nur wenige Menschen entschlossen sich freiwillig, sich aus dem Schutzgürtel der Befestigungen von Valletta und der Drei Städte herauszubegeben und nach Paola zu übersiedeln. Der Ritterorden beabsichtigte auch Erweiterungen in Qormi und anderen Dörfern, aber eine verhängnisvolle Pestepidemie im Jahr 1676 dezimierte die Bevölkerung der Insel, und die Wohnungsknappheit ließ nach.

Die anderen Dörfer wuchsen langsam und sind bis in die jüngste Zeit hinein vergleichsweise kompakt und geschlossen geblieben. Sie sind ein gewundener und verschlungener Irrgarten von eng zusammengedrängten Straßen und Häusern. Die einfachen, schmucklosen Bauten stehen direkt an der Straße, und ihre Türen sind von ihr nur durch eine Treppenstufe getrennt, Bürgersteige gibt es nicht. Die aneinanderstoßenden Häuser erheben sich lotrecht von der Horizontalen der Straßenfläche. Hinter ihrem schmucklosen Äußeren findet man häufig allerlei Überraschungen: stille, schattige Innenhöfe, die von üppigen Kletterpflanzen, Weinreben, Oleander, Palmen und Feigenbäumen geschmückt sind. Die unverzierten Fassaden der Häuser lassen die Ausmaße des Inneren nicht erkennen. Hier finden sich häufig reich verzierte Räume, Deckengemälde, steinerne Türrahmen mit Steinmetzarbeiten und kostbare Kunstwerke. Man spürt noch den Rest der griechischen Tradition, die verlangt, daß der Bürger nicht nach außen hin mit seinen Besitztümern prahle.

Die gewundenen Straßen erlauben an jeder Ecke eine neue Überraschung. Schräg einfallendes Sonnenlicht trifft auf eine Mauerfläche, läßt sie aufleuchten und schafft tiefe Schattenkontraste, wo die Gebäude nur von zurückgeworfenem Licht erleuchtet werden. Die schönsten Wirkungen ergeben sich, wo die Häuser in einheitlichem Farbton gehalten sind, entweder in der warmen Tönung des Natursteins oder cremefarben getüncht, um zu verhindern, daß der Regen die Oberfläche des Steins auswäscht und verdirbt. Die Häuseröffnungen sind unverzierte Löcher in schmucklosen Mauerflächen, die bei Tag mit Fensterläden und einfachen Holzbrettertüren gegen die Hitze verschlossen werden. Überall sieht man jedoch prächtige schwere Bronze-Türklopfer in Gestalt von Delphinen, Nymphen, Seejungfrauen und einer Vielzahl von Abwandlungen. Die Kontrastwirkungen ergeben sich aus der wechselnden Richtung der Straßen, den unterschiedlichen Größen der Fassaden und der verschiedenen Höhe der Dächer. Alle Privathäuser sind rechtwinklig mit flachen Dächern und verleihen den Dörfern einen geometrischen Zusammenhalt, der von den Kirchen unterbrochen und besonders betont wird.

Das beherrschende Gebäude eines jeden Dorfes ist seine große Pfarrkirche, die von einer hohen Kuppel auf einer monumentalen Trommel gekrönt ist. Diese Kirchen sind alle verschieden, so daß es leicht fällt, bereits aus der Entfernung die Dörfer Maltas zu identifizieren. Die Pfarrkirchen haben für gewöhnlich zwei Türme, die entweder an die Westfront anschließen oder dicht bei den Querschiffen stehen. In Naxxar beispielsweise ist die Pfarrkirche mit drei dieser hohen Glockentürme geschmückt. Die Türme laufen häufig nadelspitz zu und haben etwas leicht Gotisches an sich, ein Stil, den man auf dem italienischen Festland selten antrifft; es gibt in Rom nur drei bedeutende Beispiele dafür. In Sizilien und Spanien wurden jedoch solche Kirchtürme gebaut. In Malta stammte die Anregung wahrscheinlich aus italienischen Lehrbüchern wie Sebastiano Serlios ›L'Architettura‹, das zwischen 1537 und 1551 erschien, und die maltesischen Architekten verwendeten Türme erstmals bei der alten Konventskirche des heiligen Lorenz in Il

Borgo. Dieser Bau, den wir nur noch aus alten Stichen kennen, hatte hohe Westtürme mit Spitzen. St. Lorenz war vermutlich der Prototyp für die Konventskirche St. Johannes in Valletta, die ebenfalls Zwillingstürme hat, und für die St. Georgs-Pfarrkirche in Qormi, die gegen Ende des sechzehnten Jahrhunderts erbaut wurde. Qormi ist eine der ersten unter den großen Pfarrkirchen, auf die schon bald Zebbug und Tarxien folgten. Die Fassade der Pfarrkirche in Tarxien ist höchst merkwürdig. Der Unterbau scheint zu groß für den Überbau der Türme, und auf den ersten Blick würde man meinen, sie seien später hinzugefügt, aber dem ist nicht so. Zu einem späteren Zeitpunkt wurde eine neue Fassade in Angriff genommen und bis zur Höhe des ersten Geschosses ausgeführt: offenbar bestand die Absicht, den alten Bau in den neuen einzuschließen.

Die nächste Gruppe von Pfarrkirchen, die danach entstand, gehört zu den reinsten und ausgewogensten baukünstlerischen Kompositionen auf der Insel und ist das Werk eines bemerkenswerten Mannes namens Tommaso Dingli. Er wurde 1591 geboren, als die rasche Befestigung der Insel das oberste Erfordernis war, und wurde, gleich anderen Kindern, die auch nur die geringste Neigung zur Architektur an den Tag legten, schon im frühen Knabenalter bei einem Künstler in die Lehre gegeben. Dingli verhieß schon bald Großes: mit zweiundzwanzig Jahren entwarf er die exquisite St. Marien-Pfarrkirche in Attard. Die Fassade läßt an eine Rückkehr zur Reinheit des Renaissancestils denken und erinnert an die Arbeit Albertis in

Mantua hundertfünfzig Jahre zuvor. Die Fronten beider Kirchen sind ähnlich nach Art eines römischen Tempels gestaltet, eine einzige rechteckige Aussage mit einem allumfassenden dreieckigen Giebelfeld darüber. Auf den ersten Blick scheint dies ein Rückfall in die italienische Renaissance zu sein, aber in Italien hatte es ebenfalls ein Wiederaufleben gegeben, und Palladio hatte diese Aussage der römischen Tempelfront bei einigen seiner Arbeiten im Veneto wieder verwendet. Dinglis Pfarrkirche in Attard ist wundervoll modelliert, und der Schmuck der Türen und die architektonischen Verschönerungen der Säulenordnungen sind zart und scharf profiliert ausgeführt. In allen seinen Arbeiten ist ein Hauch von spanischem Einfluß zu verspüren. Eine platereskenähnliche Eigenart ist deutlich auf der Fassade seiner nächsten Kirche zu erkennen, nämlich der alten Pfarrkirche von Birkirkara, die er 1617 schuf und deren Haupttür und Mittelstück etwas ausgesprochen Spanisches haben. Woher dieser Einfluß stammt, ist einigermaßen rätselhaft. Vielleicht rührt er aus einer Freundschaft mit den spanischen Rittern des Johanniter-Ordens her. Es scheint unwahrscheinlich, daß Dingli so frühzeitig bereits Spanien aufgesucht hat.

Dingli war ein rastloser Arbeiter und außerordentlich produktiv. Außer den beiden bereits erwähnten Kirchen entwarf er noch die Pfarrkirchen in Mosta und Naxxar; nach kurzer Unterbrechung nahm er die Arbeit 1638 mit dem Entwurf für die Pfarrkirche von Ghargur wieder auf, kurz darauf folgten Gudja und Zabbar. Der Entwurf und Bau dieser Gruppe von

Pfarrkirchen, die seine gelungensten Arbeiten sind, war sein Hauptanliegen. Die einzige Arbeit, die er für die Ordensritter übernahm, war der Entwurf der alten Porta S. Giorgio, dem heutigen Kingsgate, an der Einfahrt nach Valletta. Im übrigen arbeitete er nur für seine maltesischen Landsleute. Die meisten seiner Kirchen sind beträchtlich verändert worden. Mit dem Anwachsen der Dörfer erwiesen sich in einigen Fällen die Kirchen als zu klein für ihre Gemeinden. Seine Kirche in Birkirkara wurde nicht vollendet; an ihre Stelle trat ein neues Gotteshaus. Die alte Kirche ist heute eine zerfallene leere Hülle, aber der größte Teil der Fassade ist noch intakt. Anderwärts wurden im achtzehnten und neunzehnten Jahrhundert seinen Pfarrkirchen Seitenschiffe und kunstvollere Fassaden hinzugefügt. In Zabbar wurde Dinglis Kuppel schwer beschädigt durch französisches Geschützfeuer von den Cottonera-Linien während des Aufstandes von 1800, als die maltesischen Aufständischen Valletta und die Drei Städte belagerten und Zabbar zu ihrer Hauptoperationsbasis machten. Aber in allen Fällen sind Spuren von Dinglis Arbeit noch heute zu sehen, für gewöhnlich in den Querschiffen und dem Chor und häufig im Filigranmuster der Tonnengewölbe im Inneren. Die Kirche in Attard ist jedoch die einzige seiner Pfarrkirchen, die vollständig und unversehrt so erhalten ist, wie er sie baute; sie gibt einen richtigen Eindruck von seinen Gaben und Fähigkeiten. Wir besitzen ein zeitgenössisches Porträt von Dingli; es zeigt ein hageres Gesicht mit hohen Jochbogen und hohlen Wangen. Die Sensitivität seines von einem säuberlich gestutzten Bart und

Schnurrbart halb verborgenen Mundes läßt an einen Ästheten denken. Er hat einen kummervollen Gesichtsausdruck, eine hohe, fliehende, zerfurchte Stirn und zurückweichendes Haar. Ob er von Natur aus ein sorgenvoller Mann war oder nur zufällig gerade bekümmert, als die Zeichnung gemacht wurde, wissen wir nicht; wie auch immer, erreichte er das reife Alter von fünfundsiebzig Jahren.

Im Verlauf des siebzehnten Jahrhunderts wurden mehr als zwanzig dieser großen Pfarrkirchen auf Malta gebaut. Die Erlöser-Pfarrkirche in Lija ist eine der besten von ihnen und hat die meisten ihrer ursprünglichen Besonderheiten behalten. Sie wurde 1694 von dem maltesischen Architekten Giovanni Barbara erbaut und ist einer seiner ersten bedeutenden Aufträge, die er in seinen zwanziger Jahren ausführte, eine einfache und nüchterne Komposition. Der hochaufstrebende Charakter der Kirche wird noch besonders betont durch die Westtürme, welche die Fassade flankieren, und die Kuppel, die sich ein gutes Stück hinter dem steigenden Karnies der hohen Trommel erhebt, ist vergleichsweise unscheinbar und macht nicht viel von sich her. Das Innere der Kirche ist für maltesische Begriffe nicht besonders reich ausgeschmückt. Ungeriffelte dorische Säulen fassen das Mittelschiff und die Querschiffe ein, und einfache plastisch gearbeitete Ringe führen den Blick hinauf in die Kuppel. Es ist erstaunlich, wie sehr diese Arbeit sich von dem blumigeren Stil unterscheidet, den Barbara in St. Jakob in Valletta und beim Seminar und Großmeister-Palast in Mdina entwickelte.

Die zweite Hälfte des siebzehnten Jahrhunderts wird von den Bauten des Lorenzo Gafà beherrscht. Seine Kathedralen in Mdina und Rabat auf Gozo haben wir bereits geschildert. Seine meisterliche Beherrschung des Barockstils bewies Gafà indessen an einer Folge von großen Pfarrkirchen: Siggiewi, San Nicola, St. Lorenz in Vittoriosa und St. Katherina in Zejtun. Die meisten von ihnen wurden später verändert. Die Kuppel und die Fassade der Dorfkirche in Siggiewi stammen aus viel späterer Zeit, aber seine schönste Pfarrkirche, die in Zejtun, hat sich ihre ursprüngliche Eigenart erhalten. Sie ist anmutig und von zierlicher Eleganz; ihre ganze Wirkung beruht auf ihren guten Proportionen; sie ist ein unverfälschtes Erzeugnis des römischen Barock ohne das blühende Gewucher spanischer Herkunft, das in solcher Fülle im Königreich der Beiden Sizilien zu sehen ist. Gafà hat dem Drang widerstanden, allzu große Üppigkeit aus dem weichen maltesischen Stein herauszumeißeln, und an einer erfrischenden disziplinierten Zurückhaltung festgehalten. Sein krönendes Meisterwerk ist die herrliche Kuppel in Zejtun, deren Dynamik auf Malta nur in seiner später geschaffenen Kuppel der Kathedrale in Mdina ihresgleichen hat.

Seinen Höhepunkt erreichte das maltesische Barock mit Domenico Cachia und seinem Entwurf für die neue Pfarrkirche St. Helena in Birkirkara, einem größeren und geräumigeren Bau, der Dinglis frühere, unvollendete Kirche am anderen Ende des Städtchens ersetzte. Die St. Helena-Kirche liegt am Ende einer gekrümmten dunklen Straße, die sich plötzlich öffnet, so daß das Sonnenlicht die Fassade der Kirche überflutet, die verschlungenen, fließenden Formen hervorhebt und das Hervortreten der Felder, aus denen das Mittelstück sich aufbaut, besonders betont. Cachia erhielt später, wie erinnerlich, den Auftrag, auf der Höhe von Valletta die prachtvolle Auberge der Ritter von Kastilien und Leon zu erbauen. Seine Kuppel in Birkirkara ist mächtig und schön proportioniert, aber weniger dynamisch als die von Lorenzo Gafà entworfenen Kuppeln. Das Innere der Kirche ist überaus reich ausgestaltet. Korinthische Doppelpilaster tragen die Zwillingsrippen des Gewölbes, das in Felder aufgeteilt und mit eingeschnittenem goldenen Blattwerk verziert ist. Das Gewölbe und die Apsis sind große Fresken-Flächen, und die Unterseiten der zu den Seitenschiffen führenden Bogen und die Kuppeln und Hängebogen dieser Seitenschiffe sind reich ausgemalt und mit Steinmetzarbeiten geschmückt. Aber die elegante Fassade ist die krönende Glorie dieser Kirche; die Selbstsicherheit des Siebenundzwanzigjährigen, der sie schuf, ist wahrhaft erstaunlich.

Malta und Gozo sind Inseln der Kirchen und Festungen. Der Bau der Kirchen war nur möglich unter dem schützenden Mantel der Festungen. Von beiden bietet die Insel wohl eine größere Zahl herrlicher Beispiele pro Quadratkilometer als irgendeine andere Gegend Europas. Aber wollte man sagen, die maltesische Szene bestehe ausschließlich aus diesen Bauten, so wäre das ein sehr irreführendes Bild. Es gibt außer ihnen noch eine Vielzahl anderer Gebäude, vor allem sehr schöne Klöster und auf dem Land zahlreiche Villen und Sommerpaläste, ungeachtet der Tatsache, daß es den Ordensrittern verboten war, ohne besondere Erlaubnis, die schwer zu erlangen war, außerhalb der Stadtgrenzen zu wohnen. Die Malteser, in ihrem wachsenden Wohlstand, bauten jedoch selbst und für sich selbst, und so gibt es viele schöne Villen mit mauerumschlossenen, kunstvoll bepflanzten und gut bewässerten Gärten, die von der Öffentlichkeit verborgen hinter ihren hohen Umfassungsmauern liegen. Wenn Malta auf den ersten Blick trocken und dürr erscheint, so liegt es daran, daß sein Blätterwerk hinter Terrassen und Steinmauern versteckt ist.

Die Tradition ist auf Malta stark und tief eingewurzelt. Noch immer werden Pfarrkirchen mit monumentalen Kuppeln im klassischen Stil gebaut, und es ist häufig nicht einfach, mit einem Blick festzustellen, aus welcher Zeit die verschiedenen Bauteile der Kirchen stammen. Diese Kontinuität des Baustils hat viel für sich; sie verleiht der Architektur der Inseln Geschlossenheit und Zusammenhalt. Die Pfarrkirchen beherrschen noch immer die Dörfer und Städtchen. Der plötzliche Wechsel in den Ausmaßen zwischen den kleinen Häusern, die sich um diese großen Kuppelbauten drängen, und den Kirchen selbst ist faszinierend, besonders wenn man unvermittelt um die Ecke eines der gewundenen Gäßchen biegt, die für die Dörfer so charakteristisch sind, und sich einer solchen Kirche gegenübersieht.

Man bemerkt daher betrübt, was in vielen dieser Dörfer geschehen ist: man hat quer durch die wimmelnde Masse der kleinen Häuser Schneisen geschlagen und schnurgerade breite Straßen angelegt, um auf diese Weise eine Monumentalauffahrt zur Fassade der Kirche zu schaffen. Offenbar glaubte man damit die Bedeutung der Kirche noch besonders zu betonen, aber in Wirklichkeit hat man genau das Gegenteil erreicht. Die riesige Schnittwunde zerstört das Verhältnis zwischen der Kirche und den sie umgebenden Gebäuden und ruiniert damit die besondere Eigenart dieser alten Dörfer, die einer der Hauptanziehungspunkte für die Fremden auf Malta sein könnte. Denn wie reizvoll ist doch die Szenerie der Pfarrkirche, die an ihrem kleinen, einfachen Vorplatz steht, mit ein paar Bäumen und Büschen, gelegentlich einem Denkmal oder Kreuz, vielleicht einem Brunnen und ein paar Bänken unter dem schattigen Laubwerk. Wie hübsch die engen Gäßchen des Dorfes, die sich hier und dort unversehens öffnen und den Vorhof für eine kleine Barockkirche oder eine einfache maltesische Kapelle bilden. Diese kleinen und kleinsten Dörfer der Inseln sind Kostbarkeiten der baulichen Gestaltung die man mit Behutsamkeit und Kennerschaft behandeln sollte.

Die Insel der Kalypso

Gozo, Maltas kleinere Schwester, liegt nördlich der großen Insel, ist etwa ein Drittel so groß wie sie und war von den Umständen der Geschichte stets gezwungen, neben ihrer bedeutenderen Nachbarin die zweite Geige zu spielen. Die beiden Inseln sind durch den sechs Kilometer breiten, rasch fließenden Wasserstreifen der Comino-Engen getrennt und durch ein Fährschiff zwischen Marfa und Mgarr, der Anlegestelle auf Gozo, miteinander verbunden. In der Meerenge zwischen ihnen liegen zwei kleinere Inseln. Comino, die größere, ist vom Schicksal noch weniger begünstigt als Gozo und hegt einen ewigwährenden Groll gegen die menschliche Gesellschaft. Sein Grüppchen von Bauernkaten heißt noch immer gemeinhin nur ›das Dorf‹, gleich als habe es sich nie gelohnt, es überhaupt auf einen Namen zu taufen, und so hat es denn auch keinen. Sogar das neue Hotel auf Comino liegt in hochmütigem Abstand am anderen Ende der Insel und kehrt den wenigen Bewohnern hochmütig den Rücken. Aber trotz seiner harten, felsigen Küstenlinie und seines unwirtlich scheinenden Charakters war Comino in der Antike durchaus bekannt; bei Ptolemäus heißt es Cosyra. Die Großmeister des Johanniter-Ordens benutzten das Inselchen, vermutlich wegen seiner Abgelegenheit, als Wildpark und Jagdrevier.

Den Maltesern kommt Gozo wie ein fremdes Land vor. Seine Täler sind grüner und üppiger, und im Sommer, wenn Malta von der Sonne ausgebleicht wird, behält es seine frische Vegetation. Das Erdreich wird von schweren Regenfällen weniger leicht weggewaschen, und es besteht daher keine Notwendigkeit, den Boden durch Terrassierung zu befestigen wie auf Malta. Es wirkt dadurch nicht so steinig. Während seiner ganzen Geschichte ist Gozo stets ein Land für sich gewesen, und sogar die äußere Erscheinung seiner Menschen unterscheidet sich ausgesprochen von der ihrer maltesischen Brüder. Die Bauern sind klein und untersetzt und stehen, häufig ohne Schuhe, fest auf ihrem Boden. Viele der Frauen erinnern an die klassischen Frauenbilder Picassos aus seiner heroischen Periode, und daß die Mädchen so schön sind wie nur irgendwo, verwundert nicht, wenn man weiß, daß sie die Nachkommen der Kalypso sind, die den schiffbrüchigen Odysseus verführte und in ihrem Zauberbann hielt. Die Grotte der Nymphe ist noch zu sehen; sie liegt hoch über der sandigen Bucht von Ramla, an der Nordostküste der Insel. Hier muß Odysseus gestanden und voller Heimweh auf das stille blaue Meer hinausgeblickt haben. Homer schildert die Stelle als einen solchen Ort, »daß ein Unsterblicher selbst, der je des Weges daherkäm, stünd und weilte, verwunderten Auges und freudigen Herzens.«

Es dürfte jedoch wohl noch einen anderen Grund geben für die ausgeprägte Unähnlichkeit zwischen Maltesern und Gozitanern. Gozo ist im Lauf seiner wechselvollen Geschichte immer und immer wieder von

8 *Der Hafen von Mgarr auf der Insel Gozo*

69 *Die Fassade der Kathedrale von Victoria, Neubau von 1711 nach Entwurf von Lorenzo Gafà*

70 *Gemalte Scheinkuppel in der Kathedrale von Victoria auf Gozo*

71 *Victoria, die Hauptstadt der Insel Gozo*

72 Die Pfarrkirche von Gharb auf Gozo

Balkon an einem alten Hause in Gharb

74
Der St. Cäcilia Wachtturm
bei Ghajnsielem auf Gozo
→

muselmanischen Korsaren überfallen worden, die seine Bewohner in die Sklaverei davongeschleppt haben, und diese Überfälle waren, wie vermutet worden ist, so vernichtend, daß die Bevölkerung zumindest bei einer Gelegenheit durch Einwanderer aus Sizilien ersetzt werden mußte.

Im fünfzehnten Jahrhundert war das Volk von Gozo so verarmt, daß es sich nicht mehr selbst erhalten konnte; seine Ernten waren immer wieder von maurischen Invasionen verwüstet worden, und die Gozitaner mußten den Vizekönig von Sizilien bitten, er möge ihnen die Steuern erlassen und ihnen kostenlos Getreide auf die Insel schicken.

Im Jahr 1551 wurde ein türkischer Angriff auf Malta abgeschlagen, und die Angreifer richteten daraufhin ihren Zorn gegen Gozo. Sie belagerten die Zitadelle, und in ihrer Verzweiflung baten die Gozitaner um Frieden. Ein Augustinermönch namens Bartolomeo Bonavia begab sich hinaus zu den türkischen Linien, um die Bedingungen zu vereinbaren, aber die Angreifer brachen ihr Wort, brandschatzten die Hauptstadt, verbrannten alle Urkunden und schleppten Garnison und Bevölkerung in die Sklaverei davon. Milite Bernardo, der Statthalter der Insel, brachte seine eigene Frau und seine Kinder um, damit sie nicht in türkische Gefangenschaft gerieten, und begab sich dann hinaus, um sich dem Feind in einem letzten, ungleichen Kampf zu stellen, in dem er fiel. Gegen fünftausend Gozitaner wurden gefangen genommen und die Insel praktisch entvölkert; nur etwa vierzig alte Männer blieben zurück. Von den vierundachtzig Kirchen auf der Insel standen nur noch sechsundvierzig, und viele von diesen in Trümmern. Während der großen Belagerung von Malta 1565 erlitt Gozo wenig Schaden, da die Türken mit der Hauptinsel vollauf zu tun hatten. Nachdem die Belagerung aufgehoben worden war, wurden auf Gozo neue Befestigungswerke gebaut und die Zitadelle verstärkt. Es ist wahrscheinlich, daß Laparelli sich dorthin begab, um fachmännische Ratschläge zu erteilen.

Aber Gozo fand und findet nun einmal, daß es benachteiligt ist und schlecht behandelt wird; das gehört zu seiner Tradition. Es fühlt sich Malta gegenüber wie Wales gegenüber England, Sizilien gegenüber Italien – als vernachlässigte Provinz; und doch ist es gerade diese seine Abgeschiedenheit und die Vernachlässigung, die es sowohl seitens der Ritter wie der Briten erfahren hat – die für eine Insel ohne gute Häfen keine Verwendung hatten – welche es in einem primitiveren Zustand, unversehrter und weniger beschädigt gelassen hat. An so manchem Haus in den Dörfern von Gozo sieht man noch sehr frühe Balkone mit wundervollen Steinmetzarbeiten. Die engen gewundenen Straßen des alten Viertels der Hauptstadt Victoria, die oft auch Rabat genannt wird, haben ihre mittelalterliche Atmosphäre behalten, obwohl die meisten Häuser aus dem siebzehnten Jahrhundert und aus noch späterer Zeit stammen.

Victoria ist eine der bezauberndsten Städte der Inselgruppe. Es steht auf einer natürlichen Erhebung in der Mitte der Insel, eine von der Natur geschaffene Zitadelle, deren Lage noch zusätzlich durch steil aufragende Festungsmauern genutzt ist, die als Abschrekkung für jeden angreifenden Feind sich schon von fernher gegen den Himmel abzeichnen. Die Stadt hieß ursprünglich Rabat, und sobald Warnung vor einem herannahenden muselmanischen Überfall erging, flohen die Bauern von Gozo mit ihren Familien in die Zitadelle. Entlang der Küste hatte man Wachttürme erbaut, die rechtzeitig Kunde von heraufziehender Gefahr gaben. Das übrige offene Land der Insel war bis zum Eintreffen der Ritter unverteidigt, und nur Rabat besaß einige kärgliche Befestigungen. Man hatte eine Weinsteuer eingeführt, um mit ihrem Ertrag auf Comino einen befestigten Turm zu bauen, aber der Bau wurde nie ausgeführt, und Alfonso v. gab das Geld für andere Dinge aus.

Im Mittelalter befand sich Gozo jahrzehntelang in den Händen der Sarazenen, bis Graf Roger der Normanne im Jahr 1060 auf der Insel landete und sie in einem dreitägigen Feldzug für das Christentum eroberte. Er baute die Kathedrale wieder auf und weihte sie der Auferstehung der Heiligen Jungfrau. Die heutige, in die mittlere Zitadelle eingezwängte Kirche ist ein schöner Barockbau, der die Silhouette der Stadt beherrscht. Sie wurde 1711 nach Plänen des maltesischen Architekten Lorenzo Gafà, eines der größten Kuppelbaumeister des Barock, errichtet, aber die Kuppel wurde – wie auf Gozo zu erwarten – nie gebaut, und statt ihrer schloß eine flache Decke mit einem perspektivischen Kuppelgemälde die Öffnung. Obwohl einem die erregende Silhouette, die eine Kuppel geschaffen hätte, natürlich fehlt, läßt sich nicht leugnen, daß die blicktäuschende falsche Perspektive des Dekkengemäldes durchaus interessant und sehr raffiniert ausgeführt ist. Als Vorbild diente offensichtlich eine Zeichnung von Pozzo, dem italienischen Meister der Illusionsmalerei, aus seiner Abhandlung ›Perspecitva pictorum‹. Die Fassade der Kathedrale ist eindrucksvoll, da die ihr vorgelagerten Stufen wie ein Sockel wirken. Man hat in die Festungsmauer der Zitadelle einen neuen Einschnitt gelegt, und der Besucher findet sich folglich plötzlich auf einem kleinen, unregelmäßig geformten Platz, der beinahe völlig von diesen Stufen ausgefüllt wird, die zum Westtor der Kirche führen. Das ganze Bild ist wundervoll plastisch gestaltet, und auf beiden Seiten stehen noch ältere Gebäude, von denen einige noch die frühen runden oder ›dicken‹ Zierleisten der maltesischen Baukunst des sechzehnten Jahrhunderts aufweisen.

Die Fassade der Kathedrale ist sehr italienisch; sie ist eine Scheinfassade für die dahinter liegende Kirche. Sie ist ein getrenntes, selbständiges Kunstwerk, dessen Proportionen auf seine eigene Pracht abgestimmt sind und zur Höhe des Mittelschiffdaches, das dahinter liegt, kaum in Beziehung stehen. Auch dies ist typisch italienisch. Die Fassade wirkt, wenn man unmittelbar vor ihr steht, durchaus proportioniert, aber aus einem seitlichen, schiefen Blickwinkel betrachtet, steht sie höchst seltsam und isoliert da, als sei sie für ein viel größeres Bauwerk gedacht gewesen. Die Kathedrale hat zwar keine Kuppel, aber einen Glockenturm am Ostende, der durch seine Höhe das ganze Panorama der Zitadelle beherrscht und den Eindruck der Absurdität der hohen Scheinfassade, wenn man sie aus der Entfernung sieht, mildert.

Nach dem Eintreffen der Ritter wurden ringsum an der Küste Wachttürme erbaut, von denen zumindest einer eine doppelte Funktion versah: von hier spähte man nicht nur nach herannahenden türkischen Räubern, sondern überwachte auch den sogenannten Fungus Rock oder Pilzfelsen auf dem der ›Drogenschatz‹ wuchs, den die Ritter wegen seiner prophylaktischen Kräfte schätzten. Dieses Schwammgewächs, bekannt unter dem Namen ›fungus melitensis‹ galt als hervorragendes Heilmittel gegen Dysenterie und Blutungen jeglicher Art. Der Ritterorden schützte es eifersüchtig vor Eindringlingen, und in dem Turm saß zu diesem Zweck ein Wachtposten.

Die Felssteilhänge von Gozo erheben sich senkrecht über hundert Meter und mehr direkt aus dem Wasser, es ist unmöglich, sie zu erklimmen; hier ist kein Angriff denkbar. Nur die kleinen Buchten wie Xlendi, Mgarr und Marsalforn mußten geschützt werden. Ordensgroßmeister Alof de Wignacourt baute für sie zu Beginn des siebzehnten Jahrhunderts kleine Küstenforts. Beiderseits des Forts von Marsalforn erstrecken sich Salzpfannen – flache, tablettartige Vertiefungen, die in den harten Gozo-Stein eingeschnitten sind. Sie stammen aus dem Jahr 1740, als Gozo eine Konzession für die Gewinnung von Salz gewährt wurde. Während der Wintermonate bläst der Wind das Meerwasser wie einen Sprühregen hoch über das ganze Land; es sammelt sich in diesen Vertiefungen. Die Sommersonne läßt es verdunsten und zurück bleibt eine Salzkruste.

Die Formen, die entlang den Graten der Felsklippen eingeschnitten sind, besitzen eine gewisse monumentale Großartigkeit. Sie wirken wie die Fundamente einer antiken Stadt und bilden einen merkwürdigen geometrischen Zusammenklang mit der Festung, die an der äußersten Spitze der Halbinsel steht.

Viele der Dörfer auf Gozo liegen entlang den Hügellinien. Sie sind völlig anders als auf Malta. Dörfer wie Nadur, Xaghra und Zebbug sind amorph, haben keine rechte Form oder Gestalt. Ihre Häuser, die einer Straßenanlage folgen, ziehen sich über beträchtliche Entfernungen hin und haben keinen eigentlichen Kern. Die meisten Gebäude sind vergleichsweise modern: die Bewohner von Gozo hatten gelernt, ihr Vertrauen nicht in feste, dauerhafte Wohnstätten außerhalb der Zitadelle von Rabat zu setzen, wo sie eine leichte Beute der muselmanischen Raubüberfälle wurden. Aber hier und dort ist vom alten Gozo noch etwas erhalten, so die Balkone der alten Häuser in Gharb und die kreisrunde Windmühle mit ihren noch unversehrten Flügeln und Segeln, die auf der Anhöhe oberhalb von Qala steht.

Gozo hat ebenso wie Malta seine schönen Pfarrkirchen. In Gharb bilden die Stümpfe früherer Türme die Unterbauten für die barocken Finger, die sich auf beiden Seiten einer blumigen konkaven Fassade hinaufrecken. Dies ist die absonderlichste Kirche der Insel. Das Bedürfnis, große Gotteshäuser zu errichten, hat auf Gozo ungemindert fortgedauert. Die Pfarrkirche in Nadur ist ein gewaltiger, im traditionellen maltesischen Barock gestalteter Steinhaufen. Ihr Bau wurde 1760 begonnen; die meisten Kirchen der Insel stammen jedoch aus dem späten neunzehnten Jahrhundert. Ta Pinù ist eine moderne Wallfahrtskirche, die in splendider Abgeschiedenheit nicht weit vom Dorf Gharb in der offenen Landschaft steht. Sie ist besonders eindrucksvoll bei Sonnenuntergang, wenn das goldene Licht über den neoromanischen Bau flutet. Sie ist lombardischen Arbeiten des dreizehnten Jahrhunderts nachgebildet und hat den unvermeidlichen freistehenden Glockenturm, aber außerdem auch Querschiffe. Über der Vierung krönt ein gedrungenes Oktogon die Kuppel. Diese Basilika von Ta Pinù steht an der Stelle einer primitiven einzelligen Kapelle, deren Vorbild die zahlreichen Kapellen des fünfzehnten Jahrhunderts waren, die man noch auf Malta sieht. Im Jahre 1883 vernahm eine Bäuerin namens Karmela Grima aus Gharb eine überirdische Stimme, die sie zu der kleinen Kirche rief. Seit dem Ende des neunzehnten Jahrhunderts ist Ta Pinù ein Wallfahrtsort aller jener, die der Madonna für Rettung aus Unglück und Not danken wollen, und vor allem Seeleute, die dem Schiffbruch und dem Tod in den Wellen entronnen sind, kommen hierher. Die ganz isoliert stehende Basilika ist allein schon durch ihre Größe eindrucksvoll. Die ursprüngliche Kapelle ist in den von Andrea Vassalos geschaffenen Bau eingefügt; die Kirche wurde 1920 begonnen und 1931 geweiht.

Gozo war der Schauplatz des letzten Stadtplanungs-Vorhabens der Ordensritter. Im Jahr 1722 herrschte wieder einmal große Kriegsangst, und es sah aus, als werde die Insel von den Türken mit einer ganzen Folge von Vergeltungsüberfällen angegriffen werden. Zuerst erwog man begreiflicherweise, die Befestigungswerke von Rabat und der Zitadelle zu verbessern, aber bei genauerer Prüfung erwies sich das als kostspielige Notmaßnahme, die aller Wahrscheinlichkeit nach nicht viel nützen würde. Also beschloß man stattdessen, auf der Landzunge oberhalb des kleinen Hafens von Mgarr eine neue befestigte Stadt zu bauen. Dort war die Wasserversorgung gut, und im Fall eines Angriffes konnte man raschen Entsatz aus dem nahen Malta erwarten. Dies war ein interessantes Vorhaben: die letzte neue Stadt, die von den Rittern in Auftrag gegeben wurde. Der französische Ritter de Tigné entwarf 1723 die neue Festung in Mgarr, die man nach dem Ordensgroßmeister Città Vilhena nennen wollte. Es war geplant, die Stadt auf einem rechtwinkligen Gittergrundriß anzulegen mit quadratischen Bauplätzen für Häuser. Mit Ausnahme von zwei weiteren Bauplätzen am Ostende der Stadt, die an ein großes Munitionslager anstießen, war die Anlage praktisch symmetrisch. Auf einer frühen Zeichnung sind diese beiden Bauplätze weggelassen, und zwar wahrscheinlich weil man befürchtete, sie befänden sich zu nah bei den Sprengstofflagern. Für die Stadtmitte war ein großer Platz vorgesehen, der auf drei Seiten von Gebäuden mit Säulenvorhallen eingefaßt war, während die Pfarrkirche die vierte Seite bildete. Gegenüber der Kirche war der Palast des Gouverneurs geplant, dessen Seitenflügel unmittelbar an einen Kavalier angrenzten, welcher über der Hauptbastion der Befestigungen auf der Landseite stehen sollte. Die komplizierte Befestigungs-Trace lag gegen Norden, während auf den anderen Seiten das Gelände so steil ansteigt, daß umständliche Befestigungswerke nicht notwendig waren.

Trotz der Begeisterung, die das Vorhaben bei der Bevölkerung erweckte, und des feierlichen Besuchs des Großmeisters Manoel de Vilhena auf der Insel, wurde die Arbeit jedoch nicht in Angriff genommen. Wahrscheinlich war Vilhenas Schatzamt durch den Bau eines neuen Forts im Marsamxett-Hafen und die Erweiterung der Landfront von Valletta in die Vororte von Floriana hinein bereits zu stark in Anspruch genommen. Erst im September 1749 stellte der Bailli de Chambray das Geld aus seiner eigenen Tasche zur Verfügung, und die Arbeit kam langsam in Gang. Vielleicht muß das Konzert wirklich nach dem Mann heißen, der die Musikanten bezahlt. Wie auch immer: die Überreste der neuen Stadt heißen seither Fort Chambray. Ihre Bauplätze kann man heute kaum noch erkennen, aber die massiven Befestigungen sind erhalten geblieben. In den Gebäuden, die heute noch stehen, befindet sich jetzt eine Irrenanstalt, und unter dem Unkraut eines überwachsenen Friedhofs liegen englische Soldaten, die an dem verherrenden Malta-Fieber zugrunde gingen, das die Garnison der Festung heimsuchte. Die zerklüfteten Wälle stehen noch immer zur Erinnerung an diesen letzten festen Platz der Ritter, der dem französischen Angriff noch weiter erbitterten Widerstand leistete, als das ganze übrige Malta sich 1798 den Truppen Napoleons bereits ergeben hatte.

Die Engländer in Malta

Die Ereignisse, welche auf die Französische Revolution folgten, brachten den Malteser-Rittern Einbußen sowohl an Einfluß wie an Grundbesitz. Die Franzosen schafften den Adel ab und enteigneten Güter, und es war nicht weiter verwunderlich, daß der Orden mit seiner aristokratischen Tradition zur Zielscheibe der französischen Feindseligkeit wurde. Die Schulden begannen zu wachsen, und die Einkünfte Maltas sanken auf etwa ein Sechstel dessen herab, was sie vor der Französischen Revolution gewesen waren. Die Flotte der Ritter bestand aus zwei großen Schiffen, von denen eines noch nicht fertiggestellt war, zwei Fregatten und einigen Galeeren und ihren kleineren Schwestern, den Galioten. Von den sechshundert Rittern, die die Insel verteidigten, waren zwei Drittel Franzosen und von zweifelhafter Loyalität. Außer ihnen hatte die Insel 2210 Mann regulärer Truppen, die von zehntausend Mann zumeist nicht ausgebildeter einheimischer Miliz unterstützt wurden.

Der tatkräftige Ordensgroßmeister Emanuel de Rohan bemühte sich, so gut er konnte, die Einbußen wettzumachen. Die englische Sprachgruppe der Ritter wurde wiederhergestellt und mit der Gruppe von Bayern zusammengelegt. Es wurden Verhandlungen mit Rußland eingeleitet, um den Einfluß des Ordens zu erweitern. Aber der Aufstieg Napoleon Bonapartes zur Macht besiegelte das Schicksal des Johanniter-Ordens auf Malta. Während ein Land nach dem anderen vor seinen vorrückenden Heeren zusammenbrach, verringerten sich die Hilfsmittel der Ritter stetig. Es wurde immer schwerer, das nötige Geld aufzutreiben, um Malta zu versorgen und am Leben zu halten. Kein Wunder, daß Intrige, Doppelzüngigkeit und Verrat im Innern zu keimen begannen. Die französischen Ritter waren unzufrieden, und Mißtrauen herrschte auf allen Seiten. Mit dem Tod Rohans verschlimmerte sich diese Situation. Die Wahl seines Nachfolgers war nicht sehr vielversprechend. Ferdinand von Hompesch, der 1797 Großmeister des Ordens wurde, war ein gütiger und aufrichtiger Deutscher, aber er besaß nicht die Entschlossenheit und rücksichtslosen Führereigenschaften, die gebraucht wurden, um das Rad der Geschichte zurückzudrehen. Er sah sich umgeben von Verschwörern, die offen ihre Treulosigkeit zur Schau trugen, und wußte nicht, wohin sich wenden. Seine mangelnde Entschlußkraft beschleunigte und verschärfte noch den Rückgang. Es wurde kaum etwas gebaut, und die Ironie wollte es, daß das letzte Baudenkmal, das von den Rittern errichtet wurde, der dem Großmeister gewidmete und nach ihm genannte Hompesch-Triumphbogen in Zabbar war.

Inzwischen wurde im Kriegshafen Toulon eine große Expedition gegen Malta und Ägypten ausgerüstet. 472 Schiffe mit 49 600 Mann Truppen an Bord gingen von hier in Schlachtordnung in See. Am Spätnachmittag des 9. Juni 1798 wurde diese Armada vor Malta gesichtet. Die französische Flotte suchte um Erlaubnis an, die Häfen anzulaufen. Der Großmeister, der sich des wahren Sachverhalts halb und halb bewußt war, schwankte hin und her, lehnte zuerst ab und gestattete dann, daß jeweils vier Schiffe zur Zeit einlaufen dürften. Die Franzosen, nur darauf bedacht, Hompesch in eine ausweglose Lage zu manövrieren, übersandten daraufhin ein Ultimatum. Während all dies vor sich ging, landeten die Franzosen im Schutz der Dunkelheit Truppen in der Ramla-Bucht in Gozo und in den St. Paul-, St. Julian- und Marsaxlokk-Buchten auf Malta. Sie rückten unterstützt von revolutionär gesinnten Abtrünnigen praktisch unbehindert über die ganze Insel vor, und bei Einbruch der Dämmerung am 10. Juni war alles in ihrer Hand. Die Tore von Valletta und den Drei Städten waren geschlossen und die Garnison eingesperrt. Hompesch erkannte die Nutzlosigkeit des Widerstandes. Es war ihm klar, daß nur sinnlos Blut vergossen werden würde, und so erklärte er sich am nächsten Morgen mit einem Waffenstillstand einverstanden. Die Kapitulation war unvermeidlich. Die größte Zusammenballung von Befestigungswerken in Europa fiel, ohne daß ein Schuß abgefeuert worden wäre. Binnen drei Tagen mußten die Ritter zusammenpacken und Malta verlassen. Die Franzosen schleppten aus den Festungen 1200 Geschütze, 40 000 Musketen und eineinhalb Millionen Tonnen Pulver weg.

Am 13. Juni zog Napoleon in die Stadt der Ritter ein, diese feste Burg, die das ancien régime mit allen seinen aristokratischen Privilegien in seiner reinsten Form verkörperte. Alles, was auf die Vergangenheit hinwies, wurde so schnell wie möglich beseitigt. Wappenschilde wurden ausgelöscht, Inschriften aus dem Stein herausgebrochen, die Privilegien der Kirche aufgehoben, die Jurisdiktion des Papstes beseitigt, revolutionäre Gesetze in Kraft gesetzt, die Namen der Straßen geändert. Die französischen Truppen machten sich alsbald unbeliebt. Sie waren anmaßend und hochfahrend und mißbrauchten ihre Macht, und ihr Eifer, alles zu ändern und umzuwandeln, kam für dieses Volk, das innig mit seiner Geschichte und seiner Tradition verbunden war, allzu rasch. Die Abneigung der Malteser gegen die Ritter wurde schon bald aufgewogen durch ihren Abscheu vor den Franzosen. Sie empfanden es als tiefe Demütigung, daß die Meßgewänder ihrer Kirchen öffentlich versteigert, ihr kostbares Gold- und Silbergeschirr als Plündergut davongeschleppt wurde. Wertgegenstände und Waren von einer Viertelmillion englischen Pfund nach damaligem Wert wurden auf das französische Kriegsschiff ›Orient‹ gebracht und segelten mit der Flotte nach Ägypten davon. Dann schlug Nelson zu. Am 1. August besiegte er in der Schlacht von Abukir die französische Flotte, und Großbritannien gewann so die Seeherrschaft im Mittelmeer. Die ›Orient‹ wurde in der Schlacht versenkt, und Maltas reiche Schätze versanken mit ihr.

Indessen waren in Malta selbst Kämpfe ausgebrochen. Die Aufständischen begannen sich zu organisieren, und bald waren die ländlichen Gegenden in ihrer Hand. Die Franzosen waren in Valletta und den Drei

Städten gebunden, und die Belagerung begann. Das bestürzte den französischen Kommandeur General Vaubois an sich nicht sonderlich, denn aus dem Aufstand mußte über kurz oder lang ein Zermürbungskrieg werden, und je weniger Münder er zu füttern hatte, desto besser wurden die Aussichten, daß er durchhalten konnte. Schritt für Schritt wies er alle unerwünschten Malteser, die jungen, die alten und die kranken aus der Zitadelle aus, die seine Truppen rings um die Häfen hielten. Vaubois' Hauptproblem war die Versorgung, denn ohne Nachschub konnte er die Belagerung nicht überstehen. Ein direkter Frontal-Angriff der Malteser schien unwahrscheinlich und hatte wenig Aussichten. Ihm konnten seine gut ausgebildeten Truppen standhalten. Etwas anderes war eine englische Seeblockade.

Unterdessen segelte eine Delegation der maltesischen Aufständischen nach Italien, um von König Ferdinand von Neapel Hilfe zu erbitten. Unterwegs stießen die Malteser auf die britische Kriegsflotte, die vor Sizilien lag, und so wandten sie sich an Nelson. Er erklärte sich bereit, ihnen zu helfen. Vom Achterdeck seines Flaggschiffs ›Vanguard‹, das vor der Insel Stromboli lag, schrieb er am 16. September 1798: »Ich habe die Portugiesen ersucht, sich nach Malta aufzumachen, das man mit wenig Anstrengung gewiß den Franzosen wegnehmen kann, aber ich hoffe, Eure Lordschaft wird auf ihre Anstrengungen keine Hoffnung setzen. Sobald ich Schiffe bekommen kann, wird den Maltesern alle Hilfe geleistet werden. Was gäbe ich nur für vier Schiffe mit weitreichenden Geschützen. Mit ihnen hätten wir das französische Kriegsgerät schon längst vernichtet.«

Schiffe seiner portugiesischen Verbündeten, zu denen Nelson wenig Vertrauen hatte, erschienen an der Küste von Malta und brachten Geschütze an Land. Am 24. Oktober schickte Nelson Kapitän Alexander Ball mit der ›Alexander‹, unterstützt von einer Fregatte, einer Schaluppe und einem Brander, nach Malta, um die Blockade zu verstärken. Die Situation war gefahrvoll. Die Franzosen besaßen dreitausend Mann Infanterie und fünf Kompanien Kanoniere, während die Malteser mit 3200 Mann angriffen, die zwar dem Namen nach unter Waffen standen, aber zumeist sehr kümmerlich ausgerüstet waren. Eine Verschwörung, sich Vallettas zu bemächtigen, wurde von den Franzosen aufgedeckt und verhindert und fünfundvierzig Malteser festgenommen und auf dem Platz vor dem Palast erschossen. Inzwischen lag Neapel selbst auf dem Weg der vorrückenden französischen Armee und fiel bald darauf. Es herrschte ein heilloses Durcheinander, als König Ferdinand und sein Hof sich eilends nach Palermo in Sicherheit brachten. Der zuversichtliche Ton in Nelsons Briefen verebbte allmählich. Ein Jahr später, im September 1799, schrieb er an Ball: »Ich bedränge Malta jetzt sehr hart, und es wird sich bald ergeben. Ich billige es sehr, daß Sie Weisung gegeben haben, Geschütze von der ›Alexander‹ an Land zu schaffen. Ich bin dafür, die äußersten Anstrengungen zu machen und alle Kräfte anzuspannen, um diese langwierige Blockade zu beenden.«

Der portugiesische Admiral Marquis de Niza drohte

mittlerweile, seine Schiffe aus der Blockade zurückzuziehen, und die Beteiligung der Portugiesen an dem Unternehmen wurde äußerst zweifelhaft. Im Oktober schrieb Nelson daher an Niza:

»Da die Niederzwingung der Insel Malta für die Interessen der mit Frankreich im Krieg liegenden verbündeten Mächte von allergrößter Bedeutung ist, und der Abzug des unter Ihrem Befehl stehenden Geschwaders Seiner Majestät aus der Blockade dieser Insel zum gegenwärtigen Zeitpunkt für ihre Interessen die verderblichsten Folgen hätte, besonders da eine feindliche Flotte von dreizehn Linienschiffen in Kürze in den dortigen Meeren erwartet wird und zwei Linienschiffe und mehrere andere Schiffe zur Zeit in Toulon Lebensmittel und Munition für den Entsatz von Malta laden, werden Sie hiermit ersucht und angewiesen, angesichts der obgenannten Umstände und ungeachtet der Befehle, nach Lissabon zurückzukehren, die Sie von Ihrem Hof erhalten haben, aus keinem wie immer gearteten Grund auch nur einen Mann von der Insel abzuziehen.«

Am 26. Oktober 1799 war Nelson der Verzweiflung nahe.

»Ich fürchte, wir werden es unwiederbringlich verlieren ... Wenn Ball mit den fünfhundert Mann, die er von unseren Schiffen an Land gesetzt hat, die Hoffnung der Bewohner kaum wachhalten kann, was kann man dann erwarten, wenn vierhundert von ihnen und vier Linienschiffe abgezogen werden? Und wenn die Inselbewohner dadurch gezwungen werden, sich wieder den Franzosen anzuschließen, dann wird auch eine

Landung für uns keine einfache Sache mehr sein, und noch viel weniger die Rückgewinnung unserer gegenwärtigen vorteilhaften Stellung ... Dies ist nach meiner Meinung das einzige, was zu bedenken ist. Wenn wir diese Gelegenheit einbüßen, wird es unmöglich sein, sie zurückzugewinnen.« Er schrieb an den Zaren von Rußland und ersuchte ihn um Hilfe. Man versprach ihm Truppen, aber sie trafen nie ein. Allmählich jedoch begann die britische Blockade ihre Wirkung zu tun. Bei Kap Pessaro, nur vier Meilen von der Küste Siziliens entfernt, wurden das französische Schiff ›Généreux‹ und ein Transporter erbeutet. Sie führten die Flagge des Konter-Admirals Perrée und hatten zweitausend Mann Truppen mit Lebensmitteln und Munitionsvorräten für den Ersatz des hart bedrängten Valletta an Bord. Französische Schiffe, die aus Valletta herauszuschlüpfen versuchten, wurden aufgegriffen und weggenommen, und zu Land begann die Aufstellung regelrechter Streitkräfte.

Nelson kreuzte vor Malta, als er schrieb:

»Die ›Emerald‹ wird vierundzwanzig Stunden nach meiner Ankunft nach Malta in See gehen. Sie soll wenigstens zweitausend Stück komplette Handfeuerwaffen mit Munition etc. mitbringen. Die braucht sie zu ihrer eigenen Verteidigung; für den Angriff außerdem zwei oder drei große Mörser, fünfzehnhundert Granaten mit allem nötigen Zubehör, und vielleicht einige Stücke Artillerie, zwei Zehn-Zoll-Haubitzen mit tausend Stück Munition. Mit dieser Hilfe werden die Bormola und die ganze linke Seite des Hafens fallen. Zur Verteidigung dieser Befestigungswerke werden zehntausend Mann benötigt, aber die Franzosen können nur zwölfhundert erübrigen; folglich kräftiger Angriff an vielen Stellen, und einer muß gelingen.«

Im Dezember trafen zwei britische Regimenter aus Menorca ein; sie wurden in Zabbar, Zejtun und Dudja zusammengezogen und hielten die südliche Linie von der Küste bis Hamrun. Die maltesischen Truppen hatten sich an der nördlichen Linie bis zur Küste bei der St. Julians-Bucht eingegraben. Die Einschließung war damit vollständig. Frühjahr und Sommer vergingen, ohne daß Hilfe aus Frankreich kam. Die Hoffnung auf Entsatz schwand dahin, und am 4. September 1800, kapitulierte General Vaubois. Es hatte eine kurze Beschießung und Gegenbeschießung stattgefunden. Die Kuppel von Tomasso Dinglis Pfarrkirche in Zabbar war geborsten und weitgehend zerstört. Viele Gebäude lagen in Trümmern, aber es war zu keinem allgemeinen Sturmangriff auf die Befestigungen Vallettas und der Drei Städte gekommen. Der gigantische Befestigungsring war nicht einem Frontalangriff, sondern der Zermürbung und Aushungerung erlegen.

Es folgte ein unsicherer Friede zwischen Großbritannien und Frankreich, und es wurden Verhandlungen in Gang gesetzt, um das Schicksal Maltas zu entscheiden. Auf den Inseln selbst hatte sich eine starke Neigung entwickelt, unter britischer Herrschaft zu verbleiben. Die Franzosen hatten nicht unbedingt etwas dagegen, daß die Ordensritter zurückkehrten, vorausgesetzt, daß die Befestigungen geschleift wurden. Wieder andere waren dafür, die Inseln dem Königreich Neapel zu unterstellen. Während der Meinungsstreit fortdauerte, begann England klarer zu erkennen, wie vorteilhaft es war, an dieser strategischen Festung festzuhalten, deren Lage im Zentrum des Mittelmeeres ihm die Aufsichtsgewalt über das ganze Mittelmeerbecken gab. Napoleon war sich bewußt, daß Malta Angelpunkt jeglicher südeuropäischen Politik war.

»Ich würde«, sagte er, »die Engländer lieber auf der Anhöhe von Montmartre sehen als auf Malta.«

Der Vertrag von Amiens setzte fest, daß Malta den Rittern zurückzugeben sei, aber die Engländer hielten an Valletta fest und blieben. Sie dachten nicht daran, die Insel wieder aufzugeben. Besitz ist bekanntlich neun Zehntel von Recht und Gesetz. Jetzt ging es um die Räumung Maltas, die nur mit Gewalt erzwungen werden konnte, wozu die Ordensritter nicht mehr in der Lage waren. Dann sprangen Franzosen und Engländer einander wieder an die Kehle, ohne daß es Napoleon gelang, die verlorene Seeherrschaft zurückzugewinnen. Nach seiner Niederlage bei Waterloo war es mit seiner Macht endgültig zu Ende, und der Vertrag von Paris bestätigte die britische Souveränität über die Inseln Malta und Gozo. Sir Alexander Ball, der sich großer Volkstümlichkeit erfreute, wurde zum ersten Zivilkommissar ernannt.

Zwischen Großbritannien und der Insel Malta wie auch den Johanniter-Rittern bestand eine lange, jahrhundertealte, wenngleich ziemlich weithergeholte Verbindung. Schon im ersten Kreuzzug hatten Engländer in den Schlachten des Heiligen Landes mitgekämpft, waren unter das Banner des Johanniter- oder Hospitaliter-Ordens getreten und führten das Wappen des Königs von England auf ihren Schilden. Zu Beginn des zwölften Jahrhunderts hatten englische Ordensritter in Clerkenwell, knapp außerhalb der Stadt London, eine Priorei oder ein Hospital gegründet und dort einen runden Tempel erbaut, der 1185 geweiht wurde. Die Krypta dieser normannischen Kirche ist noch erhalten. Aber vom Jahr 1536 an, als die englischen Klöster aufgelöst wurden und England sich von Rom trennte, begann die Beziehung in die Brüche zu gehen. 1540 fiel der entscheidende Schlag gegen den Johanniter-Orden: ein Gesetz zu seiner Auflösung in England, Wales und Irland erhielt die königliche Billigung und Unterschrift. Einige der Ritter verließen das Land und schlossen sich ihren Ordensbrüdern auf Malta an, aber um diese Zeit war die englische Rittergruppe bereits sehr zusammengeschrumpft. 1338 hatten noch 119 Mitglieder des Ordens in England gelebt; zu Beginn des sechzehnten Jahrhunderts waren es nur noch vierunddreißig Ritter und vierzehn Präzeptoren gewesen, und im Jahr der Auflösung durch König Heinrich VIII. gab es in England nur noch sechsundzwanzig Mitglieder des Ordens einschließlich Prioren, Kommandeuren und Rittern. So befanden sich zur Zeit der Großen Belagerung von 1565 nur wenige Engländer auf Malta. Von den zwei anwesenden Rittern wurde der Bailiff of Eagle im Kampf getötet, und der andere, Sir Oliver Starkey, stand dem Großmeister la Valette als sein Sekretär und wertvoller Vertrauter zur Seite. Sir Robert Shelley, der Prior von England, saß in Neapel fest und war nicht in der Lage, der belagerten Garnison von Malta zu helfen.

Nachdem durch Nelsons Sieg bei Abukir die britische Kriegsflotte die Vorherrschaft im Mittelmeer errungen hatte, fiel England nach der Kapitulation Vaubois' die Aufgabe zu, diesen befestigten Stützpunkt im Mittelmeer zu regieren, zu versorgen, mit einer Besatzung zu versehen und zu verteidigen. Die britischen Militärbehörden waren von den Ausmaßen der Befestigungen auf Malta sowohl überwältigt als auch in Verlegenheit gesetzt. Diese Meilen und Meilen von Mauern, Wällen und Bastionen schienen eine riesige Besatzung zu erfordern, um sie gegen einen Angriff zu verteidigen. Diese Einstellung war durchaus verständlich, denn Großbritannien selbst war durch die Stärke seiner Flotte und seine Fähigkeit, Truppen auf dem europäischen Kontinent an Land zu setzen, zur Großmacht geworden. Ganz Großbritannien war eine einzige Zitadelle, und folglich brauchte man keine hochbefähigten Kriegsbaumeister, Ingenieure und Pioniere, um Befestigungen zu bauen, die sich mit jenen hätten vergleichen lassen, die auf dem europäischen Festland nach wie vor errichtet wurden. Diese Länder, die dem Angriff zu Land ausgesetzt waren, umgaben ihre Grenzstädte noch immer mit Ringen von Festungswerken und schützten ihre Flußübergänge und Täler mit Forts und vorgeschobenen Posten. Vor allem die Franzosen taten sich in der Festungsbaukunst hervor, einer Kunst, die dem britischen Heer weitgehend abhanden gekommen war; seine Aufgabe bestand nach den napoleonischen Feldzügen hauptsächlich darin, ungebärdige und schlecht gerüstete wilde Völkerstämme zu unterwerfen.

Die neue Situation entlockte den führenden englischen Militärs, die es hätten besser wissen sollen, allerlei heftige Meinungsäußerungen. Da waren einerseits jene, die befanden, der von den Rittern geerbte Befestigungskomplex sei viel zu umfangreich, als daß man ihn benutzen könne, und zu schwerfällig und umständlich, um ihn gegen eine ernsthafte Bedrohung zu verteidigen. Andererseits gab es Leute, die behaupteten, die Befestigungen seien völlig veraltet und in der modernen Kriegführung überhaupt nicht zu brauchen. Die erste abgewogene Einschätzung der Situation kam 1859, als das britische Kriegsministerium einen Bericht über den Zustand der Festung Malta herausgab. Der Verfasser dieses Berichts geißelte die schlecht begründete Kritik. »Von Befestigungen verachtungsvoll und höhnisch zu sprechen«, schrieb er, »oder sie als ein Labyrinth des Wirrwarrs zu betrachten, das die Ordensgroßmeister sich nacheinander zusammengehäkelt haben, ist unter der Würde von Militärs, die von ihrem Beruf etwas verstehen.« Die Befestigungen seien nach modernen Maßstäben zwar nicht perfekt, besäßen aber unbezweifelbare Vorzüge. »Die Verbesserungen der Handfeuerwaffen und der Artillerie sowie die allgemeinen Fortschritte in den Militärwissenschaften würden einem fähigen Festungsbaumeister vielleicht eine andere Trace als die jetzt existierende aufnötigen, er würde weniger Bastionen und dafür größere anlegen, und freistehende Werke würden an die Stelle einer durchlaufenden Linie von vorgeschobenen Befestigungswerken treten –«

»Nun hat sich der allgemeine Eindruck herausgebildet, daß Malta ein schwacher Platz ist und daß England von seiner Armee eine unmögliche und undurchführbare Aufgabe verlangt, wenn es eine Garnison von fünf- oder sechstausend Mann für die Verteidigung einer Festung bereitstellt, die in ganz Europa als nahezu uneinnehmbar gilt. Der Gedanke, daß man fünfundzwanzig Meilen Brustwehren und Wälle zu verteidigen hätte, erledigt nach dieser Auffassung die ganze Frage sofort als absurd und widersinnig, und dabei könnte es keinen größeren Fehlschluß geben als diese Behauptung. Die richtige Art, die Festungsmauern zu verteidigen, besteht nicht darin, sie in ihrer ganzen Länge zu bemannen. Das Ziel der Befestigungswissenschaft besteht darin, es einer kleinen Anzahl von Truppen zu ermöglichen, einer großen Widerstand zu leisten und wenigen Leuten, die man in vorteilhaften geschützten Stellungen plaziert, zu gestatten, einem großen Truppenaufgebot standzuhalten. Bei einer gut bastionierten Front läßt sich die ganze Ausdehnung der Front, die entlang der Festungsmauer vielleicht fünfhundert Meter mißt, von zwei kurzen Flanken aus übersehen und beherrschen, die etwa ein Zehntel dieser Länge ausmachen, und wenn eine Linie von Befestigungswerken eine zweite einhüllt, ist es sogar bei einem allgemeinen Sturmangriff nicht notwendig, die innere Linie zu bemannen, so lange die äußere nicht genommen ist.

»Die erste und wichtigste Maßnahme, die wir empfehlen, ist die Ausarbeitung eines klaren und vollständigen Verteidigungsplanes, der jede nur mögliche Form des Angriffs berücksichtigt. Es ist durchaus möglich, daß der wirkliche Angriff in einer nicht vorhergesehenen Form erfolgt, aber wie im Schachspiel wird der Spieler, der weiß, wie man auf die bekannten Eröffnungen des Spiels antwortet, im allgemeinen auch derjenige sein, der am besten auf jegliche Art des Angriffs vorbereitet ist, und folglich besteht im großen Kriegsspiel die sicherste Art, auf einen unvorhergesehenen Angriff vorbereitet zu sein, darin, die vorhersehbaren Angriffsformen aufs gründlichste zu durchdenken.«

Zwei Formen des Angriffs, so fuhr der Bericht fort, seien zu erwarten. Erstens vom Meer her. In diesem Fall würde die Hauptverteidigung bei den Küstengeschützen liegen, die gut bedient und ausreichend mit Munition versorgt sein müßten. Wo immer möglich, sollten die Geschütze sich so lange in Verstecken befinden, bis es notwendig werde, sie einzusetzen. Die zweite Gefahr, die freilich ein gigantisches Unternehmen bedeute, sei ein Angriff von der Landseite her.

Der Bericht entwirft nunmehr einen umfassenden Verteidigungsplan für eine solche Möglichkeit und befaßt sich mit polizeilichen Vorsichtsmaßregeln, Postzensur, Verhaftung von Ausländern, Überwachung verdächtiger Personen, Schutz der wertvollen Wasserversorgung, Bereinigung des Geländes in der Feuerlinie der Geschütze und Zusicherung gegenüber der Zivilbevölkerung bezüglich ihrer eigenen Sicherheit und Entschädigung für Schaden an Privateigentum. Starke Abteilungen seien hinauszuschicken, um zu erkunden und aufzuklären und wenn möglich den feindlichen Vormarsch zu behindern, und eine Kompanie der besten Scharfschützen sei aufzustellen, die jeden feindlichen Stabspionier oder Offizier abzuschießen hätten, der sich den Befestigungen nähere. Die Garnison sollte aus etwa sechstausend Mann bestehen, die ohne Rücksicht auf vorhandene Kasernenunterkunft wie folgt zu verteilen seien: zweitausend in Valletta, zweitausend an den Cottonera-Linien und in deren Rücken, eintausend in Floriana, und kleinere Garnisonen in den Forts Ricasoli, Manoel und Tigné. Unter den vielen Weisungen taucht eine interessante Verwarnung auf: »Die Erfahrung lehrt, daß es notwendig ist, die Offiziere vor unzulässiger Aneignung von wertvollen bombensicheren Unterständen zu warnen, wie sie bei solchen Gelegenheiten aus selbstsüchtigen oder privaten Beweggründen vorkommt. Bombensichere Räume werden benötigt erstens für Schießpulver, zweitens für die Kranken, drittens für Lebensmittelvorräte, viertens für die kämpfende Truppe und fünftens für Kriegsmaterialien, die leicht beschädigt werden können.«

Einen Angriff quer über das offene Gelände an der Floriana-Landfront erschien zwar als herkulisches Unternehmen, aber auch als die klügste und vernünftigste Maßnahme, die der Feind ergreifen konnte, um sein Hauptziel, die Eroberung von Valletta, zu erreichen. »Ein solcher Angriff würde Monate dauern, er könnte sogar das Werk von Jahren sein, aber bis jetzt hat Menschenhand noch kein Hindernis aufgerichtet, das nicht mit Geduld und Geschick überwältigt werden kann. Angenommen, der Graben wäre vierzig Meter tief und sechzig Meter breit, dann würden 2400 Kubikmeter Material ihn mit einer Böschung von zwanzig Meter Breite an der Spitze und dreihundert Meter

Breite am Boden überqueren. Ein intelligenter Feind würde seine diesbezüglichen Pläne lange vorher ausarbeiten; möglicherweise hat er es schon getan! Er würde voraussehen, daß diese Arbeit bei Tag und Nacht ohne die geringste Gefährdung durch Ausfälle, für welche der Graben selbst eine unüberwindliche Sperre darstellt, in sehr hohem Grade von Maschinen ausgeführt werden kann. Er würde vielleicht bereits mit Schienenbahnen und Kippkarren ausgerüstet vorrücken. Er würde seine Schienenbahn decken, verblenden und panzern. Eisenbahn unter Feuer wäre zwar vielleicht etwas Neues, aber das, wovon wir hier sprechen, ist durchaus durchführbar. Es ist lediglich eine Frage von Zeit und Maschinen. Es würde vielleicht an gewöhnlicher Eisenbahn-Bauarbeit eine Woche in Anspruch nehmen, und wenn danach einen Monat lang Tag und Nacht gearbeitet wird, würde sich die Böschung sogar während einer Belagerung ohne weiteres herstellen lassen. Während wir zwar empfehlen, bei der Verteidigung der Befestigungswerke von Valletta streng den Erfahrungen der Vergangenheit zu folgen, halten wir es doch für richtig, auf die neuen Kräfte aufmerksam zu machen, welche die Wissenschaft dem Pionier zur Verfügung gestellt hat. Wir sind folglich der Meinung, daß der Valletta-Graben, obwohl vielleicht eines der gewaltigsten künstlichen Hindernisse der Welt, kein unüberwindliches ist. Aus diesem Grunde fordern wir dringlich, man möge keine Gelegenheit verabsäumen, Befestigungswerk um Befestigungswerk, Zoll um Zoll, jede Deckung, jeden Umgang, jede Abwehrstellung zu verteidigen.«

Abgesehen von einer tatsächlichen Invasion durch ein mächtiges feindliches Aufgebot, bestand die Hauptgefahr in einem Handstreich – einem Überraschungsangriff, bei dem die Stadttore im Sturm genommen und die kleine Garnison überwältigt werden würde. Folglich bestand um die Mitte des neunzehnten Jahrhunderts die Hauptaufgabe darin, die Toreingänge und ihre anstoßenden Wachtposten zu verstärken. Dies ist der Grund, warum während der Regierungszeit Königin Victorias viele der Stadttore Vallettas umgebaut wurden. »Beim Tor ist ein befestigter Turm zu errichten, in dem sich mindestens eine Kompanie der Garnison unterbringen läßt, und er ist so zu konstruieren, daß die Truppen sich in unangreifbarer Stellung über der Tordurchfahrt befinden, von wo aus sie den Zugang beherrschen und den Eingang in die Stadt versperren können.«

In der ersten Hälfte des vorigen Jahrhunderts hielt man eine Garnison von sechstausend Mann für das Mindesterfordernis; allerdings waren im Jahr 1853 nur dreitausend britische Soldaten auf der Insel, die ausreichten, um Valletta und Floriana zu halten, aber für die Verteidigung der anderen Seite des Großen Hafens und des Forts Manoel standen keine mehr zur Verfügung. Dreizehn Jahre später wurden zwölftausend Mann angefordert, um Malta und den Hauptstützpunkt der Mittelmeerflotte zu sichern für den Fall, daß britische Schiffe an anderen Stellen zu Kampfhandlungen eingesetzt wurden. Miliz-Gesetze wurden erlassen, um maltesische Infanterie- und Artillerietruppen zu rekrutieren, und 1873 meldete der Gouverneur

Van Straubenzee, er habe »keine Schwierigkeiten, Leute anzuwerben, die gute, körperlich tüchtige und solide Soldaten sind, von denen man gute Dienstleistung erwarten darf. Die Malteser haben einen guten Beweis für ihre soldatischen Eigenschaften in ihren Operationen gegen die Franzosen geliefert, die zusammen mit der Blockade durch die britische Flotte die Kapitulation der Insel herbeigeführt haben.«

Malta wurde als befestigter britischer Stützpunkt gebraucht. Sein Großer Hafen bot der größten Flotte einen sicheren Ankerplatz. Seine Schießpulver-Magazine in den Cottonera-Linien sicherten ihre gesamte Munition. So konnte beispielsweise das Magazin von Grand Polverista rund 21 000 Fässer Pulver aufnehmen. Die Insel war zu einer wertvollen Zwischenstation sowohl für das Heer als auch für die Flotte geworden und wurde vor dem Angriff auf die Krim im Jahr 1854 als Sammelplatz für die alliierte Flotte und die Einschiffung der Empire-Truppen verwendet. Das milde Klima der Insel machte sie zu einem hervorragenden Platz, an dem in guten Lazaretten die Kranken gesund gepflegt werden konnten. Mit der Eröffnung des Suez-Kanals 1869 nahm Maltas Bedeutung für Großbritannien noch zu. Truppen und Kriegsmaterial konnten jetzt unter Ausnutzung der kürzesten Seeverbindung von hier aus bis an die äußersten Enden der Welt entsandt werden, um die britische Weltreichpolitik zu stützen und Großbritanniens überseeische Besitzungen zu schützen. Schiffe auf der langen Reise nach dem Fernen Osten konnten hier Treibstoff und Lebensmittel an Bord nehmen, und schließlich erleichterte Malta die Anforderungen, die in der zweiten Hälfte der Regierungszeit Königin Victorias als Folge einer Anzahl von kleineren Kriegen an Großbritannien gestellt wurden: China und Neuseeland, die Expedition nach Abessinien 1867, der Zulukrieg 1879, die britische Besetzung Ägyptens 1881, der Sudankrieg von 1884 und die Südafrika-Kriege von 1880 und 1899. Für die Flotte wurden neue Docks gebaut und der Royal Naval Dock 1871 fertiggestellt und in Dienst genommen.

Während dieser Zeit hatten sich die technischen Möglichkeiten von Angriff und Verteidigung sehr rasch entwickelt. In England mußten neue große Kanonen gegossen und nach Malta verschifft werden, wo der Bau von neuen Bettungen, Plattformen und teuren Magazinen erforderlich wurde. Beim Ausbruch des Krimkrieges suchten Lord Raglan, der Oberbefehlshaber, und sein Berater für das Artilleriewesen Malta auf und äußerten sich abfällig über die Stärke der Pulvermagazine, die noch ziemlich im gleichen Zustand waren, in dem man sie 1798 bei der Eroberung von den Franzosen angetroffen hatte. Bombensichere Deckung wurde gebraucht, um sie vor feindlichem Bombardement zu schützen. Die Kosten der Verstärkung Maltas waren hoch, und die Militärbehörden verfielen auf allerlei scharfsinnige Ideen, um so viel wie möglich einzusparen. So wiesen sie darauf hin, daß zwei neue Gräben, die für die Verteidigung Vallettas vom Marsamxett-Hafen her gebraucht wurden, »den Einheimischen als Badeplätze dienen würden«, und die Militärs hielten es folglich nur für recht und billig, daß die Zivilbehörden die Hälfte der Rechnung bezahlten.

Um die Mitte des Jahrhunderts wurde Malta von 332 Stück Artillerie verteidigt, darunter sechs schweren Lancaster-Geschützen. Aber noch immer hatte die Insel trotz ihrer großen Anzahl von Forts und befestigten Linien nur ein Drittel mehr Geschütze als Gibraltar. 1860 ging man daran, Malta mit neuen und schwereren Kanonen ganz neu auszustatten und die Geschützbettungen, die sie aufnehmen sollten, zu verstärken. Das große Gewicht dieser neuen Waffen machte es nötig, einige neue Batterien zu bauen und sie aus dem gewachsenen Felsen herauszuhauen.

Das Tempo beschleunigte sich, die Kriegswissenschaft machte immer größere Fortschritte. Methoden und Technik änderten sich unablässig; die Geschütze waren noch kaum installiert, da waren sie auch schon wieder veraltet. Nach 1866 begannen eiserne Schiffe die aus Holz gebauten zu ersetzen, und jetzt wurden größere Küstengeschütze benötigt, um ihre schützenden Panzerplatten zu durchschlagen und die schwerere Bestückung, die sie an Bord führten, niederzuhalten. Die Reichweite der Schiffsgeschütze wurde immer größer, und folglich mußten die Küstengeschütze immer weiter von dem Hafen, den sie schützen sollten, zurückgenommen werden. Der gezogene Büchsenlauf trat an die Stelle des glatt gebohrten Geschützlaufs, und Hinterladungskanonen, die den Vorteil hatten, rascher feuern zu können, ersetzten die Vorderlader, aber bei den schweren Geschützen wurde die Umstellung erst nach 1881 vorgenommen.

Ein kurzes Wort über die allgemeine Entwicklung der Kriegsflotten ist notwendig, will man die Probleme veranschaulichen, die sich aus der Neubestückung Maltas mit Artillerie ergaben. Vor 1866 hatten noch fünf Zoll dicke Eisenplatten angemessenen Schutz geboten, aber in diesem Jahr, in dem die Dreiundzwanzig-Tonnen-Geschütze eingeführt wurden, benötigte man sie in einer Stärke von zwölf Zoll. Zwölf Jahre später wurde bekannt, daß die Italiener im Begriff waren, Kriegsschiffe mit Hundert-Tonnen-Geschützen zu bauen, gegen die achtundzwanzig Zoll dicke Schutzplatten gebraucht wurden. Und was noch ärger war: diese Schiffe der ›Duillio‹-Klasse waren selbst durch eine zweiundzwanzig Zoll dicke Stahlpanzerung geschützt und folglich höchst gefährliche Angreifer. Außerdem erkannte man, daß Schiffe mit Dampfantrieb imstande waren, gleichzeitig Angriffe gegen mehrere Teile der Insel durchzuführen und Truppen an verschiedenen Stellen an Land zu setzen.

Die britische Verteidigungsstrategie mußte folglich drastisch abgeändert werden. Im Januar 1868 hatten die Militärbehörden den Bau von vier starken Forts empfohlen, die Valletta und die Drei Städte umringen sollten; sie sollten sich auf erhöhtem Gelände hauptsächlich zwischen den Dörfern befinden und sich von Zabbar in einem weiten Halbkreis bis zu den Anhöhen oberhalb von Sliema erstrecken. Es stellte sich jedoch bald heraus, daß diese Forts zu nahe beim Großen Hafen waren, um ausreichenden Schutz bieten zu können. 1873 erwog man ernstlich die Vorteile der Befestigung des Höhengrats, der sich quer über die Insel von nördlich Mdina bis etwa sechs oder zehn Kilometer vor Valletta erstreckt. »Einige wenige einzelstehende Forts entlang dieser Linie«, so hieß es, »würden den ganzen westlichen Teil der Insel abriegeln, in dem sich gute Buchten und Landemöglichkeiten befinden. Diese Linie von Forts hätte alle Hilfsmittel des größeren Teils des Landes zu ihrer Verfügung, das Wasser wäre auf der Seite der Verteidiger, und der Grund und Boden wäre viel billiger als in der unmittelbaren Nachbarschaft von Valletta.«

Diese Befestigungslinie, später als die Victoria-Linie bekannt, war früher bereits von den Johanniter-Rittern in Erwägung gezogen worden, und ein Teil des Geländes in der Gegend um Naxxar war bereits verteidigungsbereit ausgebaut worden. Die Forts und befestigten Stützpunkte der Victoria-Linie wurden nunmehr errichtet: Mosta, Bingemma und Magdalena. Schwere neue Geschütze wurden eiligst aus England importiert. Acht Achtunddreißig-Tonner mit einem Kaliber von zwölf Zoll und elf Fünfundzwanzig-Tonner mit einem Elf-Zoll-Kaliber trafen ein und wurden alsbald in Barbetten oder hinter Schutzschilden in Stellung gebracht. Südlich des Großen Hafens entstanden neue hochgelegene Küstenforts zur Ergänzung dieser weittragenden Abwehr, nämlich Fort Leonardo, in dem drei Fünfundzwanzig-Tonner standen, und Fort Rocco mit drei der mächtigen Achtunddreißiger-Geschütze. Die Verteidigungswerke waren nunmehr so weit vorgeschoben, daß ein militärischer Fachberater meinte, man solle die Befestigungen von Valletta wenigstens zum Teil abreißen, um Platz für Wohnungsbau zu schaffen. Dieser Ratschlag wurde glücklicherweise nicht befolgt, und die prachtvollen Festungsbauten von

Laparelli und Floriani sind uns nahezu unversehrt erhalten geblieben.

Die Insel Malta, die Großbritannien 1814 zum Schutz des maltesischen Volkes übernommen hatte, war jetzt zum Angelpunkt der britischen Reichsverteidigung geworden. Dies geht aus einer Denkschrift des Jahres 1878 klar hervor: »Die Schwierigkeit, ohne den Besitz von Malta eine Flotte im Mittelmeer zu unterhalten, wäre heutzutage nahezu unüberwindlich, und wenn die Insel sich in anderen Händen befände, so wäre sie auf Grund ihrer Lage eine höchst gefährliche Stelle, von der aus die Handelsschiffahrt nach Suez und der Levante behindert werden könnte.« Die Verstärkung der Flotte hielt an. 1879 befanden sich in Malta vier große Kriegsschiffe und eine Garnison von 6500 Mann. Zehn Jahre später war Malta mit 10 777 Mann Truppen die stärkste aller Garnisonen in den englischen Kolonien. 1904 waren es inzwischen 17 000 Mann und zehn große Kriegsschiffe, die die britische Mittelmeerflotte bildeten, und der Höhepunkt wurde 1929 erreicht, als sechsundachtzig Einheiten der Kriegsflotte, darunter zehn große, im Großen Hafen und im Marsamxett-Hafen vor Anker lagen und ihre Sicherheit von einer Garnison von 21 045 Soldaten gewährleistet wurde.

Die viktorianischen Forts wirkten sich auf das bauliche Bild kaum aus. Sie haben eine niedrige Silhouette und sind mehr auf Versteck angelegt als auf monumentale Wirkung. Im Unterschied zu ihren mittelalterlichen Vorgängern lag ihre Abschreckung im Verborgenen, um sich wenn nötig hinter Barbetten oder versteckten Eisenschilden geltend zu machen. Bei der mittelalterlichen Verteidigung lag der Sieg oftmals allein schon im furchteinflößenden Anblick der Festung selbst begründet; bei der modernen Kriegführung weiß man, daß es die Abschreckungswaffe gibt, aber man sieht sie nicht.

Die Baudenkmäler, welche die Engländer hinterließen, sind sichtbarer. Ihre ersten Versuche auf diesem Gebiet sind im neuklassizistischen Stil gehalten wie etwa der kleine griechische Tempel, dessen würdevolle Silhouette das Standbild des ersten Gouverneurs Sir Alexander Ball umhüllt. Er steht inmitten friedvollen grünen Busch- und Laubwerks auf der Unteren Barraca und blickt auf die Mündung des Großen Hafens hinaus, nahe bei der von Ball erbauten und von ihm benannten Kurtine. Der warme Stein Maltas eignet sich für diesen Baustil, und die griechischen Säulen, vom peitschenden Meereswind verwittert, haben sich harmonisch in das Bild von Valletta eingefügt. Die Effigie des Marquis von Hastings richtet sich auf, als sei sie gerade aus einem bösen Traum erwacht, um zwischen klassischen Säulen hervorzuschauen. Auch dieses Denkmal ist neugriechisch; von wem es stammt und wann es errichtet wurde, weiß man nicht, aber es ist offensichtlich neunzehntes Jahrhundert und wurde wahrscheinlich bald nach dem Tod des Marquis im Jahr 1826 errichtet.

Die Hauptwache steht auf dem Palast-Platz und ist ein stattlicher dorischer Portikus, der an ein älteres Gebäude der Ritter, die vormalige Ordenskanzlei, angefügt ist. Sie ist gekrönt vom englischen Königswappen, in weichen Malta-Stein gemeißelt. Darunter befindet sich eine lateinische Inschrift von 1814, die den Pakt zwischen Malta und Großbritannien verzeichnet.

Als die Engländer auf Malta eintrafen, fanden sie eine ausreichende Anzahl schöner öffentlicher Gebäude vor, und folglich brauchte kein großes Bauprogramm durchgeführt zu werden. Die einzige Ausnahme war eine anglikanische Kirche, die wirklich gebraucht wurde, denn die Malteser waren natürlich ausnahmslos Katholiken. Garnisonskapellen sorgten für die Bedürfnisse des Heeres und der Flotte, aber man meinte, daß außerdem noch etwas Prächtigeres die Hauptstadt dieser stolzen neuen Kolonie zieren solle. Man verfiel auf einen Mann namens Richard Lankersheer, einen Dilettanten, der zwar beträchtlichen baukünstlerischen Geschmack, aber wenig oder gar keine praktische Architekten-Kenntnis besaß, und beauftragte ihn, eine anglikanische Kathedrale zu entwerfen, die oberhalb des Hafens von Marsamxett stehen sollte. Man begann mit dem Bau nach Lankersheers Entwurf, aber schon bald tauchten Risse und Sprünge in dem Steinbau auf, und zwei Marinearchitekten, die eilends als Begutachter herbeigerufen wurden, erklärten, der Bau sei unsicher, könne einstürzen und müsse abgerissen werden. Begreiflicherweise gab es einen beträchtlichen Aufruhr; Lankersheer erkrankte und starb; das Gerücht wollte wissen, er habe sich das Leben genommen.

Das war im Jahr 1841. Nun übernahm William Scamp die Sache. Er war einer der Architekten des Marineministeriums, die den Bau überprüft hatten, und er legte nun einen neuen Entwurf vor. Das meiste mußte in der Tat abgebrochen und auf neuen Fundamenten noch einmal von vorne begonnen werden. Als zusätzliche Komplikation sandte der Bischof von Gibraltar, dem die anglikanische Diözese Malta unterstand, Weisungen, daß die Kirche um hundertachtzig Grad gedreht werden müsse. Auf diese Weise ist heute der Hauptportikus aus ionischen Säulen, der der Auberge d'Aragon gegenübersteht, lediglich eine Scheinfassade, welche die Apsis von Scamps Kathedrale verdeckt. Im Jahr 1842 kam Königin Adelaide, die Gemahlin König Williams IV., nach Valletta und legte den Grundstein des neuen Baus.

Scamp war ein guter und begabter Architekt. Er hatte im Vorjahr die Marine-Dampfbäckerei am Dockyard Creek gebaut, wahrlich die prächtigste Dampfbäckerei irgendwo in der Welt! Scamps Kathedrale spiegelt die Arbeiten seiner Zeitgenossen in London wider, Architekten wie Hardwick und Inwood, deren Beherrschung des griechischen Stils diesen Besucher auf Malta beeinflußt hat. Die Säulenvorhalle ist eindrucksvoll, und das gleiche gilt für den einfachen, unverzierten Innenraum des Mittelschiffs, das nicht mit Galerien überladen ist, die so viele zeitgenössische Kirchen in England verunstalten. Der hohe Turm mit der steinernen Nadelspitze sieht auf den ersten Blick wie eine englische halb-gotische Importware aus und erinnert zweifellos von ferne an Kirchen wie St. Mary-le-Bow in London. Tatsächlich sind der Turm und die Spitze der anglikanischen Kathedrale jedoch typisch maltesisch und gehören zu einer langen Tradition, die mit der Konventskirche in Vittoriosa begann und mit der St. Johannes-Kathedrale in Valletta fortgeführt wurde, bis die spitzen hohen Kirchtürme nach dem Bombardement des Zweiten Weltkrieges entfernt werden mußten; sie finden sich auch bei einer Anzahl von Pfarrkirchen in den Dörfern. Der Turm übt zweifellos eine dramatische Wirkung in der Silhouette von Valletta aus, wo seine hohe spitz zulaufende Form einen scharfen Kontrast zu den rechteckigen Massen der umliegenden Häuser mit ihren flachen Dächern bildet.

Der klassizistische Stil war in idealer Weise für die großen Säulenvorhallen geeignet, die den meisten militärischen Bauten, die unter britischer Herrschaft errichtet wurden, willkommenen Schatten spenden. Die Pembroke-Kaserne von 1860 und die Kaserne und das Krankenhaus in Imtarfa, die dreiunddreißig Jahre später gebaut wurden, folgen einem Muster, das von den anonymen Baumeistern der Royal Engineers – des Königlichen Pionier-Regiments – eingeführt wurde. Diese Gebäude sind vorzüglich, gut proportioniert, geräumig und würdevoll, eine glückliche Vermählung des viktorianischen und einheimischen Volksbaustils. Bisher hat noch niemand diese Periode im einzelnen untersucht, und es ist nicht klar, wie weit maltesische Architekten an diesen Arbeiten beteiligt waren. Wir wissen jedoch, daß die Umwandlung der Villa Bighi in ein Marine-Lazarett die Arbeit des maltesischen Architekten Gaetano Xerri war. Die Villa ist ein schöner, aus dem achtzehnten Jahrhundert stammender Bau an der Spitze der Kalkara-Bucht, und die Verwandlung geschah in geschmackvoller Weise durch die Anfügung eines klassizistischen Portikus an ihre Hauptfassade und Blocks mit Veranden an beiden Seiten. Die Würde des Ganzen wird jedoch jetzt durch einen großen, grell gestrichenen eisernen Schuppen im Vorhof verdorben.

In der zweiten Hälfte des vorigen Jahrhunderts wurden verschiedene Kirchen und ein Friedhof unter britischem Einfluß im neugotischem Stile gebaut, und gelegentlich bildet das spitzige Filigran ihrer gotischen Verzierungen einen ganz hübschen Hintergrund für die massive Monumentalität der maltesischen Würfel, aber im allgemeinen sind die Ergebnisse unerfreulich. Man fragt sich wirklich, was den Bau des kleinen, an sich eleganten neugotischen Hauses veranlaßt haben mag, das in eine Straßenfront des schönen barocken Platzes vor der Kathedrale von Mdina hineingezwängt wurde. Es wäre kaum weniger stilwidrig gewesen, wenn man auf den Platz vor dem Petersdom in Rom ein englisches Pfarrhaus gesetzt hätte.

Die achtziger Jahre des vorigen Jahrhunderts waren die Blütejahre englischer Kultur in Malta. Sie gründeten sich auf alles, was die spätviktorianische Zivilisation an Annehmlichkeiten zu bieten hatte. Der Nachdruck lag, wie zu erwarten, auf Hygiene und sanitären Einrichtungen, Verkehrsmitteln und Wohnungsbau. Der Bedarf an Wasser nahm stetig zu, und 1881 begann man mit der Destillation von Meerwasser. Im folgenden Jahr wurde die elektrische Straßenbeleuchtung eingeführt, und wiederum ein Jahr später wurde die Eisenbahnlinie von Valletta nach Mdina gebaut, ein kurzlebiges Unternehmen, das in den Zwischenkriegsjahren wieder aufgegeben wurde. Die Italiener taten sich viel auf ihre Behauptung zugute, sie hätten 1941 die Geleise und den Bahnhof erfolgreich mit Bomben belegt, und wußten nicht oder hatten vergessen, daß die Bahn längst still gelegt war und schon seit Jahren nicht mehr verwendet wurde. Das für England so charakteristische Vororte-Gewucher breitete sich immer weiter ins Hinterland der Hauptstadt aus. Reihenhäuser säumten die Straßen, die gebaut wurden, um für die rasch anwachsende Bevölkerung Wohnraum zu schaffen. Der einzige Versuch, eine Arbeiter-Modellsiedlung zu schaffen, nämlich die 1875 in Angriff genommene Albert Town, war ein Fehlschlag; obwohl man bereits einige Straßen angelegt und Wohnhäuser zu bauen begonnen hatte, wurde das Projekt sehr bald aufgegeben und die Arbeit nicht weitergeführt.

Die Kirche in Mosta und das Opernhaus in Valletta sind die beiden wichtigsten Bauten dieser Zeit. Beide waren außerordentlich groß, vulgär und ziemlich grobschlächtig im Detail. Die Kirche in Mosta ist ein riesiger kugelförmiger Bau nach dem Vorbild des römischen Pantheon und nicht einen Zentimeter kleiner. Sie wurde von Grougnet de Vassé entworfen und der Grundstein 1833 gelegt. Sie stellte ein gewaltiges Unternehmen dar, das nahezu gänzlich von freiwilligen Arbeitskräften durchgeführt wurde. Die Aufgabe wurde noch kompliziert durch die Notwendigkeit, die neue Kirche über eine alte zu bauen, die inzwischen beibehalten und weiter für Gottesdienste benutzt werden mußte. Dies ist in Malta und Gozo häufig der Fall und schafft eine eigentümliche Situation, in welcher die eine Kirche allmählich die andere wie mit einem Spinnengewebe umhüllt und schließlich die neue Kirche die alte verschluckt. Die Kuppel hat einen Durchmesser von zweiundfünfzig Metern und eine Höhe von sechzig Metern. Der ganz in Weiß, Blau und Gold gehaltene Innenraum ist allein schon durch seine Größe unerhört eindrucksvoll; außen hat der Architekt den schon früher am Pantheon begangenen Fehler wiederholt und einen Säulen-Portikus angefügt, der überhaupt nicht zu der großen Trommel zu gehören scheint. Grougnet de Vassé, beeinflußt vom Stil seiner Zeit, verschlimmerte die Sache noch dadurch, daß er eine große Zahl griechischer Stilelemente verwendete, die zu der römischen Rotunde wenig passen. Der griechische Portikus liegt sehr unbehaglich zwischen den beiden unproportionierten Türmen und ist auf eine sehr unglückliche Art mit ihnen verbunden. Die Ornamentik des Giebelfeldes ist grob und der Akanthus-Fries rings um die Kuppel vulgär und grotesk.

Das Opernhaus in Valletta war nicht weniger eindrucksvoll. Es wurde im Zweiten Weltkrieg stark beschädigt und ist inzwischen abgerissen worden. Ein früherer Chronist, der es noch sah, schilderte es sehr treffend mit diesen Worten »Stößt man plötzlich zum ersten Mal auf dieses Gebäude, so erlebt man einen Schock des Erstaunens und der Überraschung. Es ist so offenkundig britisch, daß es gerade so gut in London, Manchester oder Liverpool stehen könnte, wäre nicht das leuchtende Weiß des Steins, das allein die Sinnestäuschung sich verflüchtigen läßt.« Das Opernhaus war das Geisteskind Edward Middleton Barrys, des

Architekten des Königlichen Opernhauses in Covent Garden in London; seine Kosten waren auf etwa 60 000 Pfund veranschlagt, und der Bau wurde 1860 begonnen. Barrys erste Lösung zeigte sogleich, wie gefährlich es ist, einen Entwurf tausende von Kilometern vom Bauplatz entfernt in einem Architekturbüro herzustellen. Barry war nie in Malta gewesen, wußte nichts vom einheimischen Baustil oder hatte nichts für ihn übrig und ahnte nicht, daß die Straßen von Valletta steil abfallen. Sein Opernhaus war für einen flachen, horizontalen Bauplatz entworfen. Als man ihn über die Schwierigkeiten unterrichtete, behalf er sich damit, den Bau auf ein hohes gestuftes Podium zu heben, wodurch er von seiner Umgebung noch mehr isoliert wurde. Die Oper wurde im Oktober 1866 mit einer prächtigen Galavorstellung von Bellinis ›I puritani‹ eröffnet, aber sieben Jahre darauf brannte das Haus ab. Es wurde jedoch nach den ursprünglichen Plänen neu aufgebaut, und danach hatte Valletta viele Jahrzehnte lang ein schönes Opernhaus mit einem geräumigen Zuschauerraum nach klassischem Vorbild mit fünf Logenrängen und Parkett.

Malta muß zu jener Zeit ein fröhlicher und interessanter Ort gewesen sein, der alle Arten von Engländern anlockte. Seine ruhmreiche Vergangenheit, die aus der Pracht seines baukünstlerischen Erbgutes sprach, sein warmes, sonniges Klima, die Zuverlässigkeit des britischen Schutzes und das gesellschaftliche Leben der Garnison riefen zum einen oder anderen Zeitpunkt die meisten englischen Dichter und Schriftsteller herbei. Coleridge war einer der ersten. Er kam

1803, also schon drei Jahre nach der Eroberung der Insel durch die Engländer und schrieb bei der Landung: »Der erste Eindruck ist, daß dies alles sehr fremdartig und sonderbar ist; aber sobald man ein wenig die Bedeutung und Verwendung der endlosen massiven Wälle und Mauern zu verstehen beginnt, dann spürt und begreift man, daß das Ganze wahrhaft wundervoll ist. Eine ganze Stadt nur aus Sandsteinquadern, in der alle Häuser neu aussehen; alle mit flachen Dächern, alle Straßen schnurgerade und im rechten Winkel zueinander; aber viele von ihnen sind äußerst steil und keine ganz waagerecht; einige der steilen Straßen sind in Stufen aus dem glatten, künstlichen Stein angelegt, einige haben beiderseits Fußsteige in Form von Steinstufen, wobei die Mitte für Wagen freibleibt; Linien von Befestigungen, Gräben, Bastionen, Kurtinen undsoweiter undsoweiter, einfach endlos... die ganze Insel sieht wie eine einzige ungeheure Befestigung aus... solch gewaltige, hoch aufgetürmte Massen!« Coleridge war offensichtlich gefesselt von dem, was er hier sah, und veranlaßte wohl andere, ihm nachzufolgen. Byron kam 1809 nach Malta und zwei Jahre später zum zweiten Mal und mühte sich mit seinem verkrüppelten Fuß die sonnenglühenden Straßen von Valletta hinauf, weshalb er voller Verzweiflung schrieb: »Adieu, ihr verfluchten Treppenstraßen – wie kann, wer euch hinaufsteigt, anders als fluchen – Adieu!« Und Lady Hester Stanhope, die exzentrischste aller exzentrischen Engländerinnen, verfehlte nicht, 1810 auf dem Weg nach Arabien Malta aufzusuchen.

Zwanzig Jahre später tauchte die zweite Besuchergeneration auf. Disraeli besuchte 1830 den britischen Union Club in Valletta, der sich in der alten Auberge de Provence befand, und schrieb: »Dieses Etablissement steht in jedem Sinn des Wortes, sogar das Gebäude (das ein alter Palast ist), nicht hinter dem Londoner Union Club zurück.« Wir sehen bereits die Exklusivität der englischen Besatzung: die Gründung englischer Einrichtungen und die Absonderung vom gesellschaftlichen Leben der Kolonie. In einer Denkschrift vom 22. Februar 1878 erklärte Sir Lintorn Simmons, der Generalinspekteur der Befestigungen und spätere Gouverneur der Insel, im Hinblick auf die Gefahr eines Angriffs seitens Italiens: »Es besteht jedoch in diesem Zusammenhang ein Punkt, der die Aufmerksamkeit von Besuchern der Insel unfehlbar auf sich ziehen muß, und das ist die nahezu völlige gesellschaftliche Entfremdung zwischen den Briten und den Einheimischen. Dies ist sehr zu bedauern, aber äußerst markant. Maltesische Offiziere und Gentlemen haben zu den englischen Clubs keinen Zutritt, und die Folge hiervon ist, daß sich eine starke antibritische Stimmung insgeheim herausbilden wird, von der die britische Gesellschaft hier kaum etwas weiß.« Der König bekam diesen Bericht zu lesen und gab Anweisung, ihn dem Außenminister vorzulegen, aber der kurze Absatz erregte zweifellos wenig Aufmerksamkeit, und es wurde keine Abhilfe geschaffen. Gewiß änderte sich nichts an der Exklusivität der Engländer bis zum Ende des Zweiten Weltkrieges, sehr zum Schaden beider Länder, Maltas und Englands. Disraeli übrigens war nicht nur vom Union Club, sondern von Valletta überhaupt sehr beeindruckt. Seine »noble Architektur«, schrieb er, »ist jeder Hauptstadt Europas ebenbürtig, wenn sie sie nicht gar übertrifft... Wenn nur Valletta mit seinen Straßenzügen von Palästen, seinen malerischen Forts und seinen herrlichen Kirchen, irgendeine grüne und azurblaue Insel des Ionischen Meeres, Korfu zum Beispiel, krönte, dann glaube ich wirklich, daß die ideale Landschaft verwirklicht wäre.«

Sir Walter Scott kam im nächsten Jahr und meinte, diese »herrliche Stadt« sei »wie ein Traum«. Er sammelte in Malta Material für einen Roman über die Belagerung durch die Türken, den er leider nicht vollendete. 1844 war Thackeray da, und vier Jahre später stattete Edward Lear der Insel den ersten seiner zahlreichen Besuche ab und hielt seine Eindrücke in einer Folge von exquisiten Aquarellen fest, die heute im Museum in Valletta zu sehen sind. Der in jedem Sinn »krönende« Besuch erfolgte im April 1903, als König Eduard VII. als erster regierender englischer Monarch Valletta aufsuchte. Damals lag Englands mächtigste Flotte in Malta und grüßte ihn mit reichem Wimpelschmuck. Anlaß des Besuchs war die Grundsteinlegung für einen neuen Wellenbrecher, der die nicht ausreichend geschützte Einfahrt zum Großen Hafen bewachen sollte.

Wenn nämlich der Wind aus einer gewissen Richtung blies, war die Flotte Stürmen ausgesetzt; aber noch weit gefährlicher war die Bedrohung eines Torpedo-Angriffs durch schnelle Torpedoboote, die zwischen den Beobachtungsposten und Kontaktminen durchschlüpfen und in den Hafen eindringen konnten. Das Torpedo war eine britische Erfindung, 1866 von Robert Whitehead entwickelt, und wurde zwei Jahre später auf dem Rüstungsmarkt angeboten. Dieser ursprüngliche Stahlfisch besaß eine Geschwindigkeit von etwa sechs Knoten, war aber noch einigermaßen schwer zu handhaben, bis nach 1895 die gyroskopische Steuerung eingeführt wurde, die seine Laufstrecke berichtigte, so daß er ohne Kursabweichung gerade aufs Ziel loschoß. Küstenminen wurden etwa um 1885 eingeführt, um die tiefgestaffelte Verteidigung zu verstärken und zu verhindern, daß feuernde Schiffe in Torpedo-Reichweite von ihren Zielen gerieten. Mittlerweile bauten Frankreich, Italien und besonders Deutschland ihre Kriegsflotten rasch aus, was eine zunehmende Bedrohung der britischen Aufsichtskontrolle über die Seewege der Welt bedeutete. In den achtziger Jahren tauchten Unterseeboote, die mit dem eben erfundenen Whitehead-Torpedo ausgerüstet waren, in den Kriegsflotten Europas auf. Im Jahr 1902 stellte die britische Kriegsmarine ihr erstes Unterseeboot in Dienst, und die Deutschen folgten 1905. Damit begann die Entwicklung einer Waffe, die einen entscheidenden Einfluß auf die Kriegführung haben und Großbritanniens Vertrauen und Zuversicht, die sich auf die Stärke und Schlagkraft des Schlachtschiffs gründeten, ernstlich bedrohen sollte.

Der Erste Weltkrieg kam und ging, und Malta blieb eine weit von den Kriegsfronten entfernte, abgelegene kleine Insel. Ihr Hauptwert bestand darin, daß sie eine gute Versorgungs- und Nachschubbasis war und als

Lazarett in gesundem Klima für die Verwundeten von Gallipoli dienen konnte; daher die Bezeichnung »Krankenschwester des Mittelmeeres.«

Aus England eingeführte Fertigfabrikate, die seit langem auf der Insel verwendet werden, wirken auf den Besucher noch immer ziemlich fremdartig. Die roten Briefkästen und die von Sir Giles Gilbert Scott entworfenen gußeisernen Telefon-Kioske, wie man sie aus England kennt, stehen hier wie seltsame Eindringlinge in einer fremden Landschaft. Und überall erinnern die Namen der kleinen, zur Straße hin offenen Bars an die Heimat der englischen Matrosen und Soldaten – ›The Union Jack‹, ›Joe's Bar‹, ›England's Glory‹ und wie sie alle heißen. Und für andere Bedürfnisse wird in der langen, engen und steilen Straße gesorgt, die seit Generationen von den Matrosen ›The Gut‹ – etwa ›Der lange Darm‹ oder ›Die Hohle Gasse‹ - genannt wird; die Bezeichnung ist längst in die englischen Slang-Wörterbücher eingegangen, mit der Erklärung: »Eine berüchtigte Straße in Malta«. Schon 1554 hatte ein Italiener namens Pietro Cataneo Senese in einem Buch mit gehörigem Wirklichkeitssinn auf die Notwendigkeit von Straßen wie die Strada Stretta hingewiesen. »Das Bordell und ähnliche Tavernen,« schrieb er, »sollte sich so nahe wie möglich beim Hauptplatz befinden, aber sorgfältig getarnt sein.«

Die zweite Belagerung

Während der zwanziger und dreißiger Jahre unseres Jahrhunderts änderten sich die Verhältnisse in Malta nur wenig, denn die britische Garnison und die Flotte bewegten sich langsam und träge weiter im vorgezeichneten Muster ihrer konservativen Tradition, und das Volk von Malta war auf den Ausbruch des Zweiten Weltkrieges und seine Folgen für die Insel schlecht vorbereitet. Die Geschichte der zweiten Belagerung Maltas ist schon oft erzählt worden und braucht hier in ihren Einzelheiten nicht noch einmal geschildert zu werden. Das Gesamtbild der Verteidigung ist jedoch von Bedeutung, da es zur Gesamtgeschichte der Festungsinsel in Bezug steht.

Als die Deutschen Frankreich überrannten und Italien in den Krieg gegen Großbritannien eintrat, sahen die unzureichenden Befestigungen Maltas sich einer neuen Bedrohung gegenüber, denn die Insel lag ja ungeschützt kaum hundertfünfzig Kilometer südlich der sizilischen Küste. Ihr Gouverneur, Sir William Dobbie, schrieb damals: »Der Zweck einer Festung liegt darin, sich in Notzeiten zu bewähren, wenn die örtliche militärische Situation ungünstig ist.« Im Jahr 1940 war dies eine Untertreibung, denn die Lage war mehr als ungünstig. Truppen und Kriegsmaterialien wurden dringend anderwärts gebraucht, und die britischen Lebensadern waren bis zum äußersten belastet. Malta besaß keine Flugzeuge, weder für die Verteidigung noch für den Angriff. Seine Küstengeschütze reichten aus, um den Hafen gegen einen Großangriff zu schützen, aber sie feuerten zu langsam, als daß sie einen plötzlichen, rasch vorgetragenen Überfall hätten abschlagen können. Außerdem besaß die Insel zu wenige Flugabwehrgeschütze, um den Flottenstützpunkt und die Flugplätze zu decken. Viele maßgebende Leute meinten damals, es werde unmöglich sein, von Flugfeldern aus zu operieren, die sich in solcher Nähe vom italienischen Festland befinden. Sie sollten unrecht haben.

General Dobbie indessen faßte die Lage mit Klarblick zusammen: »Man darf selbstverständlich nie vergessen, daß Maltas Existenzberechtigung von jeher weit mehr offensiv als defensiv gewesen ist, es weiterhin ist und immer bleiben wird.« Der Grund, weshalb es an Malta festzuhalten galt, bestand darin, daß die Insel eine vorgeschobene Operationsbasis darstellte, einen unversenkbaren Flugzeugträger, von dem aus die Geleitzüge der Achse, die Truppen und Material nach Nordafrika brachten, angegriffen werden konnten, und daß sie zu einem späteren Zeitpunkt das Sprungbrett der Alliierten nach Südeuropa abgeben mußte. Als der britische Luftwaffen-Generalmajor Maynard seinen Posten in Malta übernahm, entdeckte er vier Jagdflugzeuge, die noch verschalt und verpackt in einem abgelegenen Speicher der Flotte standen. Sie wurden unverzüglich ausgepackt und drei von ihnen

75 *Krankensaal des Johanniter-Ordens im großen Hospital von Malta. Aus dem Regelbuch des Ordens von 1584*

76 *Die siegreiche Seeschlacht von Lepanto 1571 gab den Rittern die notwendige Atempause, um ihre Befestigungen auszubauen. Deutlich erkennbar sind die Banner Venedigs, Spaniens und der Malteser-Ritter. Ausschnitt aus einem Gemälde in der Pfarrkirche S. Maria Assunta in Santa Maria im Calancatal (Graubünden)*

7 *Nach dem Seesieg Nelsons über die französische Flotte bei Abukir 1798 fiel Malta nach zweijähriger Belagerung an England. Eine Flottenparade vor König Edward VII. im April 1903*

8 *Während des Zweiten Weltkrieges lag Malta Tag und Nacht im Bombenhagel italienischer und deutscher Luftangriffe*

79 1964 *wurde Malta konstitutionelle Monarchie und Mitglied des Commonwealth. Staatsoberhaupt ist die Königin von England. An der Spitze der Regierung steht ein gewählter Premierminister. Mit einer Überfülle von Plakaten wird der Wahlkampf geführt*

einsatzfähig gemacht. Dies waren die berühmten Maschinen vom Typ Gloster Gladiator, die auf die Namen ›Glaube‹, ›Hoffnung‹ und ›Barmherzigkeit‹ getauft und gegen die Macchi-Jäger der italienischen Luftwaffe eingesetzt wurden. Durch ihre Fähigkeit, vor einem unmittelbar bevorstehenden Angriff scharf abzudrehen, überlisteten sie so manche viel schnellere Maschine. Dies waren die letzten Siege der alten Doppeldecker-Konstruktion. Die Taten dieser drei Maschinen wurden zu einer maltesischen Legende.

Malta war von vier Gefahren bedroht. Erstens konnte das Luftbombardement die Flugfelder, die Docks der Marine, die Ankerplätze und den Widerstandsgeist der Zivilbevölkerung zerstören. Zweitens gab es die Möglichkeit eines feindlichen Flottenangriffs. Es bestand jederzeit die Gefahr, daß feindliche Schiffe in den Großen Hafen einbrachen und die dort vor Anker liegenden britischen Schiffe vernichteten. Dies war seit Generationen eine der Hauptgefahren gewesen, die Malta drohten. Die dritte Gefahr war der Zermürbungskrieg, nämlich eine Blockade, welche die Insel von allem Nachschub, Lebensmitteln, Kriegsmaterialien, Truppenverstärkungen und Sanitätsmitteln abschnitt. Viertens schließlich bestand die Gefahr einer Invasion, eines Großangriffs auf die Insel mit dem Ziel, sie zu erobern. Alle vier Angriffsmethoden wurden von den Streitkräften der Achse entweder versucht oder zumindest geplant. Die Italiener begannen mit dem Luftbombardement und setzten anfänglich Bomberstaffeln in großer Höhe ein, die von der Flak-Abwehr der Insel nur schlecht bekämpft werden konnten. Die italienischen Kommuniqués waren freilich mehr als Ermutigung des italienischen Kampfgeistes denn als genaue Tatsachenberichte gedacht, denn schon bald nach ihrem Eintritt in den Krieg stellten sie fest: »Wir haben alle militärischen Ziele auf Malta zerstört.«

Dem war jedoch nicht so. Die Abwehrvorbereitungen nahmen allmählich Gestalt an. Im Juli 1941 griff Churchill als Verteidigungsminister persönlich ein und leitete einen für Singapore bestimmten Geleitzug nach Malta um. Er lief, unterstützt von Kriegsschiffen, Schlachtkreuzern und Flugzeugträgern der sogenannten ›H Force‹, die seine Fahrt sicherten, ins Mittelmeer ein, und die ›Task Force‹ drehte in der Nähe von Cap Bon in Tunis nordwärts ab, um einen Ablenkungsangriff gegen die Italiener durchzuführen. Von hier an war der Geleitzug, bis seine Überreste schließlich Malta erreichten, unablässigen Angriffen von italienischen Torpedo-Bombern und leichten Flotteneinheiten ausgesetzt.

Die Garnison Maltas bestand danach aus drei Brigaden; fünf Bataillone standen im Norden, drei in der Mitte und sechs im Süden der Insel. Gozo blieb unverteidigt. Es standen drei maltesische Regimenter im Feld, und die meisten der britischen Bataillone waren reguläre Berufstruppen, die durch Wehrdienstpflicht-Offiziere und Mannschaften verstärkt waren. Die feststehende Küstenabwehr wurde durch Schnellfeuergeschütze, nämlich Bofors und Erlikons, sowie durch sogenannte Pom-poms ergänzt, automatische Mehrfach-Maschinengewehre, die eine Barrage leichter Leuchtspurgeschosse abfeuern konnten. Zwei reguläre Feldartillerie-Regimenter, die mit Achtzehn- und Fünfundzwanzigpfünder-Geschützen ausgerüstet waren, wurden an gefährdeten Punkten entlang der Küste und in der Nähe der drei Hauptflugplätze in versteckten und getarnten Beton-Geschützstellungen aufgestellt. Fünf Artillerie-Regimenter befanden sich in der schweren Luftabwehr-Brigade, die hauptsächlich mit 3,7-Zoll-Schnellfeuergeschützen ausgestattet war, und außerdem standen drei leichte Luftabwehr-Regimenter zur Verfügung, die schwedische Bofors-Flakgeschütze verwendeten, die nach Art eines Gewehrs Leuchtspurgeschosse von einem Ladestreifen schossen. Dies waren die Hilfsmittel der Abwehr.

Die Verteidigung war jedoch nur von sekundärer Bedeutung gegenüber der Angriffsrolle, die Malta zu spielen hatte. Für sie stand in Hal Far ein Stützpunkt der Marineluftwaffe zur Verfügung, die von hier aus mit den langsamen Fairy Swordfish Torpedo-Bombern mit gutem Erfolg gegen die feindliche Schiffahrt operierte; sodann das Flugfeld Luqa, von dem die Wellington-Bomber der Royal Air Force aufstiegen; und schließlich Ta Kali, das Flugfeld der Jagdflugzeuge, wo Hurricane-Maschinen schon bald die erschöpften Gladiators ablösten, die wiederum im Mai 1942 durch Spitfires ersetzt wurden. Der Flugzeugträger Illustrious verwendete 1941 den Großen Hafen als Stützpunkt, aber angesichts der Bedrohung durch deutsche Sturzkampfflugzeuge, die auf die süditalienischen Flugplätze verlegt worden waren, wurden die Haupteinheiten der Mittelmeerflotte nach sicheren Ankerplätzen in Ägypten gebracht. Mit Ausnahme gelegentlicher Besuche von Geleitschutz-Kreuzern und Zerstörern, die die Geleitzüge hereinbrachten, und des Pendelverkehrs der schnellen Minenleger-Kreuzer, die von Gibraltar aus operierten, bestand Maltas hauptsächliche Flottenaufgabe darin, die Unterseeboote aus den bombensicheren, betonierten Bunkern unterhalb des Fort Manoel auszuschicken, damit sie auf den überfüllten Schiffahrtslinien zwischen Italien und der nordafrikanischen Küste soviel Unheil wie möglich anrichteten.

Die ersten Angriffe erfolgten schon bald nach Italiens Eintritt in den Krieg in Form von Luftbombardements, die häufig wahllos und außerdem gedankenlos durchgeführt wurden – es wurden sogar Brandbomben auf das nicht brennbare Malta abgeworfen. Das Tempo nahm zu, als die Deutschen begannen, ihre Junkers 87 (Stukas) und Junkers 88 Sturzbomber mit großer Wirkung gegen die drei Hauptziele, den Hafen und die Flugplätze Ta Kali und Luqa einzusetzen. Zur Verteidigung dieser Punkte wurden drei Luftabwehr-Sperren eingerichtet, von denen nur eine operativ eingesetzt werden konnte, während der tatsächliche Angriff sich entwickelte. Sie bestand darin, daß eine Mauer aus stählernen Schrapnell- und Leuchtspurgeschossen über der bedrohten Stellung die Luft mit einem Block von Explosionen anfüllte. Das Tempo des Kampfes nahm rasch zu, die Vorräte wurden knapp, die Flak-Munition mußte rationiert werden, es gab nicht viel Lebensmittel. Im März 1942 machten sich zwei Geleitzüge von den entgegengesetzten Enden des Mittelmeeres auf den Weg, um dringend benötigten Nachschub nach Malta zu bringen. Nachdem sie in verheerender Weise angegriffen worden waren, kehrte der Geleitzug aus dem Osten um und fuhr zurück; aber die restlichen Schiffe aus Gibraltar brachen zum Großen Hafen durch, nur um dort, als sie vor Anker lagen, von deutschen Sturzbombern versenkt zu werden.

Am 24. März 1942 vermerkte ein junger Leutnant in seinem Tagebuch. »Die schwersten Luftangriffe, die ich seit meiner Ankunft erlebt habe. Der ganze Himmel war voll von JU 88, die den Großen Hafen angriffen. Einige kamen sehr tief herunter und wurden von U-Werfern bearbeitet. Diese Geschütze werfen eine Vielzahl von weißen Fallschirmen in die Luft, und auf den ersten Blick meinte ich, die Deutschen setzten Fallschirmtruppen ein. Nachmittags griffen Staffeln von Stukas mit Jagdschutz Safi und Hal Far an und kamen manchmal in einem Winkel von achtzig Grad herunter und wirbelten überall in der Luft herum.« Bis zum April hatte es zweitausend Luftwarnungen gegeben, und deutsche und italienische Bomben fielen Stunde um Stunde auf die Insel, aber im Mai begann das Blatt sich zu wenden. Eine große Verstärkung von Spitfire-Maschinen traf ein, und die Times of Malta schrieb: »In den zwei letzten Tagen hat sich in der Schlacht um Malta eine Wandlung vollzogen. Nach zwei Tagen der schwersten Luftkämpfe, die je über der Insel stattgefunden haben, hat die Luftwaffe mit ihren italienischen Handlangern die gewaltigste Schlappe erlitten seit der Luftschlacht über England vor zweieinhalb Jahren, ja im Verhältnis zu der Anzahl der beteiligten Flugzeuge ist diese Züchtigung sogar noch schwerer als die, welche die Deutschen damals erlitten.« Am Sonntag, dem 10. Mai, wurden zweiundzwanzig deutsche Maschinen über der Insel abgeschossen, weitere zwanzig wahrscheinlich vernichtet und einundzwanzig andere beschädigt. Dies war der Anfang vom Ende der Luftoffensive gegen Malta.

Für eine gewisse Zeit hatte Großbritannien die Flottenvorherrschaft im Mittelmeer eingebüßt. Die Anforderungen im Fernen Osten, der Druck, den die deutschen U-Boote im Atlantik ausübten, und die Versenkung von zwei britischen Schlachtschiffen durch italienische Unterwasser-Saboteure hatten die Lage ernstlich verändert. Unter diesen Umständen war es seltsam, daß die italienische Flotte keinen Versuch zu einem Großangriff auf Malta machte. Italien besaß die nötigen Schiffe, um Valletta zu bombardieren, aber seine Admiräle beklagten sich später, sie hätten nicht auslaufen können, weil ihre deutschen Verbündeten ihnen den nötigen Brennstoff verweigerten. So war der einzige Flottenangriff ein plötzlicher, wagemutiger und gänzlich erfolgloser Vorstoß gegen den Großen Hafen in der Nacht des 26. Juli 1941.

Das Ziel der Italiener war, in den Großen Hafen einzudringen und die Handelsschiffe und Einheiten der Kriegsflotte, die gerade in einem Geleitzug aus Gibraltar gekommen waren, zu versenken. Sondereinheiten der italienischen Flotte hatten sich monatelang auf ein solches Unternehmen vorbereitet, und jetzt endlich kamen die angreifenden Schiffe im Schutz der Dunkelheit heran. Die beiden ersten sogenannten ›Pigs‹, Baby-Unterseeboote mit einem ablösbaren Sprengkörper-Bug und einer Besatzung von zwei Mann, drangen unter der Wasserfläche vor und suchten nach den U-Boot-Netzen, die die Einfahrt in den Großen Hafen schützten. Diese Netze, in die man ein Loch sprengen wollte, waren zwischen der doppelbögigen Trägerbrücke aufgehängt, die an den Wellenbrecher von Fort Elmo anschließt. Sobald die Netze eine Bresche aufwiesen, sollten schnelle Torpedoboote durch die Lücke in den Großen Hafen hineinschießen, wo sie hofften, inmitten des allgemeinen Aufruhrs und Wirrwarrs die vor Anker liegenden Schiffe zu zerstören. Gleichzeitig sollte in die Abwehr des Marsamxett-Hafens eine Bresche gesprengt und ein Angriff auf die dort liegenden Unterseeboote und Zerstörer durchgeführt werden.

Die Italiener hatten von Anfang an ausgesuchtes Pech. Die ›Pigs‹ verschwanden in der Dunkelheit und wurden nie wieder gesehen. Der Kommandeur der Einsatzgruppe wartete hangend und bangend auf die Explosionen, die ihm den Abschluß der ersten Operationsphase mitteilen sollten. Kostbare Minuten verstrichen. Um 4 Uhr 43 morgens schließlich richtete er sein eigenes Schnellboot mit Kurs auf den äußeren Brückenbogen des Viadukts, sperrte die Steuerung und sprang selbst ins Meer. Das Schiff fuhr mit einer schweren Explosion, die die ganze Insel erschütterte, auf sein Ziel auf, aber anstatt eine Bresche zu schlagen, riß es die Eisenträger des Viadukts auf sich herab und verriegelte die Einfahrtslücke in den Hafen noch sicherer. Mittlerweile war die Küstenverteidigung in Aktion getreten. Scheinwerfer suchten das Meer ab, und die Leuchtspurgeschosse der Schnellfeuergeschütze prallten auf die jetzt deutlich sichtbaren italienischen Schnellboote. Hurricane-Jäger stiegen von Ta Kali auf und belegten die Angreifer aus ihren Bordkanonen mit Trommelfeuer. Nacheinander blieben die italienischen Schiffe liegen und explodierten. Aus einem Fehlschlag war eine Katastrophe geworden.

Auch die von den Achsenmächten erstrebte Zermürbung stellte sich nur langsam ein, aber während die Monate verstrichen, begann die Blockade doch ihre Wirkung zu tun. Essen und Trinken, die im Sommer 1941 noch reichlich vorhanden gewesen waren, wurden 1942 verzweifelt knapp, und die Zivilbevölkerung mußte sich ihre kärglichen Mahlzeiten aus den sogenannten Victory-Volksküchen holen. Auch die Lebensmittelrationen für die Truppen waren nicht mehr ausreichend, und eine Anzahl Unteroffiziere und Mannschaften mußten deswegen von Schwerarbeit dispensiert werden. Während das Bombardement aus der Luft anhielt, wurden die Vorräte an Flakmunition immer geringer, häufig war nur ein Geschütz einsatzfähig, indessen drei wegen Munitionsmangel stillagen. Jagdflugzeuge wurden von Flugzeugträgern aus auf die Insel eingeflogen, aber ihr Brennstoff war verzweifelt knapp. Lebensnotwendige Dinge jeglicher Art waren bald nicht mehr verfügbar.

Der Kampf um die Versorgung der Insel war lang und bitter. Die Zahl der versenkten Schiffe wuchs, die bangen Monate des Wartens, in denen sich die Vorräte erschöpften, zermürbten. Von den Geleitzügen, die sich zu der Insel durchkämpften, müssen zumindest zwei erwähnt werden. Am 23. März 1942 gelangten die Reste eines Geleitzuges, drei Frachtschiffe, ein Kreuzer und zehn Zerstörer, in die Geborgenheit der maltesischen Häfen, nachdem sie während ihrer ganzen Fahrt durch das Mittelmeer unablässig angegriffen und schwer bombardiert worden waren. Das Marine-Versorgungsschiff ›Breconshire‹ hatte einen Treffer erhalten, der seine Steuerung schwer beschädigte, so daß es nur mit größten Schwierigkeiten vorwärts kam. Es war klar, daß das Schiff nicht weiter als bis zur großen Bucht von Marsaxlokk gelangen werde. Als es sich langsam hereinmühte, rückte eine Vielzahl von Feldgeschützen vor, um die Bucht gegen einen feindlichen Küstenangriff abzuschirmen, und die Flak bezog rasch neue Stellungen. Aber es nützte alles nichts. Als das kostbare Schiff mit seiner so ersehnten Ladung auf den Sandstrand der Bucht auflief, erdröhnte der Himmel vom Donnern der Stukas, und ein Hagel von Bomben ging auf die ›Breconshire‹ nieder, bis sie völlig zerstört war. Dann verlegten die Deutschen ihren Angriff auf den Großen Hafen und die Ankerplätze im Marsamxett-Hafen. Dort wurden die drei Frachter, die so schwer gekämpft hatten, um dorthin zu gelangen, versenkt.

Versuche der Engländer, im Juni nach Malta durchzubrechen, waren erfolglos, und erst im August 1942 durchdrang der Santa Marija-Geleitzug eine Feuerwand, um seine Fracht von Treibstoff und anderen Bedarfsgütern wohlbehalten abzuliefern. Der Geleitzug

WS2S, der aus vierzehn Frachtschiffen bestand, schlüpfte an den Säulen des Herkules vorbei, lief ins Mittelmeer ein und vereinigte sich mit seinem Geleitschutz von drei Flugzeugträgern, zwei Schlachtschiffen, sechs Kreuzern, einem Luftabwehrkreuzer und vierundzwanzig Zerstörern – einer gewaltigen Streitmacht. An der Stelle, wo das Mittelmeer sich auf die Küste von Sizilien zu verengte, verließen die schweren Einheiten der Gibraltar-Einsatzgruppe den Geleitzug, der im Schutz von vier Kreuzern und zwölf Zerstörern nach Malta weiterfuhr. In der ersten Kampfhandlung war der Flugzeugträger ›Eagle‹ von den Torpedos eines deutschen Unterseebootes versenkt, der Flugzeugträger ›Indomitable‹ kampfunfähig gemacht und ein Frachter und ein Zerstörer versenkt worden. Nachdem der Geleitschutz der Kriegsschiffe sich geteilt hatte, konzentrierte der Feind seinen Angriff auf die Frachter und ihre Eskorte. Bis zum 12. August waren zwei schwere Kreuzer getroffen und dadurch gezwungen worden abzudrehen, die letzte verbleibende große Einheit, die ›Manchester‹, wurde versenkt, vier weitere Frachter teilten ihr Schicksal. Und so schritt das Unheil fort: der Geleitzug wurde kleiner und kleiner. Der lebenswichtige Tanker ›Ohio‹ erhielt einen Treffer und wurde manövrierunfähig, ein weiteres Frachtschiff ging unter. Die Überreste hielten unbeirrt Kurs auf Malta. Um 4 Uhr 30 am Nachmittag des 13. August liefen die ›Port Chalmers‹, die ›Melbourne Star‹ und die beschädigte ›Rochester Castle‹ in den Großen Hafen ein, zwei Tage später folgten die ›Brisbane Star‹ und die ›Ohio‹, deren heroischer Kampf ums

Überleben heute der Geschichte angehört. Sie stand manchmal vom Bug bis zum Heck in Flammen, aber als sie schließlich schwer angeschlagen von einem Zerstörer und zwei Minensuchern in den Großen Hafen geschleppt wurde, enthielt sie noch immer ihren lebenswichtigen Brennstoff, der für die Luftangriffe gegen Rommels Nachschublinien gebraucht wurde. Als Montgomery zu seinem Angriff bei El Alamein ansetzte und Rommels Linien durchbrach, lagen für die Insel Malta nur noch ganze vierzehn Tage zwischen Leben und Tod.

Außer den Angriffen von Luftwaffe- und Flotteneinheiten gegen die Insel und dem Spießrutenlaufen der Geleitzüge, bestand noch eine vierte Bedrohung: die Invasion. Im Sommer 1942 wurden in Vorbereitung eines Angriffs auf Malta die erste und zweite deutsche Luftlande-Division nach Süditalien verlegt, um das Hornissennest zu vernichten, das so vielen Versorgungsschiffen von Rommels Afrika-Korps tödliche Stiche versetzt hatte. Das deutsche Oberkommando besaß jedoch keine ausreichenden Informationen über die Insel. Italienische Froschmänner, die in dunklen Nächten an den Küsten herumschwammen, um die Unterwasser-Hindernisse auszukundschaften, hatten wenig Erfolg. Ein maltesischer Spion, den man in Italien ausgebildet hatte, wurde an Land gesetzt, aber schon bald darauf ergriffen und erschossen. Von den zwei deutschen Aufklärungseinheiten, deren Landung bekannt ist, wurde die eine gefangengenommen, und die andere kehrte ohne Informationen nach Italien zurück. Die Deutschen und Italiener tappten bei ihrer Planung im dunkeln. Sie wußten, daß die Invasion Kretas mit Luftlandetruppen eine bittere Sache gewesen war und sie die Eroberung der Insel teuer bezahlt hatten. Malta war kleiner und seine Abwehr kompakter. Seine Wiesen und Felder waren von hohen Steinmauern umringt, was Fallschirmlandungen besonders gefährlich machte, und die Garnison war auf alles gefaßt und vorbereitet und stand kampfbereit. Der deutsche Plan bestand darin, versuchsweise östlich von Zurrieq ein Fallschirm-Bataillon abzusetzen, das dort einen Brückenkopf bilden sollte. Sechs Stunden später sollten zwei deutsche Luftlande-Divisionen im Gebiet der Flughäfen Luqa und Hal Far niedergehen, und zwei italienische Divisionen sollten bei Birzebbuga, in der großen Bucht im Südosten der Insel, von Schiffen an Land gesetzt werden. Inzwischen war jedoch in Afrika Tobruk gefallen, und Rommel drang nach Ägypten vor. Der Sieg schien für Deutschland zum Greifen nahe, und ließ daher eine gefahrvolle und riskante Luftlande-Invasion Maltas als nicht mehr so notwendig erscheinen. Als das Kriegsglück sich wieder gegen Deutschland wandte, war die Gelegenheit verpaßt.

Abgesehen von der Verwüstung sind die sichtbaren Erinnerungsstücke des Zweiten Weltkrieges auf Malta weniger erkennbar als die der früheren Kriege. Vielleicht lohnt es sich, einige Abschnitte der Maginot-Linie und des deutschen Westwalls mit ihren schweren Betonbunkern zu bewahren, damit künftige Generationen sich ein lebendiges Bild von dem größten Krieg der Weltgeschichte machen können, aber auf

Malta kommen einem die Befestigungen des Zweiten Weltkrieges im Vergleich zu jenen der Barockzeit recht armselig und unbedeutend vor. Sie bestanden aus verstreuten Bunkern aus Eisenbeton, die genauso würfelförmig waren wie die sie umgebenden maltesischen Bauernhäuser und ihnen nicht unähnlich sahen, nur daß ihre glatten geraden Mauern enge Schlitze hatten, aus denen die Bren-Maschinengewehre hervorsahen. Einige von diesen Bunkern stehen noch. Die Flak-Stellungen waren hauptsächlich Sandsack-Geschützstände und sind längst verschwunden, und die Unterstände auf den Flugfeldern, die den Wellingtons, Swordfish, Hurricanes und Spitfires Schutz gegen Luftdruck und umherfliegende Splitter boten, stehen auch nicht mehr. Ihre Wände waren aus mit Sand gefüllten Benzinkanistern aufgeführt worden, die rasch rosteten und daher nach dem Krieg beseitigt wurden. Die Geschützstellungen an der Küste, die während des Krieges hinzugefügt wurden, waren kleine und unbedeutende Betonschutzhütten.

Die Geschichte der Befestigungswerke ist eine Entwicklungsgeschichte der Kunst, sich zu verschanzen, wobei im Lauf der Zeit die Befestigungen immer tiefer und tiefer in den Erdboden eingelassen wurden. So ist es begreiflich, daß im Bereich der Architektur die mittelalterlichen Burgen den massivsten und erinnernswertesten Nachweis für den Verteidigungswillen des Menschen liefern. Die Verteidigungssysteme des zwanzigsten Jahrhunderts dagegen sind zwar die mächtigsten, die je angelegt wurden, aber sie lassen den geringsten sichtbaren Nachweis ihrer Existenz zurück.

Peter de Mendelssohn

Als Nachwort: Maltesische Notizblätter

Vor siebzig Jahren, 1902 genau gesagt, baute in Paola, der südlich des Großen Hafens gelegenen Vorstadt von Valletta, in der heutigen Hal-Saflieni-Straße, ein Mann sich ein Haus. Dabei fiel ein Arbeiter in ein Loch und verschwand. Man fand ihn schließlich, unversehrt. Er war fünftausend Jahre tief in den Urgrund der maltesischen Geschichte gefallen: in ein riesiges Labyrinth unterirdischer, aus dem weichen Kalkstein gehauener Hallen, Kammern, Gewölbe, Höhlen, Nischen, Gänge, Stufen, Treppen und großen und kleinen Türöffnungen und Tordurchgängen. Der Bauherr verpflichtete seine Arbeiter zum Stillschweigen über ihre Entdeckung, baute sein Haus über der Erde fertig und verkaufte dann das Ganze zu gutem Preis an die Regierung. Die ging der Sache auf den Grund.

Alsbald wurde der Jesuitenpater Emmanuele Magri mit der Freilegung und Erkundung des unterirdischen Labyrinths betraut. Aber er kam nicht weit; man berief ihn auf einen Missionsposten im Ausland, wo er kurz darauf starb, und seine Ausgrabungsnotizen, wenn er sie nicht überhaupt verloren hatte, blieben verschwunden. Nun nahm ein sachkundigerer Mann, Professor Temi Zammit, ein geschulter Archäologe, die Sache in seine fähigen Hände. Er stieß auf Unmengen morastigen Schutts und Gerölls, die mit Menschenknochen und Tierknochen, Feuersteingeräten, Statuetten aus Terracotta und Stein, Schmuckstücken und Muschelketten vermengt waren. Er räumte in fünfjähriger systematischer Arbeit das Hypogäum von Hal-

Saflieni aus und brachte seine kostbarsten beweglichen Gegenstände ins Museum nach Valletta.

Die Bauarbeiter, so erwies sich, hatten sieben Meter unter der Straßenfläche lediglich die Felsdecke des ersten Stockwerks des unterirdischen Baus durchstoßen. Darunter ging es fünfzehn Meter weiter in die Tiefe. Der Bau hatte unter dem ersten ein zweites Stockwerk – man würde von Kellern sprechen, wenn es nicht in Wahrheit ein auf dem Kopf stehendes Haus wäre – in das man über eine halsbrecherische und über der gähnenden Tiefe unvermittelt abbrechende Treppe gelangt, aber innerhalb dieser zwei Stockwerke geht es unablässig auf und ab, hinauf und hinunter, so daß man den Eindruck von fünf oder sechs Etagen hat. Je tiefer der Bau in den Fels hinabsteigt, desto jünger wird er natürlich, und desto besser, verfeinerter, fachmännischer wird die Arbeit.

Was war das für ein Haus? Was waren das für Menschen, die es schufen?

Vor siebentausend Jahren gab es auf den maltesischen Inseln noch keine Menschen, nur Zwergelefanten, Nilpferde, Rotwild und anderes Getier. Um 5000 vor Christus kam die erste Welle von Einwanderern übers Meer aus dem nahen Sizilien; daß sie von dort kam, wird unter anderem daraus geschlossen, daß die Töpfereien, die man in der Höhle von Ghar Dalam fand, dieselben Formen, Farben und kunstvoll eingeritzten Ornamente aufweisen wie die der frühesten neolithischen Bewohner Siziliens. Die zweite Einwandererwelle kam, gleichfalls aus Sizilien, um 3500 vor Christus, und ihre Spuren fand man erst in jüngster Zeit bei Ausgrabungen im Dorf Skorba. Diese Ausgrabungen haben die ganze, bis dahin angenommene prähistorische Chronologie Maltas durcheinandergeworfen und das frühe Neolithikum der Insel um rund tausend Jahre weiter zurückgeschoben, so daß sich heute drei frühneolithische, zwei mittelneolithische und drei spätneolithische Perioden abzeichnen, die insgesamt von 4500 bis 2000 vor Christus, von der Höhle von Ghar Dalam bis zum Gräberfeld von Tarxien reichen. Bei Skorba nun kamen nicht nur wundervoll gearbeitete und ornamentierte Töpfereien ans Licht, die man heute im Museum in Valletta sehen kann und die nach ihrer Farbgebung in Graue und Rote Skorba-Periode eingeteilt sind – Radiokarbon-Untersuchungen haben ergeben, daß die beiden Phasen mehrere hundert Jahre auseinander liegen –, sondern auch die frühesten Überreste neolithischer Wohn- oder Tempelbauten. Tausend Jahre später schufen die Nachkommen dieser Menschen das Hypogäum von Hal-Saflieni.

Man klettert auf und ab, kreuz und quer durch diese Räume und fragt sich immer wieder: wie haben sie das nur zuwege gebracht? Den Anfang machten wohl einige natürliche, nahe der Oberfläche gelegene Höhlen, in denen die Menschen Unterschlupf suchten, sich versteckten, vielleicht auch hausten und gewisse Kulthandlungen vollzogen. Dann aber begann die kunstvolle Absicht, sie gruben weiter und weiter, tiefer und tiefer. Wie schafften sie die Massen des herausgebrochenen Gerölls an die Erdoberfläche? Womit brachen, schnitten und glätteten sie den Stein? Sie besaßen keine Metallwerkzeuge, und sogar die harten Steinwerkzeuge, Feuerstein und Obsidian, die sie neben Horn- und Geweihpicken verwendeten, mußten sie sich von den Liparischen Inseln und aus Pantelleria beschaffen, denn diese Materialien kommen auf Malta nicht vor. Sie müssen auch Keile zum Herausbrechen großer Blöcke und Platten verwendet haben, denn sie schabten und gruben nicht nur heraus, sondern fügten und bauten auch ein: steinerne Pfosten und Querbalken hier, regelrechte Trilithen dort, Stufen und Treppen überall, und manche der Wände zwischen den Kammern, wie man an den eingeschnittenen runden Fensterlöchern sehen kann, sind zu kaum mehr als Fingerdicke abgeschliffen.

Wie konnten sie hier unten überhaupt atmen, während sie arbeiteten? Das ist ein Rätsel, noch heute, denn die Luft selbst ganz unten in den tiefsten Kammern ist rein und sauber, nicht modrig oder verbraucht, und dabei ist keinerlei Entlüftungsvorkehrung gefunden worden. Wie konnten sie sehen, was sie da machten? Heute betrachtet man im Licht elektrischer Birnen ihre kunstvoll gemeißelten Ornamente und die Restspuren von Zeichnungen auf ockergetünchten Felswänden; aber sie selbst hatten nur Talgfunzeln, bei deren Licht sie arbeiteten und die bis heute Rußspuren hinterlassen haben. Wie lange brauchten sie zu dem unglaublichen Bau von Hal-Saflieni? Sie müssen rund tausend Jahre lang an ihm gearbeitet haben, der wohl zu verschiedenen Zeiten Tempel, Orakelstätte, Grabgewölbe und Beinhaus und zeitweise alles gleichzeitig gewesen ist. Die Bezeichnungen, die man heute den verschiedenen großen und kleinen Kammern gibt, wie ›Orakelkammer‹, ›Große Halle‹, ›Rundkammer‹ und ›Allerheiligstes‹ sind reine Vermutung. Die mit Spiral-Augen-Mustern, stilisierten Gewächsen, Sonnen- und Mondscheiben ornamentierten Flächen lassen keine eindeutigen Schlüsse auf die Verwendung zu. Professor Zammit identifizierte die Gebeine von mehr als siebentausend Menschen, neben den Knochen unzähliger Opfertiere.

Wieder und wieder fragt man sich: wie sahen die Menschen aus, die hier unten diese gewaltigen, schweren Steinquerbalken auf ihre Steinsäulen hoben und in diesen Felskammern mit höchstem handwerklichem Können Decken auf Kragstücken einzogen? Die Kammern sind zumeist so hoch, daß ein großgewachsener Mann bequem in ihnen aufrecht stehen kann; nur selten heißt es sich bücken. Die Menschenknochen, die man hier und anderwärts, vor allem in den Gräbern vom Xemxija fand, lassen jedoch auf leicht gebaute Menschen mit wenig Muskelentwicklung und Körperkraft schließen. Diese zierlichen Leute können Hal-Saflieni nicht ausgehauen, können die gewaltigen Tempel von Tarxien und Ggantija nicht aufgetürmt haben. Das war eine andere, stämmigere Rasse, das muß das Volk der Dicken Frau gewesen sein.

Die Dicke Frau von Malta gibt es nicht in natürlicher Größe; sie kommt nur ganz groß und ganz klein vor. Zwischen dem Hypogäum von Hal-Saflieni und der großen neolithischen Tempelstätte von Tarxien (das ›x‹ wird ausgesprochen wie das ›ch‹ in ›Märchen‹) liegt nur ein Fußweg von ein paar Minuten; in der Zeit sind es an die fünfhundert Jahre. Aber hier wie dort ist die Dicke Frau dieselbe. Die Kolossal-Statue der Erdgöttin, Fruchtbarkeitsgöttin, Muttergöttin – was immer sie gewesen sein mag – die im Tempelfeld von Tarxien steht (sie ist eine Kopie, das unersetzlich wertvolle Original ist im Museum in Valletta), ist an den Hüften abgebrochen; erhalten ist das gewaltig ausladende Gesäß, die enormen Schenkel und kürbisförmigen Waden und die winzig-zierlichen Füße dazu. Dieser Torso allein ist über einen Meter hoch, die ganze Statue muß an die drei Meter hoch, also gewiß überlebensgroß gewesen sein. Aber man braucht sich den Oberkörper, Arme und Kopf nicht dazu zu denken. Die im Museum aufgestellte Terracotta-Statuette der ›Maltesischen Venus‹, die in Hal-Saflieni gefunden wurde, hat zwar keine Füße mehr, dafür aber eine vollständige Anatomie bis auf den fehlenden Kopf, und diese Körpergestalt stimmt völlig mit der Kolossal-Göttin von Tarxien überein, nur daß die ›Venus‹ nackt ist, während die Göttin einen kunstvoll gemeißelten, plissierten Minirock trägt: ein kraftvoller, fleischiger Rücken, dicke Arme, schwer lastende, gewaltig strotzende Brüste.

Und der Kopf, das Gesicht? Offenbar, im Verhältnis,

klein und zierlich wie die Füße. Das zeigt die liebliche kleine Terracotta-Statuette einer auf einer Lagerstatt ruhenden Tempeldienerin oder Orakelpriesterin – schlafend oder in Trance, wer weiß? – auch sie aus dem Hypogäum, auch sie im Museum, wo man für ein paar Schillinge eine gute Nachbildung kaufen kann. Wieder dieselben enorm ausladenden Gliedmaßen, gewaltig schwellenden Waden, Schenkel, Arme und Busen, doch dazu ein Köpfchen, ein Antlitz von unbeschreiblichem, zärtlichem Liebreiz, von sanft fallendem, halblangen Haar umrahmt. Die Tarxien-Göttin mit ihren drei Metern und die Mädchen aus Hal-Saflieni mit ihren zwölf Zentimetern bildeten gewiß den weiblichen Idealtyp jener Menschen ab; irgendwo zwischen ihnen steht die lebendige Frau in ihrer natürlichen Größe, so wie sie damals, eine unbeschreibliche Vereinigung von Körperkraft und Seelenanmut, über die Insel schritt. Sieht man sie nicht vor sich im gleißenden Sonnenlicht unter dem strahlend blauen Himmel auf dem ockerfarbenen Boden? Man sieht sie, und es geht von ihr, so weit sie auch von unserem Schönheitsbegriff entfernt ist, eine außerordentliche erotische Ausstrahlung aus.

Tarxien, Hagar Qim, Mnajdra, Ta Hagrat, Mgarr, Xemxija, Ggantija auf Gozo – es gibt an die fünfzehn dieser gewaltigen, wundervoll erhaltenen neolithischen Tempelstätten auf den beiden maltesischen Inseln, aber wer meint, wenn er eine gesehen, dann habe er sie alle gesehen, der täuscht sich sehr. Gewiß, ihre Menhire und Trilithen ähneln einander, die Anordnung der Kammern und Durchgänge, die Plazierung der Nischen und Altartische folgt überall mehr oder weniger demselben kultischen Grundriß – und er ist über der Erde ziemlich genau der gleiche wie unterirdisch die Anlage der runden, ovalen und elliptischen Kammern des Hypogäums – dennoch besitzt jede einzelne dieser Tempelanlagen ihre unverwechselbare Besonderheit, und jede hat etwas, wenn es auch nur ein Detail der zu höchstem Raffinement hochentwickelten Ornamentik ist, das die anderen nicht haben.

Die Orthostaten in der Außenmauer von Hagar Qim sind die größten und eindrucksvollsten auf der ganzen Insel. Der vierseitig mit Reliefs ornamentierte, quergeriffelte Säulenaltar gegenüber dem Eingang von Hagar Qim findet sich ebensowenig irgendwo sonst wie die Hexagonal-Muster der roten Wandmalerei in der kreisrunden Kammer in Hal-Saflieni. Die kleinen Tempelanlagen scheinen durchaus nicht Filialen, Ableger, Tochterhäuser der großen zu sein; sie sind Ausdruck der großen, unwandelbaren Grundvorstellungen dieses unbekannten, bis heute unerklärten Kults und seiner strengen Formgesetze, aber in jedem waltet ein unabhängiger, architektonischer Eigenwille, und die Ornamentik entwickelt und wandelt sich von einem zum anderen; man spürt keine Starrheit eingefrorener Formalistik; Generationen erstaunlicher Kunsthandwerker reichten einander ihre Motive weiter und entwickelten sie fort. Die phantastisch komplizierten Spiralmuster und die Reliefbänder mit Widdern, Stieren, Hunden und Fischen auf den Sockeln von Tarxien sind nur dort in dieser Vollkommenheit zu sehen; die eingeritzte Farnkraut-Zeichnung nur auf einem einzigen Stein in der kleinen Tempelruine von Tal Quadi. Die gewaltigste Anlage ist die von Ggantija, und sie scheint wahrhaftig, wie ihr Name sagt, von Giganten aufgerichtet; die bei weitem am besten erhaltene ist die von Mnajdra, ein kurzes Stück Weg von Hagar Qim hinab zum Rand der Felsensteilküste.

Man sollte sie alle sehen. Aber kann man es nicht, so betrachte man zumindest die Modelle im Museum in Valletta. Dieses Museum, in Gerolamo Cassars wundervoll geräumiger und herrschaftlicher Auberge de Provence untergebracht, hatte für mich, der ich eigentlich kein leidenschaftlicher Museumsbesucher bin, eine unablässige Anziehungskraft. Der vierhundert Jahre alte Ritterpalast liegt so zentral, daß man auf jedem Spaziergang durch Valletta unweigerlich ein halbes Dutzend Mal an ihm vorbeikommt, und man muß schon sehr Dringliches vorhaben – wie etwa die Waffenkammer oder die Renaissance-Handschriften in der Bibliothek zu besehen – um nicht jedesmal auf ein halbes Stündchen hineinzuschlüpfen und wieder und wieder die herrlichen Vasen der Roten Skorba-Zeit oder die liebreizende, schlafende, kleine dicke Priesterin zu betrachten.

Im Oberstock ist nicht viel zu sehen, das man nicht anderwärts besser und reicher sehen könnte: die Gemälde-Galerie ist mittelmäßig – die bedeutenden Malereien Mattia Pretis sind ebenso wie Caravaggios auf Malta 1608 gemalte Enthauptung Johannes des Täufers nicht hier, sondern in der Kathedrale zu sehen – aber der Hauptraum, der große Speisesaal der Ritter, besitzt eine kassettierte Decke, wie man sie so bald nicht wieder sieht. Staunend hingegen wandert man wieder und wieder durch die prähistorische Sammlung im Erdgeschoß, die beiderseits der Eingangshalle in schönen, hellen Räumen in chronologischer Folge vorzüglich aufgestellt und beschriftet ist. Hier sind rechter Hand auf Tischen die Modelle der wichtigsten neolithischen Tempelanlagen aufgestellt, und hier gliedert sich diese erstaunliche Kulturwelt, die einem nach dem Besuch der vielen, über die Insel verstreuten Stätten ineinander zu fließen, sich ineinander zu schieben, zu überdecken und verschwimmen scheint, wieder auf und wird übersehbar: die eigentümliche Kleeblattform der Tempelanlagen, die in Wahrheit, wie der Tempel von Tarxien zeigt, aus zwei Doppelellipsen und einer Drillingsellipse zusammengesetzt ist, oder wie in Tarxien im Grundriß fast wie eine große und eine kleine Dicke Frau nebeneinander aussieht: geheimnisvolle Zusammenhänge auf Schritt und Tritt. Keine Gerade, keine harte Kante, alles Schwellung, Rundung, Wölbung. Man meint, diese Titanen müssen sehr sanfte, anschmiegsame Menschen gewesen sein und ihre dicken Frauen sehr geliebt haben.

Vielleicht war es so, und es führte zu ihrem Untergang, als ein härteres, kantigeres Volk sie überfiel und hinwegfegte. Es ist in unserer kurzlebigen Zeit nur mit Mühe vorstellbar: rund zweitausend Jahre lang arbeiteten diese Menschen an dieser gewaltigen Tempelkultur und schufen etwas, das es auf der ganzen Welt nicht ein zweites Mal gibt, und dann war plötzlich alles aus. Zwischen 2000 und 1500 vor Christus stürzt – niemand weiß, wie und warum – diese hochentwickelte neolithische Tempelkultur plötzlich in sich zusammen. Das Hypogäum wird nicht mehr verwendet, gerät in viertausendjährige Vergessenheit; die Menschen, die es schufen, verschwinden, man weiß nicht, wohin; die Dicke Frau gebiert keine Töchter mehr. Was folgt, die Kultur des Tarxien-Gräberfeldes, die Kultur von Borg In-Nadur, die Kultur von Bahrija, ist von neuen, gröberen, ungleich schwächer begabten Einwanderer-Eindringlingen geschaffen; sie hatten schon Metallwerkzeuge, aber was sie mit ihnen machten, ist mit den architektonischen und bildhauerischen Leistungen ihrer Vorgänger nicht zu vergleichen.

Und dann, um 800 vor Christus, kommen die Phönizier und Punier, und die verbürgte Geschichte beginnt. Man tritt aus der Kühle des Museums hinaus auf die sonnengrelle Straße und ist umschwirrt von Stimmengewirr. Was sprechen diese Menschen? Unter anderem: punisch. So nahe liegen die Jahrtausende hier beieinander.

Im Portal von Lorenzo Gafàs herrlicher Barock-Kathedrale in Mdina fand ich einen gedruckten Zettel angeschlagen und schrieb ihn ab:

In-Nisa ma jistghux Jidhlu L-Knisia
Skullati, bla kmiem Jew bid-dbielet Qsar

darunter englisch:

Ladies are not allowed to enter the Church in
low-necked dresses, sleeveless or in mini-skirts.

Was ist das für eine Sprache, die da auf halbem Weg zwischen Europa und Afrika von einer Drittelmillion Menschen auf zwei Inseln gesprochen wird und nirgends und von niemand sonst? Ich studierte – ohne jegliche Vorkenntnis – die zwei Zeilen wieder und wieder, so wie man türkisch, ungarisch oder finnisch betrachtet, und dachte: so hermetisch versiegelt kann eine Sprache doch nicht sein, die kaum hundert Meilen von Sizilien entfernt gesprochen wird, irgendeinen Zugang muß es zu ihr doch geben, irgendwo einen Ritz, durch den man hineinschlüpfen kann? Schließlich wird sie doch mit lateinischen Lettern geschrieben, wenn auch ihr Alphabet neunundzwanzig Buchstaben hat, 24 Konsonanten und 5 Vokale, darunter einige wie das durchstrichene ›h‹, das ›gh‹, und den Akzent auf ›c‹, ›g‹ und ›z‹. Aber nur das Wort ›Knisia‹ entschlüsselt sich; es heißt offensichtlich ›Kirche‹. Aber ›Jew‹ ist ebenso offensichtlich nicht englisch und bedeutet nicht ›Jude‹. Anderwärts geht es ein wenig besser. Die St. Johannes-Kathedrale in Valletta heißt auf maltesisch ›San Gwann‹. Die ›Il-Knisja tal-Madonna ta Fatima‹ heißt englisch ›Our Lady of Fatima Church‹ und ›Ic-Cimiterju tad-Duluri‹ bedeutet ›Our Lady of Sorrows Cemetery‹. An jeder Straßenecke ist das Wort ›Triq‹ zu lesen. Es bedeutet ›Straße‹, und die ›Triq San Guzepp‹ ist die St. Joseph-Straße. Und die gedruckte Gottesdienstordnung des Ostersonntag, die ich in der Kathedrale San Gwann aufhob und für späteres Studium in die Tasche steckte, hat drei immer wiederkehrende Worte: ›Is-sacerdot‹, ›Il-poplu‹ und – wahrhaftig ›Alla‹.

Das dürften der Priester, die Gemeinde und Gott sein. Fatima und Alla? Arabisch also? Mit Griechisch und Italienisch untermischt? Und hundertsechzig Jahre englischen Kolonialregimes sind vorübergegangen, ohne diese Sprache zu berühren? Der erste Satz der mit IL-QUDDIESA MAS-SACERDOT überschriebenen Gottesdienstordnung lautet:

»Is-sacerdot, flimkien mal-ministri, jersaq lejn l-altar waqt li jsir il-kant ta' l-introjtu.«

Englisch kann ich ja. Also denke ich mir: ›flimkien‹ – das könnte vom englischen ›flanked‹, flankiert, beiderseits begleitet, herkommen, und ›waqt‹ könnte sich von ›walk‹ gehen, schreiten herleiten. Dann könnte das Ganze vielleicht – unter Weglassung des Unerforschlichen – heißen: »The priest, flanked by the ministrants, walks to the altar and chants the introduction.« Kann das sein, wenn auch nur ungefähr, oder ist es haarsträubender Unsinn? Ich gestehe, ich habe niemand gefragt; es wird sich ein sachkundiger Leser schon melden.

Überhaupt – Malta. Woher kommt der Name der Insel, und was bedeutet er? Da sind sich die Gelehrten fast, aber nicht gänzlich einig. Die Griechen oder doch zumindest die griechisch-sprechenden Inselbewohner nannten die Insel ›Melite‹, die Römer nannten sie entsprechend ›Melita‹, und dieser Name war vom griechischen ›meli‹ oder Honig oder von ›melissa‹, der Biene, abgeleitet, und das leuchtet ein: die Insel war für ihren Honig berühmt. Aus ›Melita‹ könnte schon ›Malta‹ geworden sein. Aber wahrscheinlich besteht hier nur ein zufälliger Gleichklang, und der Name ist viel älter und leitet sich vom phönizischen ›Malat‹ oder ›Maleth‹ her, was soviel wie Zufluchtshafen bedeutet, sicherer Unterschlupf für die Purpursegel der phönizischen Handelsschiffe vor Unwetter und Feinden. Ob freilich die Phönizier die Insel wirklich so nannten, wissen wir nicht. Bestimmt jedoch nannten sie Gozo, die Schwesterinsel ›Gol‹, was soviel bedeutet wie ein breitwandiges Handelsschiff, und anscheinend nannten sie die große Insel auch ›onan‹, großes Schiff. Nun gibt es gar Leute, die meinen, es sei durchaus möglich, daß die Phönizier sich die Inseln als eine Flotte von größeren und kleineren Schiffen vorstellten!

Jedenfalls ist ›Malat‹ ein phönizisches, punisches, karthagisches Wort, und nicht das einzige in der heutigen maltesischen Sprache. Hier ist der Urgrund der Rätselhaftigkeit. Alles andere ist maltesische Geschichte, und diese ist in der maltesischen Sprache aufbewahrt.

Gehen wir ihr Schritt für Schritt nach, so tritt die Schichtung der Sprache mit allen ihren Überlagerungen und Einschüssen zu Tage.

Die Phönizier: mit ihnen treten die Inseln aus dem Nebel der Vorgeschichte heraus, wenngleich wir keine Inschrift, keine urkundliche Bestätigung hierfür besitzen. Die frühesten phönizischen Spuren auf Malta stammten aus dem 8. Jahrhundert vor Christus, aber erst mehrere hundert Jahre später weisen Felsengräber darauf hin, daß zumindest einige phönizische Seefahrer sich auf der Insel niederließen und hier begraben wurden. Der griechische Historiker Timaeos, der 250 vor Christus starb, bezeichnete Malta als eine phönizische Kolonie; aber ob die Phönizier die Inseln tatsächlich in Besitz genommen hatten und beherrschten, scheint fraglich. Die Vermutung, das heutige Mdina sei eine Gründung phönizischer Kolonisatoren, ist gänzlich unbewiesen; die Ausgrabung einer vermutlich phönizischen Siedlung in Qallilja bei Mdina hat nichts Schlüssiges ergeben. Und die Vermutung, daß sich im 7. oder 6. Jahrhundert griechische Niederlassungen auf Malta befanden, gründet sich auf eine irrige Datierung griechischer Inschriften, die aus der Zeit der Römerherrschaft stammen.

Die Karthager: wann sie sich der Insel bemächtigten, ist gleicherweise ungewiß. Sicher ist nur, daß sie im Lauf des 6. Jahrhunderts vor Christus die Phönizier verdrängten, die Inseln ihrem Reich einverleibten und über dreihundert Jahre lang an ihnen festhielten. Von ihnen ist nicht viel übrig geblieben, außer den Resten ihrer Tempel. Man wußte seit langem aus phönizischen Inschriften, die auf Malta und Gozo gefunden wurden, daß die Punier auf beiden Inseln große Tempel errichtet hatten: einen Melkart-Tempel und einen Astarte-Tempel. Der Astarte-Tempel wurde in jüngster Zeit auf dem Hügel von Tas Silg bei Marsaxlokk gefunden; er war auf die Reste eines neolithischen Heiligtums aufgesetzt, in denen man, wieder einmal, eine Statue der Dicken Göttin fand. Der Melkart-Tempel befand sich wahrscheinlich in der Nähe des Astarte-Tempels, denn schon im 17. Jahrhundert fand man in Tas Silg eine kleine, Cippus genannte marmorne Votivsäule mit einer Weiheinschrift zweier Brüder namens Abdosir und Asirxamar an den punischen Gott Melkart. Dieser Cippus ist im Museum in Valletta zu sehen; leider steht er in ungünstigem Licht, so daß man seine Besonderheit nicht gut erkennt. Er ist nämlich nebeneinander phönizisch und griechisch beschriftet. Ein zweiter, ebenfalls doppelt beschrifteter und ebenfalls in Tas Silg gefundener Cippus wurde Ludwig XVI. vom Malteser-Großmeister Emmanuel de Rohan Polduc geschenkt, befindet sich heute im Louvre und ermöglichte dem Abbé Barthélemy die erste Entzifferung des phönizischen Alphabets.

Der Melkart-Cippus stammt aus dem 2. Jahrhundert vor Christus, und aus dieser Zeit gibt es bereits zahlreiche griechische Inschriften auf den maltesischen Inseln. Die griechische Sprache war freilich nicht aus Griechenland, sondern mit den Römern aus Sizilien nach Malta gekommen. Die Römer besetzten die Inseln ein erstes Mal unter Attilius Regulus im Ersten

Punischen Krieg und ein zweites Mal 218 vor Christus unter Sempronius; diesmal blieben sie. Der Einfluß der griechischen Städte Siziliens war stark, aber die griechische Sprache verdrängte die punische, die in Malta seit dreihundert Jahren gesprochen wurde, nicht, und sie blieb auch unter den Römern lebendig. Wenn sie nicht lebendig geblieben wäre, wäre mehr als tausend Jahre später den Maltesern der Übergang vom Punischen zum Arabischen, von einer semitischen Sprache zur andern, nicht so leicht gefallen. Punische Namen sind noch heute unter den Maltesern nichts Ungewöhnliches. Maltas bedeutendster Historiker und Heimatforscher heißt Sir Hannibal Publius Scicluna.

Die Römer: bezieht man das oströmische Reich, Byzanz, ein, so blieb Malta über tausend Jahre lang – mit der Unterbrechung der Vandalenzeit – Teil des Römischen Reichs, von 216 vor Christus bis 870. Die Römer gliederten die maltesischen Inseln in die Provinz Sizilien ein. Sie machten die alte punische Stadt, die an der Stelle des heutigen Mdina und Rabat stand, zu ihrer Hauptstadt; die große Anzahl von Gräbern und Katakomben in ihrem Umkreis bestätigt ihre Bedeutung. Während des römischen Kaiserreichs erlebten die Inseln eine große wirtschaftliche Blüte. Die Verbindung mit Sizilien und der Magna Graecia war eng und der griechische Einfluß war stark. Die punischen Tempel wurden weiter verwendet, und ihre Gottheiten wandelten sich in griechische. Aus Melkart wurde Herakles oder Herkules, aus der Astarte die griechische Hera, die römische Juno. Griechische Sitte und Lebensart bürgerte sich ein; Griechisch und Latein sickerten gleichzeitig in den heimischen punischen Volksdialekt ein und sind bis heute in ihm lebendig.

Wann wurde Malta christlich? Im Jahr 60 erlitt der Apostel Paulus vor Malta Schiffbruch, wurde vom römischen Obmann Publius ehrenvoll aufgenommen, bekehrte ihn zum Christentum und weihte ihn zum ersten Bischof von Malta. Das ist in der Apostelgeschichte höchst lebendig geschildert. Der Schiffbruch begab sich der Überlieferung zufolge bei der St. Pauls-Insel oder Selmunett an der Nordwestseite der St. Pauls-Bucht, und das mag sehr wohl stimmen. Daß das Haus des Publius, in welchem Paulus Aufnahme fand, in Mdina stand, wie die Überlieferung ebenfalls weiß, scheint jedoch fraglich, seit man ein Stückchen landeinwärts von der St. Pauls-Bucht die Fundamente der aus dem 17. Jahrhundert stammenden Kirche San Pawl Milqi oder St. Pauli Willkommen freigelegt hat; es erwies sich, daß hier nicht nur sehr frühe christliche Kirchen standen, sondern auch eine römische Villa, die spätestens im 7. Jahrhundert zu einer nachweislich mit Paulus in Zusammenhang stehenden Pilgerstätte geworden war. Paulus ist der Schutzheilige der maltesischen Inseln. Hätte er bereits die ganze Insel zum Christentum bekehrt, so wäre Malta eine der ältesten christlichen Gemeinden Europas. Aber das ist unwahrscheinlich. Es sind keine christlichen Inschriften aus vorkonstantinischer Zeit erhalten. Vermutlich trat Malta erst im 4. Jahrhundert zu dem neuen Glauben über und hatte keine Mühe, sich ins oströmische, byzantinische Reich einzufügen. Gründlich hellenisiert war es zu dieser Zeit gewiß.

Das byzantinische Malta währte rund dreihundert Jahre. Während dieser ganzen Zeit war es Sitz eines Bischofs, welcher der Kirchenprovinz Sizilien und bis zum 8. Jahrhundert dem Patriarchat von Rom unterstand; dann wurden die Inseln von Rom getrennt und dem Patriarchat von Konstantinopel unterstellt. Aber sichtbare Erinnerung an das byzantinische Malta ist nirgends mehr zu finden: keine Mosaiken, keine Fresken. Sind daran die Araber schuld? Sie bewirkten jedenfalls auf einem Umweg, daß Malta zur römischen Kirche zurückfand.

Die Sarazenen: 870 erschien eine arabische Flotte

unter Mohammed ibn Khafadha vor Malta, eroberte die Inseln namens des Abbasiden-Kalifats, das bereits über den größeren Teil Spaniens, Südfrankreichs, Siziliens und Süditaliens herrschte und machte der byzantinischen Herrschaft ein Ende. Die Byzantiner versuchten zweimal, die Inseln zurückzuerobern, aber erfolglos. Die Araber hielten ingrimmig an ihnen fest, zweihundert Jahre lang, aber merkwürdigerweise sind weder auf Malta noch auf Gozo, mit Ausnahme einiger Befestigungen und Reste in den Stadtmauern von Mdina, irgendwelche sarazenische Baudenkmäler erhalten. Dafür hinterließen die Sarazenen den Inseln etwas, das sich als ungleich dauerhafter erwies: ihre Sprache und mit ihr eine deutlich spürbare, wenn auch schwer zu fassende orientalische Atmosphäre in Lebensformen und Sittenstil, die sich unverzüglich beim Betreten der Inseln mitteilt. Niemand auf Malta konnte mir die Herkunft der eigentümlich schmalen, geschlossenen und gedeckten, loggia-ähnlichen Holzbalkone erklären, die sich überall, in Städten und Dörfern, Hauptstraßen und Gäßchen, an die Häuserfronten reihenweis und Stockwerk um Stockwerk angeklebt finden: wie Ranglogen eines Theaters, von denen aus man ungesehen das Treiben drunten betrachten kann. Und eben dazu verwenden die Malteser sie, wenn die großen Osterprozessionen durch die Straßen ziehen.

Diese Balkone oder Loggien, die alljährlich neu gestrichen werden müssen, und zwar mit einem eigentümlichen gleißenden Firnis gegen die Witterung, der den Häusern eine schimmernde, schuhputzartige Hochglanzpolitur verleiht, sind kaum mehr als ein Umgang, zumeist so schmal, daß nur ein Stuhl auf ihnen Platz hat, und sie haben gewiß keinen Wohnzweck. Die Einheimischen wundern sich, wenn man ihnen sagt, daß dies etwas sehr Auffallendes und Ungewöhnliches ist. Sehen denn nicht die Häuser auf der ganzen Welt so aus? Ob die Sarazenen das eingeführt haben – vielleicht für ihre Frauen? Achselzucken, keine Ahnung, auch kein großes Interesse. Die Balkone waren immer schon da und werden auch immer weiter gebaut, niemand kann recht sagen, wozu eigentlich. Sie sind zumeist hübsch, häufig sehr schön und reich verziert, aber man wird das beklemmende Gefühl nicht los, hinter ihnen sei jemand eingesperrt, der nur vorsichtig herauslugen dürfe.

Kein Zweifel – Malta hat etwas Arabisches, Orientalisches. Es ist nicht nur die Sprache. Es sind auch die Menschen. Sie sind von hellerer Hautfarbe als die Süditaliener, längst nicht so dunkel wie die Sizilianer und von ungleich größerer Anmut. Von der fruchtbar strotzenden dicken Frau keine Spur mehr. Die jungen Mädchen insonders sind die schönsten, die man wohl irgendwo erblicken wird, zumeist klein bis mittelgroß, zierlich, behende, von untadelig ebenmäßigem Gesichtschnitt, großen, dunklen bis schwarzen Augen, schwarzem Haar, von den blonden Normannen, den rothaarigen sommersproßigen Engländern nichts zu bemerken. Und sie sind leise, zwitschern fröhlich vogelgleich, aber lautes Weibergelächter vernimmt man selten. Noch sarazenischer wirken die Jünglinge, schlank, hochgewachsen, mit kühnen edlen Profilen, langen, feingliedrigen Händen und dann auf einmal geradezu alttestamentarisch, wenn sie in biblische Gewänder gekleidet, große Holzkreuze, Palmwedel, heilige Insignien tragend, in der großen Osterprozession kerzenumflattert unter dem mählich dunkelnden Himmel gemessenen Schrittes mit unnachahmlich demutsvoller Majestät aus der Kirche in Rabat oder Qormi treten und zwischen den dichtgedrängten Schaulustigen – es finden auf Malta am Ostersonntag nicht weniger als acht solcher Prozessionen statt –, durch die Straßen schreiten. Ihre biblischen Bärte waren ihnen nicht kunstvoll angeklebt, und Helme und Kronen saßen ihnen hoheitsvoll auf dem natürlichen, schulterlang wallenden Haar. Wer hätte sie Hippies nennen wollen? Schweigend inmitten der zehntausend hohen weißen Lilien dieses Festes, waren sie aufs selbstverständlichste sie selbst, wie sie es immer gewesen.

Ihre Sprache paßt gut zu ihnen. Diese Sprache, welche die Sarazenen mitbrachten, war eine arabische Mundart der Maghreb-Dialekte, und sie überdeckte in den zweihundert Jahren arabischer Herrschaft das heimische Punisch und seine lateinischen und griechischen Einsprengsel der Römerzeit. Indessen findet man auf den Inseln keine arabischen Schriftzeichen, denn das Maltesische, das als einzige arabische Mundart von einer ausschließlich christlichen Bevölkerung gesprochen wird, schreibt sich, in Anlehnung an die italienische Rechtschreibung, mit lateinischen Buchstaben. Bücher, Zeitungen, Bekanntmachungen und Plakate werden so gedruckt. Vermag man im Gedruckten hier und dort ein Wort, einen halben Satz zu identifizieren, so ist es ganz und gar unmöglich, aus dem Gesprochenen auch nur den Sinn zu erraten. Mir schien es eine weiche, sanfte, dabei lebhafte und behende Sprache, für sanfte, maßvolle, liebenswürdige Stimmen geschaffen. Selten, fast nie vernimmt man schrilles Gezeter oder grelles Gekreisch, wie man es aus Sizilien oder Nordafrika im Ohr hat. Und merkwürdig: als auf dem Fährschiff nach Gozo, einem alten, ausgedienten schwedischen Küstendampfer übrigens, eine große Kinderschar zu singen begann, klangen ihre raschen, scharf rhythmisierten Lieder auf einmal ganz griechisch.

Die Normannen: Roger de Hauteville, der 1090 die Araber aus Malta vertrieb und die Inseln dem normannischen Königreich Sizilien einverleibte, brachte die Farben seines Hauses, Rot und Weiß, mit, die bis heute Maltas Nationalfarben sind, und bis heute wird an jedem vierten November in der Kathedrale zu Mdina eine Messe für sein Seelenheil gelesen. Die frühe christliche Kirche in der alten Hauptstadt, die unter den Muselmanen vernachlässigt und verfallen war, wurde von Roger neu erbaut und befestigte das römische Bekenntnis aufs neue und auf alle Zeiten auf den maltesischen Inseln. Man möchte meinen, nirgends auf der Welt sei der christliche Glaube so tief im Leben der Menschen verwurzelt wie hier, wo die Liturgie arabisch ist und in der Predigt des Priesters kaum ein lateinisches Wort zu erkennen ist. Es gibt dreihundertdreißig Kirchen auf Malta, sie stehen allzeit offen, ob Gottesdienst oder nicht, und zu jeder Tageszeit finden sich Menschen in ihr, in stillem Gebet oder auch nur schweigend in Betrachtung des hochaufstrebenden Schiffes und seiner himmelhohen Kuppel versunken. Diese Kirchen sind lebendig, sie sind den Menschen nötig wie ein Wohnraum, sie gehören ihnen, und sie sind in ihnen zuhause. Und deshalb, vermute ich, sieht man außerhalb der Kirchen fast nie einen Geistlichen. Das allgegenwärtige Priestergewimmel im Volk auf Straßen und Plätzen, das in Italien und Spanien selbstverständlich zum Bilde gehört, fehlt hier gänzlich. Nirgends hatte ich so das Gefühl, daß die Kirche das Volk und das Volk die Kirche sei.

Wie Rogers des Normannen Kathedrale zu Mdina aussah, wissen wir nicht, denn sie stürzte bei dem großen Erdbeben von 1693 ein. Auch die Normannen behielten die alte Hauptstadt auf dem Hügelgrat in der Inselmitte bei, aber von ihren Bauten ist kaum mehr übrig als von den muselmanischen. Der nach ihnen und den sizilischen Ureinwohnern, den Sikulern benannte sikulisch-normannische Baustil wurde noch lange, nachdem sie den Staufern, den Angevinen, dem Haus Aragon gewichen waren, auf Malta und Gozo weiter gebaut; hier und dort wird man auf ein ›normannisches Haus‹ aufmerksam gemacht, und das ›Norman House‹ in der Zitadelle von Victoria auf Gozo stammt möglicherweise wirklich aus Rogers

Zeit, das in Mdina ist aber nicht ›echt‹. Doch höchst eindrucksvoll in ihrer kargen Schlichtheit sind sie beide, wie sie inmitten Renaissance und Barock ihren Platz behaupten, aus gewaltigen Quadern des honiggelben maltesischen Kalksteins aufgetürmt wie alles und jedes ringsum.

Nun wechseln die Herrscherhäuser rasch, allzu rasch für dieses Volk, das in langen Zeitspannen zu leben gewohnt war, allzu rasch, als daß irgendwer ihm noch einen Stempel aufzudrücken vermöchte, der sein Antlitz entscheidend verändert. Hundert Jahre Normannenherrschaft hinterlassen keine Spuren außer der von Roger von Hauteville eingeführten ›Università‹, der ständischen Ordnung und Einteilung des Volkes in Barone, Edle, Ritter, Bürger und Bauern, welche die Johanniter fünfhundert Jahre später noch unverändert vorfinden. Siebzig Jahre Stauferherrschaft gehen ebenso spurlos vorüber wie die kurzen sechzehn Jahre Karls von Anjou. Und während der zweihundert Jahre Aragon, von 1282 bis 1479, färbt auf das Volk und seine Sprache nicht mehr Spanisches ab als während der darauffolgenden fünfzig Jahre Kastilien.

Und dann kamen die Ritter aus Rhodos und machten Malta souverän.

Achtundzwanzig Souveräne in zweihundertachtundsechzig Jahren. Philippe Villiers de l'Isle Adam war der zweiundvierzigste Großmeister des Johanniter-Ordens und der erste auf Malta; Ferdinand von Hompesch, der kaum ein Jahr regierte, der neunundsechzigste und letzte und zudem der einzige Deutsche. Es ist gut und nützlich, ja geradezu unerläßlich – fand ich jedenfalls – die achtundzwanzig Namen mit ihren Daten und Nationalitäten nachschlagebereit zur Hand zu haben, wenn man in Valletta und Mdina umherstreift, diese Kirche, jenen Palast, diese Befestigung, jenes Portal betrachtet. Beinahe alles und jedes ist mit den Namen der Ordensgroßmeister verbunden, erklärt, datiert und veranschaulicht sich durch sie.

Und was für Namen es sind! Sie dröhnen wie Glockenschläge durch zweihundertfünfzig Jahre maltesischer Geschichte:

Philippe Villiers de L'Isle Adam, Franzose	1530–1534
Pietro del Ponte, Italiener	1534–1535
Didier de Saint Jaille, Franzose	1535–1536
Juan de Homedes, Spanier	1536–1553
Claude de la Sengle, Franzose	1553–1557
Jean Parisot de la Valette, Franzose	1557–1568
Pietro del Monte, Italiener	1568–1572
Jean l'Eveque de la Cassiere, Franzose	1572–1581
Hugues Loubenx de Verdalle, Franzose	1581–1595
Martin Garzes, Spanier	1595–1601
Alof de Wignacourt, Franzose	1601–1622
Luiz Mendez de Vasconcellos, Portugiese	1622–1623
Antoine de Paule, Franzose	1623–1636
Jean Paul de Lascaris Castellar, Franzose	1636–1657
Martin de Redin, Spanier	1657–1660
Annet de Clarmont de Chattes Gessan, Franzose	1660
Rafael Cotoner, Spanier	1660–1663
Nicolas Cotoner, Spanier	1663–1680
Gregorio Carafa, Italiener	1680–1690
Adrien de Wignacourt, Franzose	1690–1697
Ramon Perellos y Roccaful, Spanier	1697–1720
Marc' Antonio Zondadari, Italiener	1720–1722
Antonio Manoel de Vilhena, Portugiese	1722–1736
Ramon Despuig, Spanier	1736–1741
Manoel Pinto de Fonseca, Portugiese	1741–1773
Francisco Ximenes de Texada, Spanier	1773–1775
Emmanuel de Rohan Polduc, Franzose	1775–1797
Ferdinand von Hompesch, Deutscher	1797–1798

Bedenkt man, was dem Ritterorden seit seiner Gründung alles zustieß, bis er schließlich auf Malta sich zu einem souveränen Staat neu konstituierte, wie er von Jerusalem nach Akkon, von Akkon nach Zypern vertrieben wurde, von Zypern nach Rhodos gelangte, nach dem Verlust von Rhodos sieben Jahre lang heimatlos umherirrte, von Kandia auf Kreta nach Messina und weiter nach Civitavecchia, Viterbo, Villefranche und Nizza wanderte, bis die ›Santa Anna‹ schließlich am 26. Oktober 1530 in den Großen Hafen von Malta einlief – dann kann man nur staunen, mit welcher Beharrlichkeit die Ritter durch alle diese kriegerischen Wirren an ihren frühesten Regesten festhielten. Die Urkunde, durch welche König Balduin I. von Jerusalem 1107 den Hospitalitern ein Stück Land am Berg Tabor schenkte, die Bulle des Papstes Paschalis II. von 1113, welche die Gründung des Johanniter-Ordens genehmigte und ihn direkt dem Papst unterstellte, verbrannten nicht, fielen nicht ins Meer, wurden nicht gestohlen, sondern sind noch heute unbeschädigt in der Königlichen Bibliothek in Valletta zu sehen ebenso wie die Schenkungsakte Karls V. und zahllose andere Urkunden. Wir kennen die Ordensstatuten, die Großmeister Alfonso von Portugal 1204 verfügte, und das Statut des Großmeisters Hugues de Revel von 1262, welches bestimmte, »jene, welche wünschen als Ritter aufgenommen zu werden, müssen den authentischen Nachweis erbringen, daß sie sowohl dem Namen als auch dem Wappenschild nach von adligen Eltern geboren wurden.« In Wahrheit mußten sie einen ›Ahnenpaß‹ beibringen und ihre edle Abkunft bis ins vierte Glied nachweisen. Das Statut des Großmeisters Villiers de l'Isle Adam von 1533 ist da, das bestimmte, sie müßten bei ihrer Aufnahme mindestens achtzehn Jahre alt sein, das Statut des Großmeisters de Paule von 1623, das den ›Staatsrat‹ des Ordens schuf, welcher in Fragen der internationalen Beziehungen des Ordens, also seiner Außenpolitik, entschied. Im Palast des Großmeisters in Valletta ist die

Kammer – ein kleiner mit Bänken und Pulten eingerichteter Gobelins-Saal – zu sehen, in welchem das General-Kapitel des Ordens tagte und seine höchste gesetzgeberische Machtbefugnis ausübte. Heute tagt im selben Raum das kleine, fünfzig Abgeordnete umfassende maltesische Parlament. Das kommt einem nur recht und billig vor.

Der Orden war reich und wurde immer reicher. Er besaß ausgedehnte Ländereien, Stiftungen und Einkünfte in ganz Europa, in allen Stammesländern seiner Ritter, vornehmlich natürlich in Frankreich, Spanien und Portugal, aber auch in Deutschland und Österreich, in Holland und den skandinavischen Ländern, sogar in Rußland – was erklärt, warum Ordensgroßmeister de Rohan den Zaren um finanzielle und Truppenhilfe angehen konnte – und selbst in Übersee, in Westindien und im Karibischen Meer. Die Großmeister waren souveräne Fürsten. Kaiser Ferdinand II. verlieh ihnen 1620 den Titel ›Durchlauchtigste Hoheit‹, und 1630 zeichnete Papst Urban VIII. sie mit dem Kardinalstitel ›Eminenz‹ aus. Im Großmeister-Palast ist der ›Stocco und Pileo‹, das vergoldete Schwert und der perlengeschmückte Helm, die der Papst dem Großmeister übersandte, auf dem Porträt des Großmeisters Manoel de Vilhena zu sehen. Wurde ein Ritter mit einem der großen Ämter des Ordens betraut, so schied er aus der Wohn- und Lebensgemeinschaft seiner ›Auberge‹ aus und richtete seine eigene Haushaltung ein. Die Namen der prachtvollen Paläste Carafa, Parisio, De La Salle, Bichi, Spinola, Rospigliosi, Manoel de Vilhena, Verdelin und Miari in Valletta und außerhalb erinnern an diese mächtigen Inhaber von Ordens-Kommanderien. Im Palazzo Parisio befindet sich heute die Hauptpost. Großmeister Loubenx de Verdale fand, es gehe bei seinen großen prunkvollen Empfängen und Staatsbanketten zu langweilig her, und verfügte 1591, daß bei solchen Gelegenheiten Tafelmusik gespielt werde – »damit sie uns ans himmlische Glück und die liebliche Musik des Paradieses erinnere«. Ein Erlaß von 1551 verfügte, daß alle Waffen und Rüstungen der Ritter gemeinsames Eigentum seien, je nach Bedarf verteilt und auf öffentliche Kosten instandgehalten wurden. Diese Waffenkammer enthielt einstmals rund 25 000 Rüstungen; heute sind in der Waffenkammer in Valletta nur noch knapp sechstausend vorhanden; aber die Zeremoniell-Rüstungen la Valettes und Wignacourts, herrliche, mit Gold eingelegte Mailänder Arbeit, sind noch da, und auch die Rüstung des Großmeisters Martin Garzes, die er sich in Deutschland machen ließ.

Ich hatte die Grabplatten der Ritter in der Kathedrale San Gwann betrachten wollen, aber ich geriet mitten in das Pontifikalamt des Ostersonntags, und eben stieg der Priester zu seiner Predigt auf die Kanzel hinauf. Ich blieb gebannt stehen. Die riesige Kirche war bis auf den letzten Platz von sitzenden und stehenden Menschen gefüllt. Rechts vorn waren über die Köpfe hinweg die hohen weißen Mitren des uralten kleinen Erzbischofs und seiner Hierarchie zu sehen. Wieder die verschwenderische Lilien-Pracht, deren Weiß und Gold sich zu unbeschreiblicher Wirkung mit den hohen weißen Kerzen und ihren goldenen Flammen zusammenfügt. So wie der Fußboden der Kathedrale, Hauptschiff und Seitenkapellen sich bis in den letzten Winkel aus einem einzigen vielfarbigen, in phantastisch verschwenderischer Intarsienarbeit zusammengesetzten Mosaik von Marmorgrabplatten zusammensetzt, so sind die Wandflächen der Kirche hoch hinauf, so weit der Blick reichen will, völlig, ohne auch nur die geringste freie Stelle zu lassen, mit Schmuck und Verzierung und durchkomponierter Ornamentik bedeckt.

Hier die hohen Wände einer Seitenkapelle mit

einem schimmernden, mit Gold abgesetzten moosgrünen Steinteppich behangen, daraus erhabene Kronen, Malteserkreuze, Doppeladlerschilde und Blumenzweige in regelmäßiger, symmetrisch sich wiederholender Anordnung golden hervorschimmern und dazwischen die verschlungenen Initialen RC. Das ist Rafael Cotoner, der als erster Großmeister nicht die offene Fürstenkrone, sondern die geschlossene Königskrone abbilden ließ. Dort ein ähnlicher, doch gänzlich anders komponierter weinroter steinerner Wandbehang mit leicht abgewandelten Emblemen und den Initialen NC, was nicht, wie mancher glaubt, Napoleon Consul heißt, sondern Nicolas Cotoner. Und tritt man heran, betrachtet diese ungeheuer kunstvollen Wandverkleidungen genau, fühlt mit dem Finger über die erhabene Arbeit hin, so gewahrt man, daß dies ja gar keine Stukkatur, kein raffiniert modellierter Gips ist, sondern – Steinmetzarbeit! Es ist der wundervoll weiche maltesische Kalkstein, moosgrün, weinrot, himmelblau eingefärbt und Platte um Platte – man sieht die Fugen kaum – aneinandergefügt bis zur Decke. Dies müssen superbe Kunsthandwerker gewesen sein, die Meister wie die Gesellen und die Lehrlinge, und wer weiß, wie lange sie an einer einzigen solchen Wand für die Cotoners gearbeitet haben.

Indessen, noch fesselnder im Augenblick ist der Priester. Er ist ein mittelgroßer, älterer Mann, wohl um die sechzig, gedrungen, von bäuerlichem Aussehen, einem vollen, runden Gesicht, Augen wie glühenden Kohlen und plumpfingrigen Händen, deren Gestik sparsam, aber dann emphatisch eingesetzt, von großer Ausdruckskraft ist. Die Predigt dauert etwa fünfundzwanzig Minuten und ist ein einziger maltesischer Wasserfall. Der Wortfluß reißt nicht den Bruchteil einer Sekunde lang ab, ist nicht von der geringsten Pause unterbrochen, Satz an Satz stürmt, sprudelt, schäumt in genau regulierten wechselnden Tempi und absolut beherrschter, nichts dem Zufall überlassender, unablässig modulierter Tonstärke, jetzt langsamer, leiser wie das liebliche Raunen und Plätschern eines Baches, nun rascher und mächtiger wie ein breiter Fluß, nun tosend wie ein Sturzbach, gleich darauf breit, geruhsam, unendlich wie das Meer; nun packen die Fäuste zu und zwingen die mächtige Rede gleichsam in ein stetigeres Bett, jetzt glättet die flache ausgestreckte Rechte die Wogen, nun lassen gekrümmter Daumen und Zeigefinger spielerisch Delphine übers Wasser hüpfen, gleich darauf ruhen beide Hände auf der Brüstung, es gilt nur noch das Wort, das keine Ornamentik braucht; ganz still hört er auf.

Natürlich versteht man zuerst nicht ein einziges Wort. Aber man hat genug Volksreden gehört, um sogleich zu wissen: dieser Mann improvisiert nicht und hat's auch nicht auswendig gelernt. Er hat keinen Notizzettel, er kommt an keiner Stelle aus dem Konzept oder verliert den Faden, gerät nicht vom hundertsten ins tausendste. Er ist nie um ein Wort verlegen, hält nicht, die Gedanken sammelnd, inne, verhaspelt sich nicht. Wie macht er das nur? Ich hätte mich nicht gewundert, wenn ein Sturm des Beifalls für diese außerordentliche oratorische Darbietung die Kirche durchtost hätte. Wäre ich ein Sarazene gewesen, ich hätte mich vor diesem feurigen Glaubensschwert zitternd in die letzte Ecke verkrochen.

Der Orden hatte sieben Zungen oder Landsmannschaften, und einer jeden war in der Kathedrale eine Kapelle zugewiesen: Italien, Frankreich, Provence, Auvergne, Aragon, Katalonien und Navarra, Kastilien, Leon und Portugal, Deutschland, Bayern und England. Ich fand die Grabmäler der Großmeister Rohan, Wignacourt, de Paule und Lascaris Castellar, das Grab des Philipp Villiers de l'Isle Adam, den Sarkophag Jeans de la Valette schon eindrucksvoll genug, aber dennoch unvergleichlich sprechender, lebendiger, bildkräftiger die Inschriften auf den Grabplatten ihrer Ritter, mit denen die Fußböden der Kapellen ausgelegt sind. Es ist fast, als stehe ein jeder von ihnen auf und rufe seinen Namen aus: Bertrand de Moreton Chabrillan 1682, Honoratus de Villanova Villevieille, Antonide Riqueti Mirabeau 1744, Eugène de Seytres Caumont, Joannes de Vintimille Excom. Massiliae, Horatius Blacas d'Aups, Peter de Meules Beauchamps, Henri de Lalis Entraignes, Guillaume de Vincens Savoillan, die Tessancourts und Claude de Montagnac de la Revilière. Wer mögen sie gewesen sein?

Man grüßt sie von ferne. In der deutschen Kapelle indessen meint man jeden zweiten oder zumindest doch sein edles Haus zu kennen: die Hoffde, Eltz und Verden, Franz von Haissenstein, Christian Terhanzen und Galen von Assen, die Grafen Sigismund von Schaesberg, Philipp von Nesselrode, Franz Sigismund von Thun und Franz Sebastian von Vratislav, die Barone Hermann von Beveren und Ferdinand von Korff und den Edlen Wolfgang Philipp von und zu Guttenberg. Von Engländern und Bayern indessen fand ich keine Grabplatten. Ihnen hat man nur die winzig kleine Reliquienkapelle vorbehalten, und auf ihren schmalen zwei Spannen Fußboden haben sich zwei provenzalische Herren niedergelassen.

Die deutschen Touristen, nicht wenige, die umherwanderten, warfen kaum einen Blick auf die Inschriften im Fußboden. Die Franzosen, auch sie zahlreich, studierten sie schon interessierter. Und die vielhundertköpfige Andachtsgemeinde in San Gwann? War ihr die vielzüngige Vergangenheit zu ihren Füßen lebendigere Wirklichkeit? Die Malteser haben einen ausgeprägten Geschichtssinn – das liest man immerfort und denkt sich, das ist so eine Redensart. Ich meinte freilich, aus dem punisch-griechisch-römisch-italienisch-spanischen Sarazenisch der Prediger-Wortkaskaden ganz deutlich immer wieder zwei Worte herauszuhören: ›Turci‹ und ›Napuleum‹. Hätte der Priester seinen Gläubigen wieder und wieder diese Namen zugerufen, wenn jene nicht gewußt hätten, was es mit diesen Verderbern der maltesischen Freiheit auf sich hatte? Ich dachte mir, wie es einem vorkäme, wenn heute zu Würzburg der Prediger an die Schrecknisse des Dreißigjährigen Krieges oder zu Heidelberg einer an den vierzehnten Ludwig gemahnte.

Irid immur l-Imdina. Ich möchte nach Mdina fahren. Iva – Ja, das möchte ich.

Ich war schon einige Male dort. Es ist ja ganz nah, zwölf Kilometer von Valletta, eine kurze Busfahrt vom Kastilienplatz, eine billige Taxifahrt. Ich war morgens dort, mittags, abends, nachts, es war immer dasselbe Wunder und immer wieder ein ganz neues. Man möchte immer wieder hin. Denn Mdina ist die mittelalterliche, die Renaissancestadt par excellence; es ist die Stadt der Städte, die Stadt schlechthin. Das sagt sein Name, den die Araber dem uralten Melita gaben, und es stimmt.

Man sieht die alte Hauptstadt schon von weither, märchenhaft morgenländisch, gleich einer Fata Morgana im Sonnenglast. Wie ein gewaltiges steinernes Schiff auf dem sanften Wellengang des rollenden Hügellandes. Das Plateau, auf dem sie steht, fällt nach drei Seiten in jähen Felsklippen steil ab, nur auf der vierten neigt es sich mählich in die gekräuselte Ebene hinab. Aus den drei Felsseiten wachsen natürlich und von ihnen nicht unterscheidbar die gewaltigen honiggelben Befestigungsmauern mit ihren spitzen, bugähnlichen Bastionen heraus. Die vierte, offene Seite war durch einen breiten Festungsgraben geschützt. Er ist jetzt trocken, in ihm spielen die Buben Fußball.

Das römische Melita war viel größer als das heutige Mdina, es umfaßte noch den größten Teil der Fläche des heutigen Rabat, das jenseits des Festungsgrabens und des Glacis sich ausbreitet. Die Araber trennten die hoch auf ihrem Sockel gelegene Stadt ab, um sie besser verteidigen zu können, und schlossen sie fest in ihre Mauern ein. Dieser Teil hieß hinfort Mdina, das übrige drunten, regellos sich ausbreitend, Rabat. An der Größe der Stadt Mdina hat sich seither nichts geändert, es ist kein Haus hinzugekommen, sie ist nirgends aus ihren Umfassungsmauern ausgebrochen. So etwas gibt es wohl auf der ganzen Welt kaum ein zweites Mal: Identität der Gestalt durch tausend Jahre. Und das spürt man noch stärker in ihren Mauern: diese Stadt hat keinen Zweifel über sich selbst. Sie weiß, wer sie ist. Ihr kann man nichts einreden.

Normannen, Staufer, Anjou und Spanier änderten nicht viel, verbesserten nichts an ihren Verteidigungswerken. Und doch war 1429, vierhundert Jahre nach Roger von Hauteville, die Stadt noch immer stark genug, um dem Anschlag einer gewaltigen Armee, die von Nordafrika herüberkam und die ganze übrige Insel verwüstete, standzuhalten. Alfonso V. von Aragon suchte 1432 seine heldenhafte maltesische Hauptstadt auf und gab ihr einen neuen Namen: Città Notabile. Dabei oder vielmehr kurzweg bei Notabile blieb es bis zum Kommen der Ritter. Großmeister Villiers de l'Isle Adam erwog nur kurz, sie zum Ordenssitz zu machen; Melita-Mdina-Notabile, befand er, »habe nur schwache Verteidigungswälle und könne keinen ernstlichen Widerstand leisten.« So wurde, als die Ritter Valletta bauten, die alte Hauptstadt abermals umbenannt und hieß hinfort, zur Unterscheidung von der neuen Stadt, Città Vecchia. Noch heute sind alle drei Namen durchaus gebräuchlich, aber von amtswegen heißt die Stadt noch immer und wieder Mdina, *die* Stadt.

Hier hauste in grollender Abgeschiedenheit der alte maltesische Feudaladel, der von den landfremden Rittern nichts wissen wollte, und hier haust er noch immer, still, zurückhaltend, in vornehmer Unnahbarkeit. Als die englische Krone Malta übernahm, beschloß sie, achtundzwanzig der alten maltesischen Adelstitel anzuerkennen, und da nach 1798 keine neuen Adelstitel mehr geschaffen wurden, ist die jüngste dieser Familien heute 180 Jahre alt. Zu diesen alten Adelsfamilien, die noch weit in die Zeit vor den Rittern zurückgehen und noch heute in Mdina in ihren Stadthäusern sitzen, zählen die Inguanez, Sant Cassia, Manduca, De Piro, Testaferrata, Chapelle, Bologna, Preziosi, Castellati, Stagno und Montalto. Die älteste maltesische Adelsfamilie sind die Inguanez, die 1350 zu Baronen von Dyar-il-Bniet erhoben wurden und bis zum Kommen der Ritter erbliche Statthalter von Notabile waren. Im Haus des Antonio de Inguanez, einem mächtigen Palazzo an der Ecke der Villegaignon- und Inguanezstraße, stieg Alfonso von Aragon ab, und auf sein Geheiß wurde das Wappenschild der Inguanez im Innern des Stadttors angebracht. Die Franzosen demolierten den steinernen Schild, die jetzige Nachbildung wurde 1886 angebracht. Echt indessen ist das Wappen des Großmeisters Manoel de Vilhena, das dieser draußen am Tor anbringen ließ.

Der Orden kehrte der alten Hauptstadt den Rücken, aber er vernachlässigte sie nicht. Großmeister de Redin schuf die Befestigungswerke neu und fügte der heutigen Umfassung, die ein unregelmäßiges Viereck mittelalterlicher Mauern ist, drei mächtige Spitzwinkel-Bastionen an, von denen die mittlere nach ihm heißt. Von allen Befestigungspunkten Mdinas ist der großartigste jedoch der kleine Bastion Square an der Nordecke der Stadt beim Palazzo Falzon. Von hier, einer einstigen Geschütz-Plattform, hat man einen schier unermeßlichen Rundblick über mehr als die Hälfte der meerumringten Insel, Kirchenkuppel um Kirchenkuppel, an klaren Tagen der schneebedeckte Gipfel des Ätna, der seine Wolkenkrone durchstößt, des nachts weit drüben zur Rechten das märchenhafte Lichtermuster des Großen Hafens.

Der große Bauherr Mdinas, der der Stadt ihr wahrhaft königliches Antlitz gab, war Großmeister Manoel de Vilhena. Unter Adrien, dem zweiten Wignacourt, und seinem Nachfolger Perellos, hatte Gafà die Kathedrale mit ihrem weiten, leicht zum Portal abfallenden Vorplatz geschaffen. Vilhena ließ drei Jahre vor seinem Tod zur Rechten der Kirche das herrliche sizilianische Barock-Seminar errichten, in dem sich jetzt das sehr sehenswerte Kathedralmuseum befindet: hier gibt es, aus der Sammlung des Grafen Marchesi und der Kathedrale vermacht, Dürer-Holzschnitte und Goya-Stiche, einen byzantinischen Altar, unter den Handschriften ein sehr frühes Antiphonar, und an den Meßgewändern sehr schöne Stücke alter maltesischer Spitze zu betrachten. Vilhena errichtete das prachtvolle Stadttor, er ließ von Giovanni Barbara den Großmeister-Palast erbauen, stellte an die rechte Ecke des Kathedraleplatzes die gewaltige Banca Giuratale, das frühere Rathaus, und an den lieblichen kleinen, efeuumrankten Platz an der Südecke der Stadt gegenüber dem Palazzo Moscati-Parisio – heute Mdinas einziges Hotel, das Xara Palace – die Corte Capitanale, den einstigen Gerichtshof, der zusammen mit dem Großmeister-Palast, dem Palazzo Vilhena, einen gewaltigen durchlaufenden Häuserblock ausmacht. Dieser bezaubernde kleine Platz wird nach der offenen Brustwehr hin von einer anmutigen Loggia eingefaßt. Dies war einstmals der Arengo, von welchem der Stadtherold die Verordnungen der Università verkündete. Des Nachts, im Licht einer einzigen Laterne, die phantastische Schatten über die Fassaden von Palazzo und Gerichtshaus wirft, ist es hier so still, daß man meint, die Spinnen im Efeu weben zu hören.

Die Stadt ist, bei Tag wie bei Nacht, ein unablässiges lautloses Spiel von Licht und Schatten. Nichts rührt sich, kein Laut ertönt, aber Licht und Schatten sind unablässig in unmerklicher Bewegung, auf den strengen, glatten Außenmauern der Palazzi, an Straßenbiegungen, engen Gassenwindungen, in Portalen, auf Türen und Fenstern. Merkwürdig – ich vergaß zu fragen, warum – aber völlig zwingend, daß es hier in der Città Notabile keinen einzigen der allüberall sonst angeklebten Balkone gibt. Sie würden freilich, da es Flächen und Rundungen braucht, das Schattenspiel verderben. Kommt man nach einer halben Stunde zu einer Ecke zurück, die man deutlich als dunkel, von einem Lichtstrahl gestreift, in Erinnerung hat, so steht sie plötzlich arglos lächelnd hell honiggelb im Mondesschimmer. Aber so unvergleichlich die Morgensonne auch die Kathedrale, den Großmeister-Palast wie taufrische Blumen erblühen läßt, so herrlich die Ritter und ihre großen Baumeister Mdina in die Renaissance hinein und ins Barock hinaufgehoben haben, so unverrückbar bleibt die Città Notabile doch in ihrer von den Normannen gestifteten Università.

Als die Ritter Valletta bauten, verlor die alte Hauptstadt bald viele Einwohner an die neue. Großmeister Martin Garzes bemühte sich, dieser Abwanderung Einhalt zu gebieten. Er verfügte, jedermann, so innerhalb der Mauern seinen ständigen Wohnsitz habe, solle auf sechs Jahre hinaus wegen Schulden nicht arretiert und in den Turm geworden werden. Das scheint geholfen zu haben; Mdina ist nicht entvölkert, wurde nicht zu einer toten Stadt, nicht zum Museum. Die Stadt ist in all den Jahrhunderten nicht größer, nicht kleiner geworden. Es wurde und wird nichts abgerissen, nichts hinzu gebaut. Heute leben in Mdina rund zweihundert Familien, nicht ganz neunhundert Menschen; sehr viel mehr werden es vor fünfhundert Jahren auch nicht gewesen sein. Rabat, die von den Arabern abgetrennte Vorstadt jenseits des Festungsgrabens, ist auf zwölftausend Menschen gewuchert und breitet sich weiter aus. Aber man hat nicht das Gefühl: hier Sterben, dort Leben, hier Stille, dort Lärm; sondern: zwei Lebensformen derselben ständischen Ordnung.

Die Ordensritter sind gekommen und wieder gegangen, und die Engländer sind gekommen und – bis auf wenige – wieder gegangen; es gibt ein paar alte englische Familien in Mdina, und sie sind so still und unauffällig mit ihrem Hintergrund verschmolzen, daß man kaum etwas von ihnen weiß und gar nichts von ihnen hört. Geblieben ist die alte feudale Patrizier-Hierarchie, der die Ländereien ringsum im welligen Hügelland gehören. Und ihre Häuser sind es, die in der Erinnerung des Besuchers leben: der Palazzo Santa Sofia, der älteste Bau Mdinas, dessen Erdgeschoß zumindest von 1233 ist, der Palazzo Falzon, oft auch das ›Normannenhaus‹ genannt, Ende des 15. Jahrhunderts im sikulisch-normannischen Stil erbaut, in dem Villiers de l'Isle Adam bei seiner Ankunft auf Malta wohnte, die Casa Manduca, die im 13. Jahrhundert eine Synagoge war und es blieb, bis Ferdinand von Kastilien 1492 die Juden aus Malta vertrieb, die Patrizierhäuser der Depiro und Mifsud, die Casa Isabella, der Palazzo Gatto Murina mit seiner schönen Fassade aus dem 14. Jahrhundert, die Casa Testaferrata, Sitz des Marquis von St. Vincent Ferreri und daneben das Haus des Notars Bezzina, von dessen Balkon am 2. September 1798 der Kommandeur der französischen Garnison, Citoyen Colonel Masson hinabgeworfen und von der wütenden Menge erschlagen wurde. Die Villegaignonstraße, an welcher die Casa Testaferrata liegt, die Hauptstraße der Stadt, heißt freilich nach einem Ordensritter namens Nicolas Durand de Villegagnon, und zwar nicht, weil er zu Beginn des 16. Jahrhunderts die Niederlassung Nouvelle-Genève in Brasilien gründete, welche die Portugiesen ihm wegnahmen und Rio de Janeiro nannten, sondern weil er 1551 Mdina gegen die ›turci‹ verteidigte und hielt. Früher hieß die Straße Strade Reale und davor ›tat Muyeli‹ – die Straße der Patrizier.

Es gibt in dieser sanft gewundenen Hauptstraße, die sich quer durch die Mitte der kleinen Stadt zieht, keine Geschäfte. Es gibt in der ganzen Stadt keine Läden, keine Cafés; angeblich gibt es ein Restaurant, ich konnte es nicht finden. Ich entdeckte nur ein einziges winziges, verstaubtes, trüb beleuchtetes Büdchen, in dem es ein paar Postkarten und einigen abgegriffenen, stockfleckigen Tand gab. Man kann in Mdina nichts kaufen, absolut gar nichts. Eingekauft wird im ordinären Menschengewimmel von Rabat. Es gibt in Mdina auch, so weit ich sah, keine Handwerker, ganz gewiß keine Tankstelle. Das alles besorgt Rabat. Es gibt in Mdina auch fast keine Autos; sie sind nicht verboten, aber man legt keinen Wert auf sie, braucht sie ganz einfach nicht. Auf dem Platz vor der Kathedrale steht manchmal eines oder zwei, meistens keines. Wer steigt in dem kleinen Xara-Palace ab? Entflohene Liebespärchen, könnte man sich denken. Ob sie dort was zu essen bekommen?

Und es gibt in Mdina, wie es scheint, auch keine Menschen; aber es scheint nur so, sie zeigen sich nicht. In der Kathedrale wohl, auch ohne Gottesdienst, aber kaum auf den Straßen, bei Tag nicht und nicht bei Nacht. Ob sie in ihren Häusern sind? Wer weiß. Es ist den Häusern nicht anzusehen, ob sie bewohnt sind. Ihre Außenmauern nach der Straße sind hoch, glatt, unverziert, fast ohne Fenster, und es schimmert kein Licht heraus. Zuweilen, sehr selten gelingt ein Spähblick durchs Tor: geräumiger Innenhof, Bäume, Sträucher, üppiges Grün, und von diesem Garten kommt wohl das Licht, auf ihn blicken die Fenster.

Aber man späht nicht gern. Einmal, des Abends, öffnete sich eine Haustür und ein Mann trat heraus, glatzköpfig, in Hemdsärmeln und schlurfte in Pantoffeln über die Gasse und verschwand um die Ecke. Der

Besitzer des Palazzo oder der Hausbesorger? Ein andermal öffnete sich ein Portal, drinnen sah man eine geräumige Halle, Kerzenlicht, ein weißhaariger Herr im Abendanzug verabschiedete sich von einem gleicherweise soignierten Herrn. Auf maltesisch? Auf englisch? Auf französisch: »Bonne nuit, Monsieur«. »Merci encore«, erwiderte der Gast und entwich durch die Nacht zwei Gassen weit in seinen eigenen Palazzo. Ich dachte mir: dies müßte doch eine Stadt der Katzen sein. Aber ich sah keine einzige.

Andern Tags standen wir, inmitten blühender Sträucher, umduftet von betäubendem Thymian, hoch oben über Ir-Ramla, der Ramla-Bucht, zu unseren Füßen die Grotte der Kalypso, ganz tief drunten der goldene Sandstrand, das hellblaue Meer, zwei Reiter, die den Strand entlang galoppierten, rückwärts, wenn man den Blick wandte, das üppig grüne, fruchtbare Hügelland von Gozo, der Insel der Seligen.

Gozo, meinte der Freund und Reisekamerad, sei Maltas Krone. Ob ich hier leben möchte?

Ja, erwiderte ich. Mein letztes Lebensjahr. Und dann in Mdina. Dort wüßte ich, am Ende meiner Tage, wer ich bin.

REGISTER